LEI DE LOCAÇÕES URBANAS

e sua aplicação em negócios e litígios

Flavio Castellano

LEI DE LOCAÇÕES URBANAS
e sua aplicação em negócios e litígios

Linotipo Digital Editora e Livraria Ltda.

Linotipo
Digital

São Paulo - 2019

EDITORES: Laerte Lucas Zanetti e André Assi Barreto

COORDENADOR DE PRODUÇÃO: Laerte Lucas Zanetti

CAPA, DIAGRAMAÇÃO E PROJETO GRÁFICO: Spress Diagramação & Design

CRÉDITO IMAGEM DA CAPA: SBA Travel

EDIÇÃO E REVISÃO DE TEXTO: André Assi Barreto

Dados Internacionais de Catalogação na Publicação (CIP)
Angélica Ilacqua CRB-8/7057

Castellano, Flavio
Lei de locações urbanas e sua aplicação em negócios e litígios / Flavio Castellano. — São Paulo : Linotipo Digital, 2018.

Lei 8.245/1991, atualizada de acordo com a redação dada pelas Leis 12.112/2009 e 12.744/2012
ISBN 978-85-65854-21-4

1. Brasil. [Lei do inquilinato (2009)] 2. Locação de imóveis - Legislação - Brasil 3. Direito imobiliário I. Título

18-1674 CDD 346.810434

Índices para catálogo sistemático:
1. Locação de imóveis: legislação : Brasil

Este livro segue as regras do Acordo Ortográfico da Língua Portuguesa, em vigor desde 01/01/2009.

Rua Álvaro de Carvalho, 48, cj. 21
CEP: 01050-070 – Centro – São Paulo – SP
www.linodigi.com.br – 55 (11) 3256-5823

SUMÁRIO

APRESENTAÇÃO

A locação predial urbana consubstancia contrato de altíssima relevância no convívio social. Em grandes centros, assim como em cidades de menor densidade demográfica, ela está sempre presente.

Seja para fins de moradia, seja para abrigar o também importante comércio, ou, mais amplamente, as atividades empresariais em geral, seja para períodos curtos de temporada, denota-se que as relações locatícias permeiam a urbanização, em grande escala, com vasto uso.

Tendo em consideração tal premissa, é indispensável que o seu regime legal, ditado principalmente pela Lei nº 8.245/1991 – que dispõe sobre as locações dos imóveis urbanos e os procedimentos a elas pertinentes – seja estudado e conhecido pelos usuários, locadores e locatários, bem assim outros interessados, como garantidores, potenciais adquirentes do imóvel locado, sublocatários etc.

Ainda mais em um sistema no qual há marcante presença legislativa, delimitando em detalhes as regras que disciplinam a matéria.

Para tanto, nada mais apropriado do que um livro que examine a lei sob o aspecto prático, voltado não só para o profissional do Direito, mas também para os contratantes em geral. Uma obra que apresente soluções inerentes à contratação, aos direitos e obrigações das partes, às garantias e aos litígios judiciais que por vezes decorrem das relações locatícias.

Essa é a proposta do livro *Lei de locações urbanas e sua aplicação em negócios e litígios*, de autoria de Flavio Castellano, publicado pela Linotipo Digital Editora.

O autor é advogado de grande experiência, militante na área empresarial e cível em geral, tanto no cenário consultivo quanto no contencioso. Alia a prática oriunda da vivência advocatícia com a prévia atuação como gerente de departamento jurídico de empresa de grande porte.

Igualmente reúne bagagem acadêmica, eis que é Mestre em Direito Civil, título obtido perante a Pontifícia Universidade Católica de São Paulo em 2005, sob orientação do Professor Doutor Renan Lotufo, além de ter realizado cursos de especialização em matérias contratual e tributária.

Escreveu artigos jurídicos, assim como colaborou em obra coletiva que tive o privilégio de coordenar juntamente com o Professor Renan Lotufo (CASTELLANO, Flavio. Pagamento com sub-rogação. In: LOTUFO, Renan; NANNI, Giovanni Ettore (Coord.). *Obrigações*. São Paulo: ed. Atlas, 2011, p. 391-421).

É, portanto, dotado de predicados que o credenciam a abordar com qualidade as feições primordiais que derivam dos contratos de locação de imóveis urbanos.

Tal atribuição é empreendida com virtudes. Em linguagem clara e escorreita, o texto retrata o que mais de relevante há para aquele que busca respostas práticas no tema, fornecendo exemplos e explicações didáticas.

Verifica-se também a análise jurisprudencial acerca de alguns pontos, sem descuidar da delimitação de conceitos indispensáveis ao propósito. É, por isso, uma obra atualizada, escrita sob a égide do Código de Processo Civil de 2015.

Não se olvida de vertente empresarial, discorrendo sobre temas essenciais inerentes à locação não residencial como renovação compulsória do contrato, locações a estabelecimentos de ensino e de saúde, *shopping centers* e contratos *built to suit*.

Por fim, cuida das ações judiciais típicas na matéria, indicando os ritos procedimentais.

Trata-se de livro verdadeiramente útil ao que necessita encontrar elucidações práticas na temática. Autor e editores merecem aplausos pela publicação, com votos de sucesso à obra.

Giovanni Ettore Nanni
Mestre e Doutor em Direito Civil pela PUC-SP
Professor de Direito Civil nos Cursos de Graduação e de Pós-Graduação *Stricto Sensu* na PUC-SP
Presidente do Comitê Brasileiro de Arbitragem – CBAr
Advogado em São Paulo

INTRODUÇÃO

AUTONOMIA PRIVADA E LOCAÇÃO URBANA

Em suas conferências sobre direito civil-constitucional, o professor Renan Lotufo costumava comparar a autonomia privada à gema de um ovo frito. A clara, nessa comparação, seria o ordenamento jurídico como um todo, e a gema seria a área dentro da qual as pessoas teriam liberdade para autorregular suas relações, colocando os "temperos" que melhor lhes aprouver. Essa bem-humorada alegoria demonstra que o antigo princípio da autonomia da vontade – que basicamente conferia às partes plena liberdade para eleger o conteúdo de seus contratos – não mais prevalece, e que, em seu lugar, sobreveio a idéia da automonia privada, na qual a liberdade contratual é circunscrita e formatada pela lei.

A locação urbana é um dos contratos típicos mais fortemente regulados em nosso sistema jurídico, perdendo apenas, talvez, para os contratos societários e para os contratos de trabalho empregado. Exceto em relação aos *shopping centers* e às chamadas locações "built to suit", a Lei de Locações Urbanas delimita muito rigorosamente a liberdade contratual das partes, deixando pouco espaço para a livre escolha e fulminando de nulidade as disposições negociais que a contrariem.

Este livro se propõe a analisar a Lei 8.245/91 do ponto de vista de sua aplicação prática nas relações jurídicas negociais ou litigiosas, levando em conta não apenas o estudo das situações submetidas à sua regência, mas principalmente as dificuldades, inquietudes e perplexidades relativas à implementação de seus mandamentos nas situações reais. Vale salientar que não se pretende aqui um aprofundamento teórico dos temas abordados, já que o propósito é de apresentar ao leitor um panorama focalizado na busca de soluções práticas em contratos e ações judiciais relativas ao tema.

Para efeito de sistematização, essa análise será feita artigo por artigo, sem esquecer, todavia, da unicidade com que deve ser entendido esse diploma legal.

COMENTÁRIOS À LEI ARTIGO A ARTIGO

1. DEFINIÇÕES E ABRANGÊNCIA DA LEI:

Art. 1º A locação de imóvel urbano regula-se pelo disposto nesta lei:

Parágrafo único. Continuam regulados pelo Código Civil e pelas leis especiais:

a) as locações:

1. de imóveis de propriedade da União, dos Estados e dos Municípios, de suas autarquias e fundações públicas;
2. de vagas autônomas de garagem ou de espaços para estacionamento de veículos;
3. de espaços destinados à publicidade;
4. em *apart*-hotéis, hotéis-residência ou equiparados, assim considerados aqueles que prestam serviços regulares a seus usuários e como tais sejam autorizados a funcionar;

b) o arrendamento mercantil, em qualquer de suas modalidades.

1.1. O CONCEITO DE LOCAÇÃO:

A primeira providência para a compreensão desse dispositivo é conceituar o contrato de locação. De acordo com o Código Civil, esse pacto é aquele em que *"uma das partes se obriga a ceder à outra, por tempo determinado ou não, o uso e gozo de coisa não* ***fungível****, mediante certa* ***retribuição****"*. O conceito jurídico de "fungibilidade" está expresso no Código Civil[1], de modo que para os efeitos desta obra não comporta maiores questionamentos, mas o de "retribuição" é vago, já que apenas remete à ideia de contraprestação[2] [3].

---

[1] Art. 85. São fungíveis os móveis que podem substituir-se por outros da mesma espécie, qualidade e quantidade.

[2] FERREIRA, Aurélio Buarque de Holanda. *Novo Dicionário Aurélio da Língua Portuguesa.* Rio de Janeiro: ed. Nova Fronteira, 2ª ed., Retribuir: "[...] compensar equivalentemente; corresponder".

[3] Devido à natureza de comentário à Lei de Locações, destinado não só aos profissionais e estudantes do Direito, mas aos demais interessados no tema, a preferência doravante será pela referência completa, sendo abreviada apenas quando em mesma

Assim, a primeira indagação diz respeito à *natureza* dessa retribuição: se há de ser necessariamente em dinheiro ou se pode ser representada por outro bem ou direito[4]. Nada impede que alguém alugue um imóvel urbano mediante contraprestação que não seja pecuniária[5], mas é recomendável que seja desde logo mensurada em dinheiro no contrato. Imagine-se, por exemplo, a situação em que o proprietário de um galpão o aluga ao dono de uma oficina mecânica, estabelecendo no contrato que o pagamento se dará mediante a manutenção mensal em toda a frota de veículos do primeiro, mas sem estabelecer o valor desses serviços. Nada haveria de ilegal nessa avença, porém haveria dificuldades práticas de natureza tributária[6], assim como em relação a eventual inadimplência ou adimplemento defeituoso dessa obrigação. De fato, considerando que a ação de despejo por falta de pagamento prevê a possibilidade de purga da mora mediante "depósito judicial"[7], e considerando que no caso de obrigação não pecuniária o locatário e seu fiador ficariam impossibilitados de exercer esse direito – já que não haveria maneira de depositar tal prestação em juízo – conclui-se que a propositura dessa ação ficaria inviabilizada, já que nessas circunstâncias ficaria violado o princípio do tratamento processual igualitário. A ordem constitucional não poderia admitir que, optando as partes por um tipo de contraprestação não proibido por lei, ficasse uma delas alijada de um dos direitos processuais garantidos a todos na situação nele prevista.

1.2. AS PARTES:

O segundo passo na análise desse artigo requer a conceituação dos

---

página, para facilitar o eventual acesso e conferência dos leitores em geral e estudantes (nota do editor).

[4] GOMES, Orlando. *Contratos*. Rio de Janeiro: ed. Forense, 1975, p. 320: "A *obrigação* capital do *locatário* é pagar o *aluguel*. O objeto dessa prestação, é normalmente, soma de dinheiro, mas se admitem outras coisas ou, mesmo, serviços. Importa que haja retribuição".

[5] No mesmo sentido a doutrina de Silvio de Salvo VENOSA, em sua obra "Lei do Inquilinato Comentada", ed. Atlas, São Paulo, 11ª ed., 2012, p. 310.

[6] Vide artigo 49, inciso I, artigo 53, inciso IV, § 1º, do *Regulamento do Imposto de Renda* (RIR/99).

[7] Artigo 62, inciso III, da Lei 8.245/91.

personagens desse contrato. O pólo ativo dessa relação há de ser ocupado, ressalvadas algumas exceções, por quem detém a posse ou o direito de uso do imóvel, mas não necessariamente seu proprietário. Como também reconhece DINIZ (2006)[8], podem ser locadores o usufrutuário, o enfiteuta, o comodatário, o inventariante e o possuidor, por exemplo. Em alguns outros casos especiais a posse ou o domínio útil também nem sequer são exigidos, como, por exemplo, na locação levada a efeito pelo mandatário em nome próprio, mas por conta do mandante, conforme previsão do artigo 663, segunda parte, do Código Civil. O pólo passivo da relação contratual – a posição de locatário – pode ser ocupado por qualquer pessoa natural ou jurídica, atendendo-se nesse caso as regras do Código Civil que tratam da capacidade, personalidade e representação.

Questão interessante diz respeito à locação contratada por quem tem a posse de má-fé. Este contratante, diz o artigo 1.216 do Código Civil, responde pelos frutos colhidos e percebidos, bem como pelos que, por culpa sua, deixou de perceber, desde o momento em que se constituiu de má-fé. Assim, no caso de imóvel locado, deve o locador de má-fé entregar ao proprietário ou possuidor legítimo os aluguéis que houver recebido e os que, por sua culpa, deixou de receber, deduzidas apenas as despesas que teve com a locação. Vale anotar a opinião de LEVADA (2003)[9], para quem o possuidor de má-fé "*responde ainda pela produtividade não alcançada da coisa, quando possível potencialmente a percepção de frutos*".

Porém, resta a ser analisada a questão do locatário que de boa fé contratou a locação com o possuidor de má-fé. Ante o teor do artigo 1.212 do

---

[8] DINIZ, Maria Helena. *Lei de locações de imóveis urbanos comentada*, São Paulo: ed. Saraiva, 2006, p. 6.

[9] LEVADA, Claudio Antonio Soares, "Os efeitos da posse em relação aos frutos e a responsabilidade pela perda ou deterioração da coisa no código civil de 2002", trabalho apresentado como Monografia na disciplina Direito das Coisas, ministrada pelo Professor Doutor JOSÉ MANOEL DE ARRUDA ALVIM NETTO na PUC-SP, 2003), extraída do endereço eletrônico http://www.professoramorim.com.br/dados/anexos/262.doc.

Código Civil, o proprietário ou legítimo possuidor não poderia manejar ação possessória contra esse locatário; porém, poderia retomar o imóvel por meio de ação reivindicatória, conforme reconhece o Enunciado 80 do CEJ: "*É inadmissível o direcionamento de demanda possessória ou ressarcitória contra terceiro possuidor de boa-fé, por ser parte passiva ilegítima, diante do disposto no artigo 1.2112 do novo Código Civil. Contra o terceiro de boa-fé cabe tão-somente a propositura de demanda de natureza real*".

1.3. O OBJETO DA LOCAÇÃO:

A definição de *bens imóveis* – outro conceito jurídico inserido no referido artigo 1º – é dada pelo artigo 79 do Código Civil, que assim considera "*o solo e tudo quanto se lhe incorporar natural ou artificialmente*". Porém, o artigo 80 do mesmo diploma diz que também são imóveis, para os efeitos legais, "*os direitos reais sobre imóveis e as ações que os asseguram*" e o "*direito à sucessão aberta*". O artigo 81 segue dizendo que "*não perdem o caráter de imóveis as edificações que, separadas do solo, mas conservando sua unidade, forem removidas para outro local, e os materiais provisoriamente separados de um prédio, para nele se reempregarem*". Na prática, o objeto das locações reguladas pela Lei 8.245 é apenas aquele conceituado no referido artigo 79 do Código Civil, pois esse sistema dificilmente poderia ser aplicado em locações de outros tipos de bens imóveis.

1.4. A QUALIFICAÇÃO DO OBJETO:

O conceito de *urbanidade* do imóvel, ou seja, o que o caracteriza como *urbano*, não está previsto na lei de locações nem pacificado na doutrina. A Lei 4.504/64, que trata fundamentalmente de direitos e obrigações relativos à Reforma Agrária, em seu artigo 4º define o imóvel rural como sendo "*o prédio rústico, de área contínua qualquer que seja a sua localização que se destina à exploração extrativa agrícola, pecuária ou agro-industrial, quer através de planos públicos de valorização, quer através de iniciativa privada*". Por outro lado, para efeitos tributários e outros de natureza organizacional os municípios também costumam dividir suas áreas em "urbanas" ou "rurais", de modo que, sob esse ponto de vista, "*urbana*" seria a área assim definida pela legislação de cada município. Ocorre que tais definições não necessariamente se aplicam à lei de locações, já que estão inseridas em leis de abrangência específica, que somente alcançam as relações ali mencionadas, e que, por isso, somente por analogia poderiam ser utilizadas em outro sistema legislativo. De todo modo, a jurisprudência majoritária considera "urbano", para os efeitos da Lei de Locações, todo imóvel que se destinar a habitação, comércio, indústria, prestação de serviços e outras atividades que não a agricultura ou pecuária (ou assemelhados); e, por consequência, "rural" todo imóvel que se destinar a essas últimas atividades[10]. Para essa corrente jurisprudencial, a incidência da Lei 8.245 leva em conta não a situação geográfica do imóvel (se dentro ou fora dos limites urbanos definidos em lei municipal), mas sim a sua utilização. Como diz Francisco C. R. de BARROS (1997)[11], *"o critério hoje prevalente é o da utilização, e não o da localização"*. Esse efetivamente demonstra ser o entendimento mais correto e adequado. Basta constatar que hoje em dia é muito comum o uso misto dos imóveis, principalmente daqueles que, inicialmente destinados prioritariamente à cultura vegetal ou animal, acabam sendo usados também para a locação de habitações ou exploração de outros negócios. Assim, em um mesmo imóvel é possível ocorrer um arrendamento rural no que diz respeito às áreas agricultáveis ou passíveis de criação animal, e também uma locação sujeita à Lei 8.245, no que diz respeito às edificações para habitação, comércio, indústria, etc.[12].

---

10 TJ/SP – 29ª Câmara de Direito Privado – Apelação Cível nº 0006171-55.2009.8.26.0099. Trecho do acórdão: *"Dessa forma, a Lei nº 8.245/91 é aplicável ao caso concreto, pois apesar do imóvel em questão estar localizado em área rural [...], o fato é que, como visto, o que caracteriza ser o imóvel urbano ou rústico é sua destinação e não o local onde se situa, se em zona urbana ou rural"*.

11 BARROS, Francisco Carlos Rocha de. *Comentários à lei do inquilinato*. São Paulo: ed. Saraiva, 1997, p. 2.

12 TJ/SP – 34ª Câmara de Direito Privado do TJSP – Agravo de Instrumento nº 0031364-73.2012.8.26.0000. Trecho do acórdão: *"A relação jurídica entre as partes é regida pela Lei 8245/91 porque o objeto da locação não é o imóvel em si, qualificado pelo autor de "rural", mas somente a "venda" e a "borracharia" situadas no interior dele"*.

1.5. A FORMA:

O contrato de locação não exige forma determinada, podendo ser realizado por escrito – por meio de escritura pública ou contrato particular – ou mesmo verbalmente. Em geral pressupõe a conjunção expressa de vontades das partes, mas há casos em que, por inércia do interessado, a locação configura-se tacitamente. É o caso, por exemplo, da hipótese prevista no artigo 7º desta lei, adiante comentado.

1.6. AS OUTRAS LOCAÇÕES:

A posse ou o uso temporário de imóveis rurais (assim entendidas as áreas destinadas a agricultura, pecuária, agroindústria e indústria extrativista) continuam sendo regulados pela Lei 4.504/64 – Estatuto da Terra, mais especificamente pelos seus artigos 92 a 96, que tratam dos contratos de arrendamento e da parceria.

1.6.1. Os apartamentos com serviços: No caso da locação de apart-hotéis, hotéis-residências ou assemelhados, existem duas condições para que não se sujeitem à Lei 8.245/91: a de que neles haja prestação de serviços regulares a seus usuários e que como tal sejam autorizados a funcionar[13]. O artigo 24 da Lei 11.771/2008 (que dita a Política Nacional de Turismo) obriga o cadastramento de *condomínio hoteleiro, flat, flat-hotel, hotel-residence, loft, apart-hotel, apart-servicecondominial, condohotel e similares* no Ministério do Turismo, conforme disposto no artigo 22 da referida lei, e elenca os documentos necessários a essa inscrição[14]. É im-

---

[13] TJ/SP – 34ª Câm. de D. Privado – Agravo de Instrumento nº 0056571-40.2013.8.26.0000, **Relator Des.** Gomes Varjão, j. 20/5/2013. Trecho do acórdão: No presente caso, não há prova da aludida autorização, tampouco da prestação de serviços, apesar de o apartamento ter sido classificado por ambas as partes como flat. De qualquer forma, a doutrina tem interpretado tal dispositivo com reservas, sustentando a necessidade de examinar o caso concreto, não bastando a condição de flat ou apart-hotel. Assim, se há típica relação de locação para fim residencial, aplica-se a Lei 8245/91.

[14] Lei 11.771/2006. Art. 24.

II - no caso dos empreendimentos ou estabelecimentos conhecidos como condomínio hoteleiro, flat, flat-hotel, hotel-residence, loft, apart-hotel, apart-servicecondominial, condohotel e similares, possuir licença edilícia de construção ou certificado de conclu-

portante observar que esse mesmo artigo 24, em seu parágrafo 2º, *exclui* da abrangência da Lei 11.771/2006 os "*empreendimentos imobiliários, organizados sob forma de condomínio, que contem com instalações e serviços de hotelaria à disposição dos moradores, cujos proprietários disponibilizem suas unidades exclusivamente para uso residencial ou para serem utilizadas por terceiros, com esta finalidade, por períodos superiores a 90 (noventa) dias, conforme legislação específica*". Essa descrição se encaixa no que atualmente se conhece como "flats", os quais, apesar de não estarem abrangidos pela Lei 11.771/06, nem por isso são regulados pela Lei 8.245/91. Há que se

---

são de construção, expedidos pela autoridade competente, acompanhados dos seguintes documentos:

a) convenção de condomínio ou memorial de incorporação ou, ainda, instrumento de instituição condominial, com previsão de prestação de serviços hoteleiros aos seus usuários, condôminos ou não, com oferta de alojamento temporário para hóspedes mediante contrato de hospedagem no sistema associativo, também conhecido como pool de locação;

b) documento ou contrato de formalização de constituição do pool de locação, como sociedade em conta de participação, ou outra forma legal de constituição, com a adesão dos proprietários de pelo menos 60% (sessenta por cento) das unidades habitacionais à exploração hoteleira do empreendimento;

c) contrato em que esteja formalizada a administração ou exploração, em regime solidário, do empreendimento imobiliário como meio de hospedagem de responsabilidade de prestador de serviço hoteleiro cadastrado no Ministério do Turismo;

d) certidão de cumprimento às regras de segurança contra riscos aplicáveis aos estabelecimentos comerciais; e

e) documento comprobatório de enquadramento sindical da categoria na atividade de hotéis, exigível a contar da data de eficácia do segundo dissídio coletivo celebrado na vigência desta Lei.

§ 1º Para a obtenção do cadastro no Ministério do Turismo, os empreendimentos de que trata o inciso II do caput deste artigo, caso a licença edilícia de construção tenha sido emitida após a vigência desta Lei, deverão apresentar, necessariamente, a licença de funcionamento.

§ 2º O disposto nesta Lei não se aplica aos empreendimentos imobiliários, organizados sob forma de condomínio, que contem com instalações e serviços de hotelaria à disposição dos moradores, cujos proprietários disponibilizem suas unidades exclusivamente para uso residencial ou para serem utilizadas por terceiros, com esta finalidade, por períodos superiores a 90 (noventa) dias, conforme legislação específica.

entender, porém, que os *serviços* mencionados no artigo 1º da Lei de Locações Urbanas não são apenas o de zeladoria, portaria, faxina e manutenção das áreas comuns, que ocorrem na maioria dos condomínios edilícios, mas sim aqueles prestados diretamente aos usuários das respectivas unidades autônomas, tais como de arrumadeira, lavanderia, passadeira, mensageiro e outros. Não fosse assim, muitos dos apartamentos ou salas comerciais em condomínios por unidades autônomas estariam fora do alcance da Lei de Locações Urbanas, já que é largamente encontrada, principalmente nos edifícios de apartamentos e escritórios das classes economicamente mais favorecidas, a "prestação de serviços regulares" aos seus usuários, quais sejam: portaria, segurança, manutenção de áreas comuns e às vezes também serviços de manobrista. De outro lado, é importante ressaltar que existe julgado do Tribunal de Justiça de São Paulo no sentido de que se o "flat" locado é utilizado como residência, aplica-se a Lei de Locações Urbanas[15]. Vale lembrar ainda que a dinâmica dos negócios fez aparecer outro tipo de negócio imobiliário que em tudo se assemelha à locação dos apart-hotéis e que, por esse motivo, também deve ser excluído do alcance da Lei 8.245/91: é o caso das locações de escritórios para curtos períodos. De fato, hoje é comum encontrar-se em oferta para locação espaços equipados com mesas, cadeiras, telefones, computadores e outros materiais de escritório, inclusive com recepção e secretária, para uso por um ou poucos dias, geralmente por pessoas de passagem pela cidade ou por profissionais que não necessitam manter um local fixo para seus misteres. Não se justificaria considerar esses negócios como regulados pela Lei de Locações Urbanas, já que o bem juridicamente protegido é bastante distinto.

1.6.2. As vagas de garagens autônomas e os estaciona-

[15] TJ/SP – 34ª Câm. de D. Privado – Agravo de Instrumento nº 0056571-40.2013.8.26.0000, **Relator Des.** Gomes Varjão, j. 20/5/2013. Trecho do acórdão: "A menção à legislação aplicável deve-se ao fato de o rito constituir matéria de ordem pública, bem como de o objeto da referida ação ser um flat. Todavia, é caso de aplicação da Lei de Locação, pois ficou incontroversa a utilização do apartamento para fins de moradia, por longo tempo".

mentos comercializados: A locação desses tipos de espaços também foi afastada do alcance da Lei 8.245/91. Aliás, considerando que as garagens de um prédio residencial ou comercial podem ser objeto de matrículas autônomas no Registro de Imóveis, é possível cogitar da locação de apartamentos ou de salas por meio de contratos regidos pela Lei 8.245/91, e de garagens por meio de contratos regido pelo Código Civil[16]. Porém, sempre que a locação de uma garagem estiver incluída no contrato de locação de um apartamento ou sala, de forma unificada, há que se entender que toda a locação reger-se-á pela Lei de Locações Urbanas, ainda que a garagem seja objeto de uma matrícula autônoma. Nesse caso, considerando que a garagem seria um acessório do principal (apartamento ou sala), há de lhe seguir o mesmo destino jurídico. De fato, não seria razoável imaginar que, no caso de falta de pagamento dos aluguéis, tivesse o locador que se valer da ação de despejo por falta de pagamento relativamente ao apartamento ou sala, e manejar ação possessória ou reivindicatória em relação às garagens incluídas no mesmo contrato. A melhor interpretação desse artigo é no sentido de que a locação de vagas autônomas de garagens só está excluída da abrangência da Lei 8.245/91 se e quando se tratar de uma locação autônoma, ou seja, desvinculada de outro contrato de locação de sala ou apartamento.

1.6.3. Os espaços destinados a publicidade: Também a locação desses espaços foi afastada do alcance da Lei 8.245/91. Questão interessante se põe ante a hipótese de sublocação, pelo locatário urbano, de espaços no imóvel locado para publicidade. Nessa situação, conclui-se não haver necessidade de intimação do sublocatário, quando esta se fizer necessária, nas ações reguladas pela Lei 8.245/91, já que não se trata de sublocação imobiliária.

---

16 No mesmo sentido é a doutrina de DINIZ: "Consequentemente, o contrato locatício, como vimos, poderá ser feito à parte, com periodicidade e reajustes diversos do da locação de imóvel, regida pela Lei nº 8.245/91" ("Lei de Locações de Imóveis Urbanos Comentada", São Paulo: ed. Saraiva, 2006, p. 24).

1.6.4. A locação de imóveis das Pessoas Políticas, de suas fundações e autarquias: A cessão de uso de imóveis da União, dos Estados e dos Municípios, bem como de suas autarquias e fundações, se dá através de *permissão,* espécie de contrato administrativo. Não está, pois, sujeita aos ditames da Lei de Locações Urbanas[17].

1.6.5. O arrendamento mercantil: A regulamentação do arrendamento mercantil foi introduzida no Brasil com a Lei Federal nº 6.099, de 12 de setembro de 1974. Na verdade, essa regulamentação tratou mais propriamente de aspectos tributários dessa modalidade de negócio jurídico do que de sua estrutura jurídica, embora haja alguma especificação a esse respeito naquele diploma legal. Segundo a definição trazida no bojo da Lei 6.099, alterada pela Lei 7.132/83, "*considera-se arrendamento mercantil, para os efeitos desta lei, o negócio jurídico realizado entre pessoa jurídica, na qualidade de arrendadora, e pessoa física ou jurídica, na qualidade de arrendatária, e que tenha por objeto o arrendamento de bens adquiridos pela arrendadora, segundo especificações da arrendatária e para uso próprio desta*". Tem o contrato de *leasing* em sua arquitetura elementos próprios do contrato de locação e da promessa de compra e venda, mas configura em seu todo um contrato com características próprias. As principais modalidades de arrendamento mercantil são: *leasing* operacional, *leasing* financeiro, *lease back* e *self-lease,* todas excluídas do alcance da Lei 8.245/91.

---

[17] TA/PR - 6ª Câmara Cível – Extinto Tribunal de Alçada do Paraná – Apelação Cível nº 0190334-0, j. em 30/9/2002. Ementa: o bem público, com autorização de uso, não induz à posse, mas somente detenção, tanto que, notificado para devolução do bem, deve fazê-lo o detentor, sob pena de o Poder Público valer-se de ação possessória para reaver sua posse. Ante a transmissão da propriedade, não existindo posse de terceiro, como no caso em que os requeridos eram apenas detentores, o donatário, ora apelado, recebeu a posse jurídica do bem. Nesse sentido, não se discute o título de domínio em si, mas a própria qualidade do bem. Evidenciado nos autos que a ocupação da área disputada se deu por mera permissão, tal circunstância não induz qualquer proteção, caracterizando-se a sua recusa em sair do imóvel como sendo esbulho.

2. A SOLIDARIEDADE ENTRE LOCADORES E ENTRE LOCATÁRIOS

Art. 2º Havendo mais de um locador ou mais de um locatário, entende-se que são solidários se o contrário não se estipulou.

Parágrafo único. Os ocupantes de habitações coletivas multifamiliares presumem- se locatários ou sublocatários.

A solidariedade, como se sabe, não se presume; decorre da lei ou do contrato[18]. Neste caso, a solidariedade ativa e passiva é imposta por lei, mas há divergência doutrinária e jurisprudencial sobre a sua extensão ou, mais precisamente, sobre os tipos de direitos e obrigações sobre as quais incide. Muitos doutrinadores entendem que essa solidariedade implica no direito de qualquer dos locadores, mesmo sem a participação expressa dos demais, de exigir judicialmente de qualquer dos locatários, também sem necessária participação dos demais, o cumprimento das obrigações do contrato. Confira-se, a propósito, a doutrina de SANTOS (2011), em sua obra "Locação e Despejo"[19]. Aliás, há julgados no Tribunal de Justiça de São Paulo nesse sentido[20]. Porém, recentemente o E. Superior Tribunal de Justiça decidiu de for-

---

18 Código Civil, artigo 265.

19 SANTOS, Gildo dos. *Locação e Despejo: Comentários à Lei 8.245/91*. São Paulo: ed. Revista dos Tribunais, 2011, p. 76: "[...]Desse modo, de qualquer locatário pode ser exigido o pagamento do aluguel e encargos, como também qualquer deles pode ser acionado em despejo por falta de pagamento, sem necessidade de serem colocados como réus da demanda os demais colocatários".

20 Confira-se o aresto proferido em 03/07/2012 pela 27ª Câm. de D. Privado do Tribunal de Justiça de SP, nos autos do Agravo de Instrumento nº 0083171-35.2012.8.26.0000: Trecho: "Com efeito, por se tratar de litisconsórcio passivo facultativo, pode-se exigir de qualquer dos locatários, o cumprimento das obrigações contratuais, tais como o despejo, sem necessidade de serem colocados todos na demanda." No mesmo sentido o acórdão proferido em 13/04/2010 nos autos da Apelação nº 0127060-06.2007.8.26.0003, da mesma Câmara: "Não havendo convenção que afaste a solidariedade dos locatários,

ma diversa, entendendo que a solidariedade em questão diz respeito apenas ao direito material em questão, mas não ao direito processual[21]. De acordo com essa corrente jurisprudencial, a ação de despejo por falta de pagamento, por exemplo, deve ser proposta em face de todos os locatários (e não somente de um ou alguns), sob pena de nulidade processual[22]. Não há como deixar de notar o distanciamento entre a literalidade do artigo 2º da Lei 8.245/91 e a interpretação que lhe deu esse acórdão. Talvez seja realmente mais justa a interpretação que exige, para validade do processo de despejo, sejam todos os locatários citados, mas, de acordo com a natureza do instituto, a solida-

---

pode o locador despejar a todos, demandando contra apenas um deles. Inteligência do art. 2o da Lei 8.245/91. Recurso desprovido".

21 STJ – 6ª T. REsp 84843/SP. Ministro Hamilton Carvalhido. Ementa: RECURSO ESPECIAL. PROCESSUAL CIVIL. LOCAÇÃO. NOTIFICAÇÃO PREMONITÓRIA E CITAÇÃO. PLURALIDADE DE LOCATÁRIOS. LITISCONSÓRCIO PASSIVO NECESSÁRIO. DESNECESSIDADE DE NOTIFICAÇÃO DE TODOS OS CO-LOCATÁRIOS SE DOMICILIADOS NO MESMO IMÓVEL. PRESUNÇÃO QUE AFASTA A ALEGAÇÃO DE SURPRESA NO PEDIDO DE DESPEJO DO LOCADOR. ARTIGOS 2º E 78 DA LEI DO INQUILINATO. [...] 2. Esta Corte Superior de Justiça, interpretando o artigo 2º da Lei nº 8.245/91, "(...) vem proclamando a tese da *necessidade da citação de todos os locatários* na condição de litisconsortes necessários em ação de despejo, a fim de que os efeitos da sentença alcancem a todos os coobrigados." (REsp 165.280/RJ, Relator Ministro Vicente Leal, in DJ 9/4/2001). 3. Tal orientação, também perfilhada pela doutrina, estabelece a *distinção* entre os efeitos materiais e processuais da *solidariedade*, atestando, como atesta, que a hipótese prevista no artigo 2º da Lei nº 8.245/91, precisamente porque de índole material, não exclui a incidência do artigo 47 do Código de Processo Civil, devendo-se proceder, assim, à citação de todos os litisconsortes necessários. 4. Em se tratando de pluralidade de locatários, há de se conceder à notificação premonitória o mesmo tratamento conferido à citação. Em hipóteses especialíssimas, contudo, em que a notificação premonitória é feita a todos os locatários, mas na pessoa de só um deles, é de se afirmar o atendimento da condição especial da ação, desde que deva se presumir a ciência de todos, não infirmada, como acontece entre parentes, meeira e herdeiros, que residem todos no imóvel locado (grifos nossos).

22 Não é outra a opinião de Custódio P. Ubaldino Miranda, para quem "deverão os locadores coligar-se na propositura de qualquer ação contra o locatário ou os locatários, como também ser todos estes demandados, conjuntamente, em qualquer ação proposta pelo locador ou locatários" ("Locação de Imóveis Urbanos", São Paulo: ed. Atlas, 1996, p. 22).

riedade imposta naquele dispositivo (exceto se o contrário foi estipulado em contrato) implica justamente na desnecessidade de todos os locatários comporem o pólo passivo dessa ação. Vale ressaltar que em outros casos em que a lei prevê solidariedade no cumprimento de obrigações, o mesmo Superior Tribunal de Justiça *dispensou* a citação de todos os coobrigados[23]. Vale transcrever o trecho do aresto acima referido, que contraria o entendimento do acórdão anterior:

---

[23] STJ – 2ª T. REsp 1211400/SP. Relator Ministro Mauro Campbell Marques. 07/12/2010. PROCESSUAL CIVIL. ADMINISTRATIVO. SERVIÇO PÚBLICO. NATUREZA JURÍDICA DO DEVER DE PAGAR TARIFA DE ÁGUA E ESGOTO. OBRIGAÇÃO SOLIDÁRIA. PREVISÃO LEGAL. POSSIBILIDADE DE O CREDOR DEMANDAR UM, ALGUNS OU TODOS OS CO-DEVEDORES SOLIDÁRIOS. LITISCONSÓRCIO PASSIVO FACULTATIVO. INAPLICABILIDADE DO ART. 47, PARÁGRAFO ÚNICO, DO CPC. APLICAÇÃO, IN CASU, DO ART. 267, III E § 1º, DO CPC. RECURSO ESPECIAL NÃO PROVIDO.
1. Trata-se, originariamente, de ação de cobrança de tarifa de água e esgoto proposta pela Companhia de Saneamento Básico do Estado de São Paulo - Sabesp em face de Quirino Ribeiro dos Santos e Maria do Carmo Pereira dos Santos.
2. Entretanto, o conhecimento do recurso especial está limitado determinar se se aplica o art. 47, parágrafo único, do CPC – se configurado litisconsórcio passivo necessário - ou o art. 267, III - se afastada tal premissa, em razão da natureza da obrigação.
3. Natureza da obrigação referente ao pagamento de tarifa de água e esgoto: solidária. No caso, o Tribunal de Justiça firmou premissa de que há previsão legal da solidariedade (art. 19, § 2º, do Decreto n. 41.446/96), o que atende ao requisito do art. 265 do Código Civil.
4. *Assim, configurada a solidariedade passiva - em razão do Decreto n. 41.446/96 - a Companhia de Saneamento Básico do Estado de São Paulo, como credora única, tem o direito de cobrar a totalidade da dívida de um, alguns ou todos os devedores passivos da obrigação de pagar. Art. 275 do Código Civil.*
5. Não-configuração de litisconsórcio necessário. Se não é indispensável a integração do polo passivo por todos os sujeitos - já que a obrigação é solidária e, em função disso, o credor tem o direito de optar em demandar apenas um ou alguns dos co-devedores, com espeque no art. 275 do Código Civil -, configura-se típico caso de litisconsórcio passivo facultativo. Doutrina.
6. Aplicação, in casu, do art. 267, III, que exige a intimação pessoal da parte autora para providenciar a citação dos réus, antes de se extinguir o processo sem julgamento de mérito, por abandono da causa pelo autor. Afastamento do art. 47, parágrafo único, do CPC. 7. Recurso especial não provido (grifo nosso).

Ora, se não é indispensável a integração do pólo passivo por todos os sujeitos – já que a obrigação é solidária e, em função disso, o credor tem o direito de optar em demandar apenas um ou alguns dos co-devedores, com espeque no art. 275 do Código Civil –, aqui configura-se típico caso de litisconsórcio passivo facultativo. Em razão disso, não se aplica a regra do art. 47, parágrafo único, do Código de Processo Civil, e sim a do art. 267, III, que exige a intimação pessoal da parte autora para providenciar a citação dos réus, antes de se extinguir o processo sem julgamento de mérito, por abandono da causa pelo autor.

No sítio eletrônico do Superior Tribunal de Justiça[24] encontram-se acórdãos sintetizados na seguinte proposição: "*Na vigência da Lei n. 8.245/91, havendo mais de um locador ou locatário, presume-se a existência de solidariedade entre eles, salvo estipulação contratual em contrário, nos termos do art. 2º do referido diploma*". (AgRg no AREsp 051655/RJ, REsp 785133/SP, REsp 488075/RJ, REsp 261359/SP). Ante o cenário de insegurança jurídica que a diversidade de interpretações apresenta, a atitude mais sensata é a de promover as ações que tenham por objeto obrigações do contrato de locação em face de todos os que ocupam o polo oposto.

3. OS CONTRATOS DE LONGO PRAZO E A AUTORIZAÇÃO CONJUGAL

> **Art. 3º** O contrato de locação pode ser ajustado por qualquer prazo, dependendo de vênia conjugal, se igual ou superior a dez anos.
> **Parágrafo único.** Ausente a vênia conjugal, o cônjuge não estará obrigado a observar o prazo excedente.

---

24 www.stj.jus.br - "Jurisprudência em Teses".

Trata-se aqui da necessária autorização do cônjuge para a contratação de locação por prazo igual ou superior a dez anos. O legislador *não* circunscreveu os efeitos deste artigo a um determinado regime de bens matrimonial (comunhão universal, comunhão parcial, separação, participação final em aquestos), de modo que em princípio a todos eles atinge. Porém, tendo em conta que o artigo 1.642 do Código Civil autoriza ambos os cônjuges a administrarem livremente "os bens próprios", infere-se que em relação a essa categoria de bens não há necessidade de vênia conjugal para locações superiores a dez anos. Compartilha dessa opinião o professor da "FDUSP" José Fernando SIMÃO[25] ao sustentar ter maior conformidade ao sistema considerar que *"o contrato de locação pode ser ajustado por qualquer prazo, dependendo da vênia conjugal, se igual ou superior a dez anos, exceto para aqueles casados no regime da separação total de bens"*. Entendimento oposto, porém, é o de DINIZ (2006)[26], que entende que *"qualquer que seja o regime de bens, tanto o marido como a mulher, sem a devida autorização, não poderão locar prédio urbano por prazo igual ou superior a dez anos"*. A questão é polêmica e na sua raiz está o entendimento de que os imóveis de pessoas casadas representam de certa forma a estabilidade financeira da família e que uma locação com prazo superior a dez anos poderia abalá-la – razão pela qual o mútuo consentimento seria exigível. Porém, como bem defende SIMÃO[27], uma vez que o legislador conferiu autonomia e plena disponibilidade de bens particulares ao cônjuge casado sob o regime da separação de bens, por que haveria de restringi-las no caso de locação de longo prazo?

3.1. A sanção para a falta de anuência do cônjuge em relação a contratos com prazo igual ou superior a dez anos é a possibilidade que a lei

---

[25] SIMÃO, José Fernando. *A Lei do Inquilinato e o novo Código Civil II - Questões Polêmicas – A vênia conjugal.* Artigo publicado em http://www.professorsimao.com.br/artigos_simao_a_%20lei_do_inquilinato_02.htm

[26] DINIZ, Maria Helena. *Lei de locações de imóveis urbanos comentada.* São Paulo: ed. Saraiva, 2006, p. 49

[27] *Op. Cit.*

lhe dá para "não observá-lo" em relação ao prazo excedente. Essa regra é de fácil compreensão no tocante ao pólo ativo do contrato, ou seja, em relação ao locador, já que após o transcurso de dez anos o cônjuge que com ele não anuiu fica livre para retomar o imóvel por inteiro. A interpretação desse dispositivo, porém, torna-se mais árdua ao se imaginar a falta de anuência do cônjuge do locatário em relação a contratos ajustados por mais de dez anos. Qual seria a consequência prática de sua "não observância" do contrato? Qual seria a atitude admissível para o cônjuge discordante, nesse caso? Parece-me que é apenas e tão somente a de buscar o reconhecimento da intangibilidade da parte comunicável de seu patrimônio no caso de cobrança de aluguéis e encargos locatícios. Vale anotar que quanto a essa particularidade da lei BARROS (1997)[28] põe em dúvida *"a utilidade da regra, pois não vemos como o cônjuge ausente da contratação poderá fazer valer o direito que lhe é assegurado pelo parágrafo único"*. Questão interessante é indagar qual seria a ação cabível para o cônjuge do locador que não anuiu com o contrato retomar o imóvel, já que, por não ter participado da avença locativa, não teria esse cônjuge, em tese, legitimidade para valer-se de ação de despejo. Parece-me que nessa situação deve o cônjuge valer-se de ação possessória, inclusive com a possibilidade de pleitear medida liminar se preenchidos os requisitos legais.

4. A MULTA POR RESCISÃO ANTECIPADA

Art. 4º Durante o prazo estipulado para a duração do contrato, não poderá o locador reaver o imóvel alugado. O locatário, todavia, poderá devolvê-lo, pagando a multa pactuada, proporcionalmente ao período de cumprimento do contrato, ou, na sua falta, a que for judicialmente estipulada. (Redação dada pela Lei nº 12.112, de 2009).

[28] BARROS, Francisco Carlos Rocha de. *Comentários à lei do inquilinato*. São Paulo: ed. Saraiva, 1997, p.12.

Parágrafo único. O locatário ficará dispensado da multa se a devolução do imóvel decorrer de transferência, pelo seu empregador, privado ou público, para prestar serviços em localidades diversas daquela do início do contrato, e se notificar, por escrito, o locador com prazo de, no mínimo, trinta dias de antecedência.

Houve aqui um evidente equívoco do legislador, pois esse artigo (com a redação que lhe deu a Lei 12.112/09) estabelece que a multa deva ser paga pelo locatário "*proporcionalmente ao período de cumprimento do contrato*", quando na verdade essa multa deve ser fixada proporcionalmente ao tempo que *faltar* para o término do prazo contratual. Da maneira como está redigida, poder-se-ia entender que se o inquilino cumpriu 2/3 do prazo contratual deveria ser esta a fração aplicável à multa; porém, evidentemente, na linha do entendimento jurisprudencial já consolidado, a multa nesse caso deve ser equivalente a 1/3 do valor originalmente pactuado, já que é essa a fração do tempo que *faltaria* para cumprir integralmente o contrato. Vale salientar, também, que esse artigo determina a redução proporcional da multa apenas para o caso de devolução antecipada do imóvel, e não para outros tipos de infração contratual, como, por exemplo, a modificação desautorizada do imóvel locado. Assim, poder-se-ia em tese imaginar que em relação a esses outros inadimplementos estivesse o locador autorizado a exigir a multa por inteiro, independentemente do tempo que faltar para o término do prazo contratual. Contudo, não há que se perder de vista o disposto no artigo 413 do Código Civil[29] – aplicável por força do art. 79 da Lei 8.245/91 – que autoriza o juiz a reduzir equitativamente a pena se a obrigação principal tiver sido cumprida em parte ou se a penalidade se afigurar excessiva em vista do tipo do negócio. Assim, se o eventual inadimplemento do locatário for de alguma obrigação menor,

[29] Art. 413 do Código Civil: A penalidade deve ser reduzida eqüitativamente pelo juiz se a obrigação principal tiver sido cumprida em parte, ou se o montante da penalidade for manifestamente excessivo, tendo-se em vista a natureza e a finalidade do negócio.

de pequeno potencial danoso ao locador, o juiz poderá reduzir o valor da multa contratual.

4.1. Quanto à situação prevista no parágrafo único desse artigo, deve-se entender que o legislador se refere a transferências geográficas que impliquem na necessária mudança residencial do locatário. De fato, se a transferência do empregado se dá para outro estabelecimento no mesmo bairro da cidade, ou até mesmo em bairros próximos, no caso de cidades menores, não há justificativa para o rompimento unilateral e antecipado do contrato de locação, sem multa.

5. A AÇÃO PARA REAVER O IMÓVEL LOCADO

Art. 5º Seja qual for o fundamento do término da locação, a ação do locador para reaver o imóvel é a de despejo.
Parágrafo único. O disposto neste artigo não se aplica se a locação termina em decorrência de desapropriação, com a imissão do expropriante na posse do imóvel.

Pretendeu o legislador afastar as incertezas a respeito do tipo de ação cabível para o locador reaver o imóvel, estabelecendo que em qualquer situação a ação disponível é a de despejo. Porém, existem situações que podem suscitar dúvidas, como, por exemplo, a do locatário que devolve as chaves do imóvel, encerrando a locação, mas que deixa ali sublocatários desautorizados, de cuja existência o locador só posteriormente vem a tomar conhecimento. Nosso entendimento é que nesse caso a ação cabível não é a de despejo, mas sim a de reintegração de posse, uma vez que a locação já se teria encerrado previamente, por distrato, e que naquele momento o locador recuperou a posse direta do imóvel. De fato, considerando que um dos objetivos da ação de despejo é a *rescisão da locação* (artigos 59 a 62 da Lei de Locações), não haveria mais que se falar em despejo se aquela já ocorreu por distrato ou por resilição.

É importante ressaltar que esse raciocínio não foi adotado pelo legislador quando se trata de retomada de imóvel baseada em descumprimento de *distrato*, pois nesse caso, apesar de não haver mais contrato de locação vigente (por haver sido extinto pelo distrato), a ação cabível continuará sendo a de despejo, em decorrência da interpretação sistemática do disposto no artigo 9º, inciso I, combinado com o artigo 59, inciso I, da Lei de Locações. Parece-me, no entanto, que se houver distrato regular, inclusive com devolução de chaves, mas eventuais sublocatários desautorizados pelo locador continuem a ocupar o imóvel, a posse destes últimos há de ser considerada injusta, autorizando o manejo da ação de reintegração, ou, pelo menos, a de imissão na posse.

Há que se registrar a opinião de DINIZ[30], ao comentar o artigo 11 desta lei, no sentido de que "*sem locatário não pode haver ação de despejo, embora a nova lei inquilinária, no art. 59, § 1º, IV, excepcionalmente o admita, o que entendemos ser um contrasenso*". Vale lembrar que o artigo por ela mencionado trata de situação em que o locatário morre sem deixar sucessor legítimo, mas no imóvel permanecem pessoas não autorizadas. O contrasenso a que a professora paulista se refere consiste no uso obrigatório da ação de despejo para o locador reaver o imóvel desses terceiros, mesmo não havendo nem nunca tendo havido com estes nenhuma relação locatícia.

De todo modo, o artigo 59, inciso I, autoriza a concessão de liminar em ação de despejo no caso de descumprimento de acordo para encerramento da locação, no qual tenha sido concedido o prazo de seis meses para desocupação. Conclui-se, "*a contrario sensu*", que se não foi concedido ao locatário o prazo mínimo de seis meses para desocupação, o locador não terá direito a pleitear a liminar, mas ainda assim deverá exercer o direito de retomada por meio de ação de despejo.

É equivocado, a nosso ver, o entendimento de que a Lei 8.953/94, ao criar um novo tipo de título executivo extrajudicial (instrumento de tran-

---

30 DINIZ, Maria Helena. *Lei de locações de imóveis urbanos comentada.* São Paulo: ed. Saraiva, 2006, p. 77.

sação referendado pelo Ministério Público, pela Defensoria Pública ou pelos advogados dos transatores), tenha autorizado o locador a valer-se do processo de Execução de Obrigação de Dar para reaver o imóvel. A nova lei, por ser geral, não revoga nem altera a lei de locações, que é especial. A questão, no entanto, é polêmica, como reconhece Francisco Carlos Rocha de BARROS[31], e certamente ainda provocará árduas discussões nos tribunais. Ante as incertezas e dificuldades de ordem prática, parece-me mais acertado buscar a retomada, nesse caso, por meio de ação de despejo (com pedido de liminar, se for o caso).

5.1. Quanto ao disposto no parágrafo único desse artigo, há que se ter em mente que a desapropriação consiste em um modo de aquisição originário de propriedade pelo poder público[32], ou seja, que não se trata de uma hipótese de alienação, tal como prevista no artigo 8º da Lei de Locações. A resolução da locação é um dos efeitos reflexos da desapropriação[33], evidentemente como corolário da necessidade ou utilidade pública, ou do interesse social[34]. Note-se, porém, que esse dispositivo acrescenta outra condição para a exceção nela prevista, qual seja a da imissão do expropriante na posse do imóvel. A imissão provisória, ou prévia, dá-se a pedido do Poder Expropriante, mediante alegação de urgência e depósito de quantia arbitrada de acordo com o disposto no

---

[31] BARROS, Francisco Carlos Rocha de. *Comentários à lei do inquilinato.* São Paulo: ed. Saraiva, 1997, p. 26.

[32] TRIBUNAL REGIONAL FEDERAL DA 1ª REGIÃO, 1ª Turma; Apelação Cível nº 2001.35.00.009029-5/GO. Trecho de ementa: "A desapropriação é forma originária de aquisição da propriedade, porque não provém de nenhum título anterior, e, por isso, o bem expropriado torna-se insuscetível de reivindicação e libera-se de quaisquer ônus que sobre ele incidissem precedentemente, ficando os eventuais credores sub-rogados no preço." (Direito Administrativo, 16ª ed., São Paulo: Malheiros, 1991, p. 498).

[33] MELLO, Celso Antônio Bandeira de. *Elementos de Direito Administrativo*, 2ª ed. RT, 1991, p. 92: "É lógico que o efeito típico da desapropriação foi destituir a propriedade de seu *dominus* e não rescindir a locação. Esta é mero efeito reflexo da desapropriação".

[34] Constituição Federal, artigo 5º, inciso XXIV.

artigo 685 do antigo Código de Processo Civil[35], e, no caso de imóvel residencial urbano, de importância fixada de acordo com o disposto no Decreto-Lei 1.075/70. Antes da imissão do Poder Expropriante na posse do imóvel, portanto, a relação contratual entre o locador e o locatário continua íntegra.

6. A DENÚNCIA DA LOCAÇÃO PELO LOCATÁRIO

Art. 6º O locatário poderá denunciar a locação por prazo indeterminado mediante aviso por escrito ao locador, com antecedência mínima de trinta dias.
Parágrafo único. Na ausência do aviso, o locador poderá exigir quantia correspondente a um mês de aluguel e encargos, vigentes quando da resilição.

Essa regra aplica-se unicamente à hipótese de locação vigente por prazo indeterminado. Em tal situação, o locatário que pretender denunciar a locação deverá avisar o locador com no mínimo trinta dias de antecedência. A forma escrita é necessária, mas não se exige notificação extrajudicial ou judicial. A cautela aconselha a obter um comprovante também escrito do recebimento do aviso pelo locador, como, por exemplo, o recibo de entrega de correspondência ou de telegrama, já que a falta desse aviso prévio pode gerar consequências onerosas para o locatário, como se verá a seguir.

O locador não pode recusar-se a receber o imóvel, ainda que esteja danificado ou em desacordo com o que estabelece o contrato, ou mesmo que outras obrigações do locatário estejam descumpridas. O direito do locatário de extinguir a locação, obedecidas as condições acima referidas, é potestativo, conforme já julgou o Tribunal de Justiça de São Paulo em mais

[35] O CPC de 1973 não manteve esse dispositivo, de modo que se pode inferir que atualmente o procedimento deva seguir as regras dos artigos 826 a 839 do Código de Processo Civil vigente.

de uma oportunidade[36]. Caso nessa situação haja recusa do locador, deverá o locatário consignar as chaves em juízo.

6.1. A ausência desse aviso com pelo menos 30 dias de antecedência autoriza o locador a exigir do locatário importância equivalente a um aluguel em vigor na data do desfazimento unilateral do contrato.

7. A LOCAÇÃO POR USUFRUTUÁRIO OU FIDUCIÁRIO

> **Art. 7º** Nos casos de extinção de usufruto ou de fideicomisso, a locação celebrada pelo usufrutuário ou fiduciário poderá ser denunciada, com o prazo de trinta dias para a desocupação, salvo se tiver havido aquiescência escrita do nu proprietário ou do fideicomissário, ou se a propriedade estiver consolidada em mãos do usufrutuário ou do fiduciário.
> **Parágrafo único**. A denúncia deverá ser exercitada no prazo de noventa dias contados da extinção do fideicomisso ou da averbação da extinção do

[36] TJSP - 27ª Câmara de Direito Privado; apelação nº 0000289-35.2011.8.26.0587 - Relator Des. Gilberto Leme, j. 25/06/2013. Trecho da ementa: "Deve o locador valer-se das vias apropriadas para se ver ressarcido de eventuais prejuízos experimentados em decorrência de danos no imóvel de responsabilidade do locatário, não impedindo a rescisão antecipada do contrato".
TJSP - 32ª Câmara de Direito Privado; Apelação nº 0125888-24.2010.8.26.0100, Relator Des. Kioitsi Chicuta, j. 13/06/2013. Trecho da ementa: "Locadora que se recusa a receber as chaves por ausência de reparos no imóvel e inadimplência das despesas locatícias. Recusa indevida. Questões que devem ser discutidas em sede própria e não impedem o fim da relação locatícia. Direito potestativo do locatário. Termo final da rescisão do contrato que deve corresponder da data do depósito em juízo".
TJSP - 28ª Câmara de Direito Privado; Apelação 1011869-56.2015.8.26.0344 – Relator Des. Gilson Delgado Miranda, j. 10/11/2017. Trecho da ementa: Consignação das chaves do imóvel. A resolução do contrato não pode ser condicionada ao cumprimento forçado das exigências contratuais. O direito do locador de exigir o cumprimento das obrigações contratuais permanece preservado, mas deverá fazê-lo em demanda autônoma. Considera-se extinta a relação locatícia e põe-se termo final à responsabilidade do locatário pelas obrigações contratuais na data do depósito das chaves em juízo.

usufruto, presumindo-se, após esse prazo, a concordância na manutenção da locação.

Com a extinção do usufruto a propriedade se recompõe integralmente, ou seja, o direito de usar o bem e de perceber os frutos que este produz volta a pertencer àquele que outrora os cedera. Conforme dispõe o artigo 1410 do Código Civil, a extinção do usufruto pode ocorrer pela renúncia ou morte do usufrutuário, pelo termo final de seu prazo de duração, pela extinção da pessoa jurídica beneficiária ou decurso de trinta anos de duração desse direito, pelo término da causa que a originou, pela destruição do objeto do usufruto, pela consolidação, pela deterioração ou ruína do bem por culpa do usufrutuário, e pela falta de uso ou fruição do objeto do usufruto. Essa "recuperação" dos atributos jurídicos da propriedade dá ao proprietário o direito de denunciar a locação anteriormente celebrada pelo usufrutuário – salvo se houver anuído com aquele contrato por escrito – e desde que denuncie o contrato no prazo de noventa dias contados da averbação da extinção do usufruto.

O fideicomisso é um instituto por meio do qual é reconhecido ao testador o direito de, ao instituir herdeiros ou legatários, estabelecer que a herança ou o legado que estes vierem a receber sejam retransmitidos a terceiros quando vierem a falecer. O fideicomitente é o testador que se vale dessa prerrogativa; o fiduciário é o herdeiro ou legatário que recebe a propriedade restrita e resolúvel do bem que lhes deixou o testador; e fideicomissário é o terceiro que, por ocasião da morte do fiduciário, receberá a propriedade. O fideicomisso cria uma propriedade temporária que se resolve com a morte do herdeiro ou legatário, ou com o término do prazo de sua duração, ou com a superveniência da condição prevista. Nesses casos a propriedade, que antes pertencia ao fiduciário, passa a pertencer ao fideicomissário. Extinto o fideicomisso, o fideicomissário não está obrigado a respeitar a locação contratada pelo fiduciário se com ela não anuiu expressamente e se denunciar o contrato no prazo de 90 dias a contar da extinção do fideicomisso.

Se a propriedade do imóvel objeto da locação tiver sido consolidada em mãos do fiduciário ou do usufrutuário (artigos 1.410, inciso VI, 1.955 e 1.958 do Código Civil), não poderá haver denúncia da locação.

7.1. Em qualquer das situações previstas neste artigo deve o proprietário, no prazo de 90 dias contados da extinção do fideicomisso ou da averbação da extinção do usufruto, avisar o locatário de sua decisão de denunciar a locação, dando-lhe ciência da causa que o autoriza a descontinuá-la e concedendo-lhe prazo de 30 dias para desocupação do imóvel[37] [38]. O aviso ao locatário não depende de formalidade ou de instrumento específicos, mas certamente deverá ser feito por escrito e com comprovante de entrega, já que em uma eventual ação de despejo a prova da denúncia da locação no prazo e com o prazo corretos será imprescindível. Se a denúncia não for feita no prazo de 90 dias a contar

---

[37] TJSP – Apelação nº 0010352-17.2009.8.26.0482. 33ª Câmara de Direito Privado. Relator Des. Carlos Nunes. Julgado em 18/03/2013. Ementa: LOCAÇÃO DE IMÓVEIS. Ação de consignação em pagamento Morte do locador-usufrutuário do imóvel locado. Dúvida do locatário acerca do pagamento dos aluguéis vencidos após a morte do locador usufrutuário do imóvel locado. Ação extinta, por ilegitimidade passiva Inadmissibilidade Inocorrência da nulidade processual. Ação de consignação em pagamento proposta contra o espólio. Admissibilidade, uma vez que a **extinção do usufruto não implica na extinção automática da relação *ex locato*, havendo necessidade de se denunciar o liame locatício, por meio de notificação, pelo proprietário.** Legitimidade de parte do espólio, para integrar o pólo passivo da lide Locador que não necessita ter o domínio do imóvel, uma vez que a relação entre as partes é de direito pessoal. Extinção que deve ser afastada, anulando-se a r. sentença, para haja regular tramitação.

[38] TJSP – Apelação nº 0014988-87.2009.8.26.0009. 25ª Câmara de Direito Privado. Relator Des. Marcondes D'Angelo. Julgado em 27/06/2012. Ementa: RECURSO APELAÇÃO - LOCAÇÃO DE IMÓVEIS - DESPEJO RECONVENÇÃO RENOVATÓRIA. Contrato de locação firmado por prazo determinado para fins não residenciais. Despejo ajuizado com base no artigo 7º da Lei de Locações. *Extinção de usufruto que não permite a retomada imóvel, quando não averbado no registro competente.* Inoponibilidade "erga omnes". Reconvenção renovatória que também não pode ser admitida por inexistir conexão entre a ação renovatória e a ação de despejo. Demandas que, embora fundadas no mesmo contrato de locação, possuem causas de pedir e pedidos diversos. Improcedência da ação. Extinção da reconvenção. Sentença Mantida. Recursos não providos.

da extinção do fideicomisso ou da averbação da extinção do usufruto, presumir-se-á que o proprietário anuiu com a locação vigente.

8. A ALIENAÇÃO DO IMÓVEL LOCADO

Art. 8º Se o imóvel for alienado durante a locação, o adquirente poderá denunciar o contrato, com o prazo de noventa dias para a desocupação, salvo se a locação for por tempo determinado e o contrato contiver cláusula de vigência em caso de alienação e estiver averbado junto à matrícula do imóvel.

§ 1º Idêntico direito terá o promissário comprador e o promissário cessionário, em caráter irrevogável, com imissão na posse do imóvel e título registrado junto à matrícula do mesmo.

§ 2º A denúncia deverá ser exercitada no prazo de noventa dias contados do registro da venda ou do compromisso, presumindo - se, após esse prazo, a concordância na manutenção da locação.

A regra geral é que a alienação do imóvel durante a locação autoriza o adquirente a denunciar a locação. Um conjunto de situações há de se configurar, concomitantemente, para que o adquirente de um imóvel locado *não* possa denunciar a locação. São elas:

a) A locação ter sido contratada *por escrito* e por tempo *determinado*

mais

b) O contrato tiver cláusula de *vigência* em caso de alienação

e mais

c) O contrato de locação ter sido *averbado* à margem da matrícula do imóvel locado no Registro de Imóveis, *antes da alienação*[39].

Além disso, o direito de denúncia do contrato há de ser exercitado pelo adquirente no prazo de 90 dias contados do registro da venda ou do com-

[39] Conforme já decidido pela 5ª Turma do STJ no REsp nº 605.521/SP.

promisso, sob pena de presumir-se a concordância com o prosseguimento da locação. Trata-se de prazo decadencial, não se interrompendo nem se suspendendo[40]. Por isso, o adquirente deverá cientificar o locatário (por não lhe convir continuar a locação) no prazo peremptório de 90 dias a contar do referido registro. Note-se que o legislador utilizou nesse artigo a palavra *"adquirente"*, que tem um sentido mais amplo do que *"comprador"* e que não se confunde, segundo recentes arestos do STJ, com *"novo proprietário"*. De fato, decidiu a 5ª Turma do Superior Tribunal de Justiça, no REsp 511.637/SP, relatado pelo Min. Felix Fisher, que *"para denunciar a locação com base no artigo 8º da Lei do Inquilinato não é necessária a transcrição do título de aquisição no Registro de Imóveis, sendo até prescindível que tenha adquirido a propriedade plena do imóvel"*. Realmente, se até mesmo o compromissário comprador, com contrato registrado, pode denunciar a locação (sempre dentro das condições previstas em lei), evidentemente não se pode limitar o conceito de "adquirente" àquele que tenha adquirido a *propriedade* do imóvel, ou seja, que tenha o título translativo definitivo da propriedade registrado no Registro de Imóveis.

É importante observar que essas regras também se aplicam no caso de aquisição por arrematação do imóvel em praça, exceto no tocante à necessidade de registro da carta de arrematação, segundo decidiu a Câmara do Tribunal de Justiça de São Paulo[41]. Essa interpretação se dá em razão do

---

[40] Não é outra a opinião de Humberto Agrícola BARBI, em sua obra "Das Locações Residenciais e Comerciais". Belo Horizonte: ed. Del Rey, 2001: "Não denunciada a locação nesse prazo, presume-se a concordância do adquirente em prosseguir com a locação. É prazo de decadência, que não se interrompe".

[41] TJSP – Agravo de Instrumento nº 0419925-68.2010.8.26.0000. Relator Des. Norival Oliva, j. em 23/11/2010. Ementa: LOCAÇÃO DE IMÓVEL - AÇÃO CONSIGNATÓRIA DE ALUGUEL c.c. PEDIDO DE MANUTENÇÃO NA POSSE - LIMINAR DEFERIDA - ARREMATAÇÃO DO IMÓVEL EM AÇÃO DE EXECUÇÃO CONTRA A LOCADORA - AUTO LAVRADO E ASSINADO ARREMATAÇÃO PERFEITA, ACABADA E IRRETRATÁVEL (ART. 694, CPC) - CONTRATO DE LOCAÇÃO OMISSO QUANTO À PRORROGAÇÃO DA LOCAÇÃO NA HIPÓTESE DE ALIENAÇÃO DO IMÓVEL - APLICAÇÃO DO ART. 8o DA LEI 8.245/91 - DECISÃO REFORMADA - AGRAVO PROVIDO COM OBSERVAÇÃO. Perfeita, acabada e irretratável a arre-

disposto no artigo 903 do Código de Processo Civil, que considera a arrematação "perfeita, acabada e irretratável" tão logo o juiz, o arrematante e o serventuário de justiça, ou o leiloeiro, assinem o auto de arrematação.

Quanto ao direito do compromissário comprador de denunciar a locação, fica este condicionado também às seguintes premissas:

a) deve o compromisso ter sido celebrado com cláusula de *irrevogabilidade*;

mais

b) deve o compromissário comprador ter sido *imitido na posse* do imóvel;

e mais

c) deve o compromisso ter sido *registrado* na matrícula do imóvel no Registro de Imóveis.

A posse a que o parágrafo primeiro se refere é, evidentemente, a posse indireta, já que a posse direta estará sendo nesse caso exercida pelo locatário.

Desejando o adquirente denunciar a locação, deverá, dentro do prazo de 90 dias a contar do registro, cientificar o locatário de sua decisão (por meio de notificação judicial ou extrajudicial, ou de outro meio idôneo de comunicação escrita) e conceder-lhe prazo de outros 90 dias para desocupar voluntariamente o imóvel. Até que o locatário desocupe o imóvel poderá o adquirente receber os aluguéis correntes sem que isso configure aquiescência tácita com a locação[42], posto que do contrário ocorreria um enriquecimento sem causa pelo locatário, vedado pelo sistema jurídico civil brasileiro.

---

matação, nos termos do art. 694 do Código de Processo Civil, a imissão na posse pelo arrematante de imóvel em hasta pública, independe de prévio registro da carta de arrematação junto ao Cartório Imobiliário. Nos termos do art. 8º da Lei de Locação aplicado ao caso, arrematado o imóvel locado no curso do contrato, o adquirente poderá denunciar a locação, concedendo o prazo de 90 (noventa) dias para a desocupação, salvo se esta for por tempo determinado e o contrato contiver cláusula de vigência em caso de alienação e estiver averbado junto à matrícula do imóvel.

[42] Nesse sentido também é a opinião de Gildo Dos SANTOS, em sua obra "Locação e Despejo", 7ª ed., ed. Revista dos Tribunais, 2011, p. 108.

9. OUTRAS CAUSAS DE EXTINÇÃO DA LOCAÇÃO

Art. 9º A locação também poderá ser desfeita:

I - por mútuo acordo;

II - em decorrência da prática de infração legal ou contratual;

III - em decorrência da falta de pagamento do aluguel e demais encargos;

IV - para a realização de reparações urgentes determinadas pelo Poder Público, que não possam ser normalmente executadas com a permanência do locatário no imóvel ou, podendo, ele se recuse a consenti-las.

9.1. A primeira das causas suplementares de extinção do contrato de locação é o mútuo acordo das partes, ou seja, o distrato. Esse acordo de vontades para encerrar a locação deve ser feito pela mesma forma com que foi feito o contrato, ou por forma mais solene. Desse modo, se a locação foi pactuada por contrato particular, deverá ser rescindida pela mesma forma ou por escritura pública; se foi combinada verbalmente, poderá ser rescindida pela mesma forma ou por escrito particular, mas nunca o contrário[43]. Vale salientar que, apesar da obrigatoriedade de

[43] Confira-se a respeito a doutrina de Francisco Carlos Rocha de BARROS em sua obra *Comentários à lei do inquilinato*. São Paulo: ed. Saraiva, 1997, p. 58: "O art. 1093 do Código Civil exige que o distrato, para valer, seja feito pela mesma forma que o contrato. Essa regra vem sendo interpretada no sentido de se admitir distrato através de forma diferente daquela adotada pelo contrato, desde que mais solene. Assim, locação ajustada por documento particular pode ser distratada por instrumento público, não sendo verdadeira a recíproca". Nesse mesmo sentido a ementa do acórdão proferido em 13/8/2013 pela 31ª Câmara de Direito Privado do TJSP na Apelação nº 0021375-50.2012.8.26.0224, Relator Des. Armando Toledo: Ementa: APELAÇÃO. LOCAÇÃO DE IMÓVEL NÃO RESIDENCIAL. AÇÃO DE DESPEJO POR DENÚNCIA VAZIA. REAJUSTE. ACORDO VERBAL EM CONTRATO ESCRITO. INEFICIÊNCIA. DISTRATO DEVE SER FEITO DA MESMA FORMA QUE O CONTRATO. INTELIGÊNCIA DO ARTIGO 472 DO CÓDIGO CIVIL – DECISÃO MANTIDA. APELO IMPRO-

se obedecer, no mínimo, a mesma forma em que foi realizado o contrato, não existe a necessidade, em se tratando de distrato escrito, de intitular o documento como "distrato" ou de atender outras fórmulas redacionais, bastando que expresse a vontade das partes de encerrar a locação. Na prática, muitas vezes o distrato é instrumentalizado por um documento singelo, com o título de "recibo de chaves" ou nome equivalente, onde resta evidenciada a vontade das partes em encerrar a locação – e isso basta para configurar o distrato, conforme disposição do artigo 112 do Código Civil. Cabe apontar aqui uma posição doutrinária ainda mais maleável, da qual se pode apontar a de Maria Helena DINIZ (2006), que sustenta restringir-se a regra do artigo 472 do Código Civil àqueles contratos cuja forma é prescrita em lei. Dessa forma, sendo a locação um contrato sem forma obrigatória, *"o distrato poderá dar-se verbalmente, ou até pela simples entrega da coisa alugada (RT 180:297[44])"*.

9.2. A infração contratual – a segunda causa de desfazimento prevista nesse artigo – é uma questão que pode gerar litígios de árdua solução. A antiga lei de locações urbanas nº 4.494/64 dizia que a infração capaz de autorizar o desfazimento da locação deveria ser *grave*, o que não foi repetido na lei nº 6.649 ou na atualmente em vigor. Assim, em princípio, atualmente qualquer infração teria potencial de desfazimento da locação. Não obstante, pequenos desrespeitos ao contrato, que não trazem prejuízos, não justificam a medida drástica da sua rescisão. Mesmo que, por exemplo, o contrato proíba a cessão gratuita do imóvel sem o consentimento do locador, não poderia este pleitear a rescisão da locação pelo simples fato de haver o locatário emprestado o imóvel para um amigo ou um familiar durante um feriado. Do mesmo modo, peque-

---

VIDO. Sendo o contrato de locação escrito, qualquer alteração em suas cláusulas deve ser veiculada pelo mesmo meio que originalmente se estabeleceu o ajuste.

[44] DINIZ, Maria Helena. *Lei de locações de imóveis urbanos comentada* – São Paulo: ed. Saraiva, 2006, p. 68-9.

nas infrações por parte do locador também não autorizam o locatário a pleitear o desfazimento do contrato. Deve-se interpretar esse artigo no sentido de que as infrações com potencial suficiente para acarretar a denúncia do contrato são aquelas que trazem prejuízo efetivo ou potencial a uma das partes[45]. É o caso, por exemplo, da falta do locador que deixa de tomar as providências necessárias para o uso normal do imóvel pelo inquilino, ou do locatário que deixa de pagar os prêmios de seguro contra incêndio, se isso foi previsto no contrato.

9.3. A falta de pagamento de aluguéis ou dos encargos locatícios é outra das causas que autorizam o locador a pleitear a rescisão da locação e o consequente despejo do locatário. O pagamento, nesse caso, deve ser completo, bem como na forma, tempo e lugar previstos no contrato, atendendo ao que dispõem os artigos 313 e seguintes do Código Civil. Para isso, é importante que o contrato defina não só a data de vencimento dos aluguéis e encargos (sob pena de, com base no artigo 23, inciso I, da Lei de Locações presumir-se que a exigibilidade dos aluguéis se dá no sexto dia útil de cada mês após o vencido), como também o local ou o modo de adimplemento de cada obrigação (por exemplo, se a dívida é *quérable* ou *portable*, ou se os aluguéis serão depositados em conta, ou se haverá cobrança por meio de boletos bancários), sob pena de presumir-se que os pagamentos devam ser feitos no imóvel locado. Também é importante que o contrato estabeleça como serão pagos os demais acessórios locatícios atribuídos ao locatário (se for o caso), como, por exemplo, as contribuições condominiais, ou os tributos incidentes sobre o imóvel, ou os prêmios de seguro. De fato, se ficaram a cargo do locatário pagamentos de outros acessórios, o artigo 25 da Lei de Locações autoriza que o locador os

---

[45] Nesse sentido é também a opinião de Humberto Agrícola BARBI, em sua obra "Das Locações Residenciais e Comerciais". Belo Horizonte, ed. Del Rey, 2001, p. 49, ao considerar que "não basta simples inobservância de algum dos deveres legais para que se configure a infração legal. Necessário é que seja ela grave e redunde em prejuízo para a outra parte".

cobre juntamente com o aluguel do mês a que se referirem. Neste caso, apesar de certa imprecisão do texto legal, há que se entender que o locador pode exigir do locatário todo o numerário necessário para adimplir os encargos com vencimento no mês do pagamento do aluguel, ou seja, tanto aqueles cujos vencimentos tenham ocorrido antes do vencimento do aluguel (e que, assim, já tenham sido pagos pelo locador), como aqueles cujos vencimentos ocorram em data posterior à do vencimento do aluguel daquele mês. É possível também que no contrato se estabeleça a obrigação do locatário de pagar os outros encargos locatícios (condomínio, IPTU etc.) diretamente aos respectivos credores. Nesses casos, é recomendável ao locador que periodicamente confira a efetividade dos pagamentos, uma vez que alguns desses encargos – como, por exemplo, o condomínio e o IPTU – são considerados obrigações "propter rem", isto é, obrigações inerentes ao imóvel a que se referem. Desse modo, a obrigação de satisfazê-las recai sobre o proprietário e a garantia de seu cumprimento, em última análise, é o próprio imóvel.

9.4. As obras no imóvel cuja execução autoriza o desfazimento da locação devem reunir os seguintes requisitos:

a) sejam determinadas pelo Poder Público

e mais

b) não possam ser realizadas normalmente com a presença do inquilino no imóvel, ou, se puderem, este se recuse a consenti-las.

Portanto, nesse caso a ação de despejo requer prova da determinação do Poder Público para a realização urgente de obra, bem como de não poder ser esta realizada com a presença do locatário, ou que, podendo ser feita, este se recusou a permiti-las. Como este é um dos casos em que o artigo 59 (inciso VI) autoriza a liminar em ação de despejo, é imprescindível que a prova da imperiosidade de desocupação do imóvel, ou, não sendo esta necessária, da recusa do locatário em consentir a execução com a sua presença no imóvel, sejam documentais e apresentadas com a petição inicial. Assim já se manifestou o Tribunal de Justiça de São Paulo, ao decidir que embora tenha instruído a petição inicial com a prova da determinação do Poder Público para a realização urgente da obra, faltava ao autor interesse de agir porque "*não houve demonstração de que o imóvel tenha que ser desocupado para esse fim e tampouco não afirma que o locatário não tenha consentido*"[46].

10. A MORTE DO LOCADOR

> **Art. 10.** Morrendo o locador, a locação transmite-se aos herdeiros.

Trata este artigo, evidentemente, de morte de pessoa natural, já que a extinção da pessoa jurídica só figurativamente pode ser comparada à sua morte. Na hipótese de extinção de pessoas jurídicas[47] o seu patrimônio é atribuído a quem a lei ou seus estatutos determinam[48], já tendo sido decidido pelo Tribunal de Justiça de São Paulo que, no caso de extinção de sociedade, esses terceiros, a quem foi destinado o seu patrimônio, sucedem-na em direitos e obrigações[49]. Houve aqui um equívoco do legislador em não excepcionar dessa norma as locações em que o locador *não é* proprietário do imóvel, como, por exemplo, as locações contratadas pelo usufrutuário, ou pelo fideicomissário, casos em que a locação não se transmite aos herdeiros do locador, mas extingue-se.

---

46 TJ/SP – 29ª Cam. Dir. Privado – Apelação com revisão nº 9210254-51.2007.8.26.0000, j. 27/7/2011. Relator Des. Ferraz Felisardo.

47 Artigos 41, 42 e 44 do Código Civil.

48 Artigos 46, VI, 61, 69 e 1.108 do Código Civil.

49 TJ/SP - 28ª Câmara de D. Privado – Apelação Cível nº 992070272939. J. 9/11/2010. Ementa: Locação de imóveis. Despejo. Ação proposta por pessoa jurídica extinta. Ilegitimidade ativa. Extinta a pessoa jurídica, deixa ela de ter personalidade jurídica e, consequentemente, capacidade, seja na esfera material, seja no âmbito processual; a extinção da pessoa jurídica enseja a transmissão de seu patrimônio a terceiro(s), que a sucede(m) em seus direitos e obrigações,sendo ela parte ilegítima para pleitear, em nome próprio,direito alheio.Recurso provido. Extinção do processo.

Feita essa ressalva, tem-se que a morte do locador-proprietário transfere imediatamente aos seus herdeiros (há que se entender que também aos legatários, nos termos do artigo 1.923 do Código Civil) os direitos e obrigações relativos à locação. Se estes recebem uma locação com prazo determinado de duração deverão respeitá-lo; se a recebem com prazo indeterminado, poderão descontinuá-la nas hipóteses e forma legais.

No sistema jurídico brasileiro a transmissão da propriedade "causa mortis" ocorre no momento do falecimento[50], sendo o posterior inventário e o registro do formal de partilha, ou da carta de adjudicação, meras etapas da formalização dessa transmissão patrimonial e do ajustamento entre os herdeiros (se forem múltiplos) em relação à partilha do patrimônio deixado pelo falecido. Há, porém, algumas questões relativas à administração do espólio que devem ser analisadas com maior detalhamento:

O Código Civil determina que o processo judicial de inventário dos bens deixados pelo falecido deva iniciar-se no prazo de 30 dias a contar de seu passamento[51]. Caso não haja testamento ou herdeiros incapazes, e todos estejam de acordo com a partilha, é possível realizar esse inventário extrajudicialmente, em cartório de notas[52]. O inventariante é quem administra o espólio (conjunto de bens, direitos e obrigações deixado pelo falecido) até a sua partilha, conforme determina o artigo 991, inciso II, do Código de Processo Civil. Antes de sua nomeação e compromisso, quem administra a herança é um daqueles indicados no artigo 1.797 do Código Civil, ou seja: a) o cônjuge ou companheiro, se havia convivência no momento do falecimento; b) o herdeiro que estiver na posse e administração dos bens, e, se houver mais de um nessa situação, o mais velho; c) o testamenteiro; d) a pessoa de confiança do juiz, caso as anteriores se recusem ou sejam afastadas por motivo grave levado ao conhecimento do juiz. Assim, enquanto o imóvel locado não for partilhado entre os herdeiros, ou atribuído a um deles, os aluguéis devem ser pagos ao administrador da

50 Artigo 1.784 do Código Civil.

51 Artigo 1.796 do Código Civil.

52 Artigo 982 do Código de Processo Civil.

herança ou ao inventariante, conforme o caso, que deles deverá prestar contas aos herdeiros[53]. Após a partilha ou adjudicação o sucessor do locador será aquele a quem foi atribuído o imóvel em questão; e se mais que um o recebeu, todos esses serão solidários nessa relação contratual[54]. Importante salientar o aspecto tributário dessa questão, uma vez que antes da partilha o imposto de renda incidente sobre os aluguéis será de responsabilidade do espólio, frutos esses que, com a partilha, passarão a integrar o patrimônio dos herdeiros, com isenção do imposto de renda[55].

11. A MORTE DO LOCATÁRIO

Art. 11. Morrendo o locatário, ficarão sub-rogados nos seus direitos e obrigações:

I - nas locações com finalidade residencial, o cônjuge sobrevivente ou o companheiro e, sucessivamente, os herdeiros necessários e as pessoas que viviam na dependência econômica do *de cujus*, desde que residentes no imóvel;

II - nas locações com finalidade não residencial, o espólio e, se for o caso, seu sucessor no negócio.

O termo *sub-rogar* significa substituir, colocar no lugar de, tomar o lugar de alguém ou de algo. A etimologia é latina (*sub-rogare*); termo composto do prefixo *sub*, que deriva da preposição "*sub*", significando "sob, "no fundo de", "debaixo de", mais o verbo *rogare*, que por sua vez significa "suplicar, instar" [56].

---

[53] Artigo 991, VII, do Código de Processo Civil.

[54] Não é outra a doutrina de Custódio da Piedade Ubaldino MIRANDA, *Locação de Imóveis Urbanos*, São Paulo: ed Atlas, 1996, p. 38.

[55] Artigos 12 e 39, XV, do Regulamento de Imposto de Renda de 1999 – Decreto nº 3.000/99.

[56] CUNHA, Antonio Geraldo. *Dicionário Etimológico Nova Fronteira da Língua Portuguesa*, 2ª ed.. Rio de Janeiro: ed. Nova Fronteira, 1986.

No caso do artigo acima transcrito, a *sub-rogação* significa a substituição do locador falecido por uma das pessoas indicadas no inciso I, ou por seu espólio nas hipóteses mencionadas no inciso II. Este é um dos casos em que a lei impõe a continuidade de direitos e obrigações de natureza privada a quem não contratou. Alguns doutrinadores entendem que a sub-rogação de que trata esse artigo deriva, no que diz respeito à locação residencial, do *intuitu familiae* que em geral inspira o contrato[57] [58]. Há que se ter em conta, todavia, que a sub-rogação nesse caso não está condicionada à intenção, no momento da celebração do contrato, de abrigar uma família. Mesmo que o locatário ou locatária tenham locado o imóvel com a intenção de nele habitar sozinho, e que só posteriormente tenha agregado cônjuge, companheiro e/ou filhos, isso não obsta a plena incidência da sub-rogação prevista neste artigo. Parece-me que a transferência de direitos e obrigações, tanto no caso da locação residencial, como na não residencial, prende-se mais especificamente ao princípio da função social do contrato, posto que o desfazimento abrupto da locação, com o consequente despejo dos familiares, ou encerramento do estabelecimento empresarial, implicaria em graves problemas sociais.

11.1. Na hipótese do falecimento do locatário de imóvel residencial, sub-rogam-se sequencialmente em seus direitos e obrigações – desde que estivessem habitando com o "de cujus" na época do falecimento – as seguintes pessoas: a) em primeiro lugar, o cônjuge ou companheiro(a) da pessoa falecida; b) na falta deste(a), os herdeiros necessários[59] e as pessoas que viviam na dependência econômica do falecido. Nesse último caso existe solidariedade na sub-rogação, ou seja, todos os herdeiros e eventuais dependentes econômicos passam a ocupar o pólo passivo da relação locatícia. Há que se ressaltar a imprecisão terminológica utilizada pelo legislador ao conceituar os "dependentes eco-

---

[57] SANTOS, Gildo dos. *Locação e Despejo*. São Paulo: ed. Revista dos Tribunais, 7ª Ed., 2012, p. 126.

[58] DINIZ, Maria Helena. *Lei de locações de imóveis urbanos comentada*. São Paulo: ed. Saraiva, 2006, p. 75.

[59] Descendentes, ascendentes e cônjuge, na redação do artigo 1.845 do Código Civil.

nômicos" do falecido, posto que tal expressão é bastante ampla e de conteúdo semântico impreciso. Imagine-se, por exemplo, um locatário idoso que tenha como cuidador permanente um empregado doméstico de sua confiança, que também habite o imóvel locado, e que exista entre ambos, como diz a legislação trabalhista, uma relação de dependência econômica. Poderia esse terceiro, apesar de não ter relação de parentesco com o falecido, considerar-se sub-rogado em seus direitos e obrigações locatícias? Parece-me que não. A relação de dependência econômica a que o artigo se refere é aquela que deriva de iniciativa altruística do locatário, e não de emprego. É importante ressaltar que a sub-rogação, no caso dos herdeiros necessários ou dos economicamente dependentes do *de cujus*, não atinge todos, indistintamente, mas tão somente aqueles que habitavam com o locatário à época de seu falecimento. Assim, se o locatário tinha filhos, mas se apenas um ou alguns com ele habitavam, somente estes poderão sub-rogar-se em seus direitos e obrigações locatícias. De outro lado, se o locatário falecido não deixou cônjuge, companheiro, herdeiros necessários ou dependentes residentes no imóvel locado, mas este continuou sendo ocupado por outras pessoas, a ação cabível para retomá-lo não será a de despejo, mas sim a de reintegração de posse[60].

11.2. O inciso II desse artigo trata da sub-rogação dos direitos e obrigações do inquilino no caso de locação *não residencial*, ou seja, de locação destinada a atividade comercial, industrial ou de prestação de serviços. A hipótese – repita-se – é de falecimento de pessoa natural, pois só metaforicamente pode-se falar na "morte" da pessoa jurídica. Trata-se, portanto, de situação hipotética em que o locatário falecido exercia tais atividades *pessoalmente* (e não por intermédio de pessoa jurídica da qual fizesse parte), já que se a locatária fosse uma sociedade e um dos sócios viesse a falecer a relação locatícia com essa pessoa jurídica permaneceria ínte-

60 Nesse sentido também é a opinião de Maria Helena DINIZ em "Lei de locações de imóveis urbanos comentada" – São Paulo: ed. Saraiva, 2006, p. 77.

gra. Assim, o falecimento do inquilino em uma locação não residencial implica na sua substituição no contrato por seu espólio ou, se for o caso, por seu sucessor no negócio. O espólio é o conjunto de bens deixado pelo falecimento de uma pessoa que em certos casos assume a condição de sujeito de direitos e obrigações e ao qual o artigo 75 do Código de Processo Civil, confere legitimação para estar em juízo (legitimação anômala). Antes da abertura do inventário e do compromisso do inventariante, quem representa e administra o espólio é uma das pessoas indicadas no artigo 1.797 do Código Civil, e depois disso o inventariante, nomeado na forma do artigo 617 do Código de Processo Civil. A questão torna-se mais complexa no que diz respeito ao conceito de "sucessor no negócio" da pessoa física. Para explicar essa expressão alguns doutrinadores reportam-se ao contrato social ou mesmo aos herdeiros[61] do locatário. Contudo, se a locação foi contratada com pessoa jurídica da qual o falecido era sócio não há que se falar em sub-rogação, pois a sucessão do sócio falecido só ocorre em relação às quotas, ações ou outra forma de participação que este mantinha na empresa, mantendo-se incólume o contrato de locação. De outro lado, é possível que o contrato social da empresa locatária determine a dissolução da sociedade no caso de falecimento de sócio e não a sua substituição pelos respectivos herdeiros; nesse caso o(s) sócio(s) sobrevivente(s) sub-roga(m)-se nos direitos de locatária da empresa extinta, até porque tem o direito à renovação do contrato se continuar(em) no mesmo ramo (art. 51, § 3º). Conclui-se que o dispositivo em questão trata da locação não residencial contratada com pessoa *natural*, que nessa condição mantém atividade empresarial no imóvel locado. É necessário, portanto, incluir os direitos de locatário do falecido em seu inventário ou arrolamento para que, primeiro o espólio, e depois o sucessor, sub-roguem-se nos respectivos direitos e obrigações.

[61] SANTOS, Gildo dos. *Locação e Despejo*. São Paulo: ed. Revista dos Tribunais, 7ª Ed., p.128: "Se este, todavia, tem sucessor no negócio que explora no prédio, seja por força do contrato social, seja por força da própria legislação civil, uma vez que seus herdeiros são, legitimamente, seus sucessores, pode ocorrer que seu sucessor ou sucessores passem a ocupar a posição de inquilino".

Em qualquer situação a sub-rogação deverá ser comunicada por escrito ao locador e ao fiador – se esta for a modalidade de garantia existente no contrato – podendo este último exonerar-se de sua obrigação desde que notifique o locador de sua decisão no prazo de 30 dias, mas cuja responsabilidade ainda perdurará por 120 dias a contar da referida notificação.

12. A SEPARAÇÃO DO LOCATÁRIO

Art. 12. Em casos de separação de fato, separação judicial, divórcio ou dissolução da união estável, a locação residencial prosseguirá automaticamente com o cônjuge ou companheiro que permanecer no imóvel (Redação dada pela Lei nº 12.112, de 2009).

§ 1º Nas hipóteses previstas neste artigo e no art. 11, a sub-rogação será comunicada por escrito ao locador e ao fiador, se esta for a modalidade de garantia locatícia (Incluído pela Lei nº 12.112, de 2009).

§ 2º O fiador poderá exonerar-se das suas responsabilidades no prazo de 30 (trinta) dias contado do recebimento da comunicação oferecida pelo sub-rogado, ficando responsável pelos efeitos da fiança durante 120 (cento e vinte) dias após a notificação ao locador (Incluído pela Lei nº 12.112, de 2009).

Esse artigo trata da extinção de uma relação afetivo-familiar, seja por separação de fato, judicial, divórcio ou dissolução de união estável, e de sua consequência no contrato de locação residencial. Há que se ressaltar que em vista da recente decisão do Supremo Tribunal Federal Justiça, reconhecendo a possibilidade de união estável homoafetiva, deve-se concluir que a pessoa separada nessas condições também passa a se beneficiar do disposto neste artigo. Ocorrendo o falecimento do locatário, o cônjuge ou companheiro sobrevivente sub-roga-se nos respectivos direitos, desde que permaneça no imóvel. O verbo utilizado pelo legislador ("permanecer") induz a conclusão de que a condição para a sub-rogação é que o cônjuge ou companheiro *convivesse* com o "de cujus" à época do falecimento.

12.2.1. Como dito no item anterior, a sub-rogação deverá ser comunicada por escrito ao locador e ao fiador – se esta for a modalidade de garantia – podendo este último exonerar-se de sua obrigação se notificar o locador de sua decisão no prazo de 30 dias a contar de sua ciência da separação, continuando, porém, corresponsável por mais 120 dias a contar da referida notificação. Não há prazo estabelecido para a comunicação da sub-rogação ao locador e ao fiador, mas parece-me razoável interpretar que o locatário ou o sub-rogado têm o mesmo prazo de 30 dias, concedido ao fiador para exonerar-se da obrigação, para comunicar ao locador sua nova condição de locatário, findo os quais o locatário não terá como argüir ilegitimidade passiva em eventual ação de cobrança, nem o sub-rogado de pleitear sua legitimação passiva em eventual ação de despejo.

É importante salientar que a 5ª Turma do Superior Tribunal de Justiça, em acórdão de 2006, entendeu que se não for feita ao locador a comunicação da separação e da permanência do cônjuge ou companheiro no imóvel, persiste a relação original[62]. O mesmo entendimento sufragou o Tribunal de Justiça de São Paulo, por meio de sua 27ª Câmara de D. Privado[63], quando julgou que *"ocorrendo separação de fato ou judicial, divórcio ou dissolução da união estável do inquilino, deverá o locador ser comunicado de tal fato por escrito e da permanência no imóvel do cônjuge ou convivente do locatário, sob pena de manutenção do contrato tal como firmado"*.

Aliás, esse mesmo acórdão considerou que nessa situação mantém-se inalterada também a garantia prestada no contrato original, entendendo que a fiança, *"como contrato acessório da locação, segue a sorte do principal.*

---

[62] STJ – 5ª Turma – REsp 660076/RJ – Rel. Ministro Felix Fisher – j. 17/8/2006.

[63] TJSP- 27ª Câmara de D. Privado – Apelação nº 0006914-72.2009.8.26.0032; Relator Des. Gilberto Leme. J. 27/11/2012.

Hígida, portanto, a relação ex locato, *entre os contratantes, é de se manter também a garantia*". Esse julgado, apesar de ser posterior à Lei 12.112/09, reportou-se a época em que estava vigente a redação anterior do artigo 12 da Lei 8.245/91. Com a devida vênia, parece-me que esse entendimento é equivocado, já que em sua redação anterior o parágrafo único desse artigo concedia ao locador o direito de exigir a *substituição* do fiador ou o oferecimento de outra garantia, desde que o fizesse em 30 dias – o que permite inferir que a fiança ficava automaticamente extinta no caso de sub-rogação da locação[64].

Há que se entender que atualmente, em razão da nova redação, o fiador só continua a ser corresponsável além dos 120 dias legais se deixar escoar o prazo de 30 dias para notificar o locador de sua exoneração. Deve-se entender também que o direito do fiador de exonerar-se é autônomo, ou seja, que mesmo que o locatário original ou o sub-rogado não tenham cientificado o locador dessa transferência de direitos – e assim continue persistindo a relação contratual original – pode o fiador, tendo tomado conhecimento informal da separação e da permanência no imóvel de pessoa diversa da que afiançou, notificar o locador para o fim de exonerar-se. De fato, sendo a fiança um contrato de interpretação restritiva, e considerando que essa "cessão compulsória"[65] do contrato de locação ao sub-rogado só atingiria o fiador se este expressa ou pelo menos tacitamente concordasse (o que diz a lei ser presumido ante o silêncio por mais de 120 dias a contar de sua notificação), há que se entender que este também pode cientificar o locador da referida sub-rogação e com isso pretender exonerar-se.

12.1. O substrato principiológico para a sub-rogação dos direitos e

---

[64] Não é outra a opinião de Maria Helena DINIZ quando, na obra citada, diz que "a relação "ex locato" deixou de existir entre locador e antigo inquilino afiançado, devido a sua substituição por novo locatário, que ingressa na relação jurídica locativa *sem qualquer garantia de adimplemento*. (p. 79, grifo nosso).

[65] DINIZ, Maria Helena. *Lei de locações de imóveis urbanos comentada*. São Paulo: ed. Saraiva, 2006, p. 78.

obrigações do inquilino há de ser, conforme dito em comentário precedente, a função social do contrato. De fato, se a justificativa para obrigar o locador ou o fiador frente a pessoa com quem não contratou fosse o "intuito familiae", supostamente inerente ao contrato de locação, esta não poderia ser invocada se a locação e a fiança tivessem sido contratadas *antes* do casamento ou união do locatário, já que não haveria família a ser abrigada.

A redação dada a este artigo pela Lei 12.112/09 deixa claro que a extensão da fiança ao sub-rogado é uma imposição temporária, da qual o fiador se exonera mediante notificação ao locador, desde que feita dentro do prazo. Porém, parece-me que mesmo se o fiador fizer a notificação a destempo, o seu direito à exoneração permanece íntegro. O princípio da função social do contrato, ou mesmo o suposto caráter *intuito familea* do contrato de locação, não podem ter abrangência tão ampla a ponto de considerar configurado o contrato de fiança – que só admite interpretação restritiva – por mera presunção. No mínimo, se na época da contratação o locatário vivia só, e se apenas posteriormente veio a se casar ou unir-se estavelmente, trazendo o cônjuge ou companheiro para coabitar no imóvel locado, o falecimento do primeiro não pode obrigar o locador ou o fiador a honrar o contrato com o sobrevivente. Há que se entender, pelo menos, que o redirecionamento da fiança só é admissível se na época da celebração do contrato de fiança o locatário vivia em matrimônio ou em união estável. Vale transcrever, a propósito, a ementa de recente aresto do Tribunal de Justiça de São Paulo a respeito da fiança após o falecimento do locatário afiançado:

> 9271316-58.2008.8.26.0000 Apelação
> Relator(a): Mello Pinto
> Comarca: São José do Rio Preto
> Órgão julgador: 28ª Câmara de Direito Privado
> Data do julgamento: 31/07/2012
> Data de registro: 04/08/2012
> Outros números: 1225605300

Ementa: Exceção de pré-executividade. Execução. Contrato de locação de imóvel residencial. Falecimento da locatária. Fiadores. Responsabilidade. Extinção da fiança. O contrato de fiança, por ser garantia *intuitu personae*, não admite interpretação extensiva e se extingue com a morte do locatário, não se transferindo aos sucessores desse último a não ser quando da existência de cláusula diversa no contrato. Recurso desprovido.

Em seu voto, o relator desse acórdão observou que "*submeter os fiadores a constrição patrimonial, quando celebrou contrato de estrita natureza pessoal, se mostra injustificável*". De fato, contraria o mais raso conceito de justiça imaginar que alguém possa ser corresponsabilizado pelas dívidas de pessoa com quem não tenha qualquer tipo de vínculo, seja contratual ou familiar.

De todo modo, prevalece o entendimento de que o cônjuge ou companheiro separado ou divorciado que permanece no imóvel sub-roga-se nos direitos e obrigações do locatário e que o fiador somente se exonerará da garantia se, no prazo de 30 dias a contar da ciência da separação (expressão aqui utilizada em seu senso lato), notificar o locador de sua intenção de fazê-lo. Não obstante, continuará o fiador garantindo as obrigações do sub-rogado por mais 120 dias.

12.2. Apesar de a prática forense revelar que a ação mais frequentemente manejada nesses casos é a de despejo, parece-me cabível a ação de reintegração de posse, com pedido de liminar, já que nesse caso não haverá relação com o ocupante. Assim já decidiu o Tribunal de Justiça de São Paulo no aresto abaixo ementado:

0216728-85.2007.8.26.0100 Apelação
Relator(a): Natan Zelinschi de Arruda
Comarca: São Paulo
Órgão julgador: 4ª Câmara de Direito Privado

Data do julgamento: 16/08/2012
Data de registro: 20/08/2012
Outros números: 21672885200782601OO

Ementa: Reintegração na posse. Apelante não comprovou ser sublocatária do imóvel. Contrato de locação original não admite sublocação. Locatária inicial reside em lugar diverso. Recorrente devidamente notificada para a desocupação do bem. Esbulho configurado. Reintegração na posse deve prevalecer. Apelo desprovido.

Porém, como já dito, na prática encontram-se julgados que aceitam a veiculação do pedido de retomada através de ação de despejo:

> 0022351-50.2012.8.26.0000 Agravo de Instrumento
> Relator(a): Cristina Zucchi
> Comarca: Marília
> Órgão julgador: 34ª Câmara de Direito Privado
> Data do julgamento: 02/04/2012
> Data de registro: 04/04/2012
> Outros números: 223515020128260000
> Ementa: Locação de imóveis. Despejo por falta de pagamento. Certidão do Sr. Oficial de justiça de que o imóvel é ocupado por terceira pessoa, estranha à relação locatícia. Ocupação irregular ante a previsão expressa do contrato de vedação à sublocação, cessão ou transferência, sem autorização expressa do locador. Certidão, ademais, que atesta que o imóvel nunca foi utilizado para residência do locatário evidenciado o prejuízo para o locador, bem como para os fiadores que garantiram o contrato para moradia do locatário e não de terceira pessoa. Liminar concedida a título de antecipação de tutela. Agravo de instrumento provido.

13. A CESSÃO DA LOCAÇÃO, A SUBLOCAÇÃO E O EMPRÉSTIMO

Art. 13. A cessão da locação, a sublocação e o empréstimo do imóvel, total ou parcialmente, dependem do consentimento prévio e escrito do locador.

§ 1º Não se presume o consentimento pela simples demora do locador em manifestar formalmente a sua oposição.

§ 2º Desde que notificado por escrito pelo locatário, de ocorrência de uma das hipóteses deste artigo, o locador terá o prazo de trinta dias para manifestar formalmente a sua oposição.

O contrato de locação imobiliária, como já foi reconhecido em alguns acórdãos, tem natureza pessoal, ou seja, cada parte, ou pelo menos uma delas (em geral o locador), leva em conta, no momento de sua celebração, as qualidades da outra. Por isso, tanto a cessão da locação, como a sublocação ou o empréstimo do imóvel dependem de prévia anuência do locador, dada por escrito. A forma desse consentimento não está presa a rigorismos, de forma que se deve admitir até mesmo um simples bilhete, desde que comprovadamente emitido pelo locador.

Primeiramente cabe aqui traçar as linhas distintivas entre cessão, sublocação e empréstimo. Cessão, ou trespasse, é o negócio jurídico por meio do qual se opera a transferência de uma posição contratual ou de direitos; sublocação é um contrato pelo qual o locatário transfere a outrem, total ou parcialmente, seus direitos de inquilino; empréstimo é a autorização gratuita de uso de coisa não fungível, que se aperfeiçoa com a tradição do objeto. Tanto a cessão de direitos, como a sublocação, têm por escopo a transferência de direitos, mas a cessão difere da sublocação porque enquanto nesta última o locatário não se desliga de sua relação com o locador, continuando como responsável perante o locador pelas obrigações contratuais na primeira a relação entre o locador e o locatário original se encerra, dando início a uma nova relação, desta vez com o cessionário.

Trata-se aqui, evidentemente, da cessão ou da sub-locação *regulares*, isto é, daquelas prévia e expressamente autorizadas pelo locador, já que qualquer transferência desautorizada pelo locador não o vincula[66].

A leitura dos parágrafos, por outro lado, pode em um primeiro momento causar equívocos quanto ao seu entendimento, já que o primeiro deles diz que a demora do locador em manifestar sua oposição não faz presumir sua anuência, enquanto que o segundo diz que se o locador for notificado quanto à ocorrência de uma das situações acima previstas terá o prazo de 30 dias para manifestar sua oposição. Na verdade, trata-se de hipóteses distintas, cada uma com consequência diversa:

a) Se o locador *não for* notificado da cessão da locação, ou da sublocação, ou do empréstimo, a demora em manifestar sua discordância *não* implicará em presunção de anuência;
b) Se o locador *for* notificado de uma das situações acima descritas, aí então terá o prazo de 30 dias para manifestar sua eventual oposição, após o qual sua anuência *será* presumida.

A notificação pode ser feita judicialmente ou extrajudicialmente – por intermédio de cartório de notas ou mesmo pelo correio – desde que haja prova inequívoca do recebimento da correspondência pelo próprio locador. Existe doutrina no sentido de que a notificação a que esta norma se refere deve ser considerada em seu sentido estrito[67], mas me parece que se de outro modo for provada, por escrito, a entrega do aviso ao destinatário, seu conteúdo e a data de sua ocorrência, satisfeita estará a exigência legal.

Não sendo o caso de consentimento tácito, configurado pelo decurso do prazo para manifestar oposição, a falta de anuência expressa do locador autorizará o ajuizamento de ação de despejo contra o locatário, por

---

[66] No mesmo sentido a lição de José da Silva PACHECO, na obra citada, p. 73.

[67] DINIZ, Maria Helena. *Lei de locações de imóveis urbanos comentada.* São Paulo: ed. Saraiva, 2006, p. 80: "Notificar é dar conhecimento de modo incontestável do conteúdo de documento registrado, oficialmente, por intermédio de quem é portador de fé pública".

descumprimento contratual, ou mesmo de ação de reintegração de posse contra o terceiro que desautorizadamente ocupa o imóvel[68].

De outro lado, esse artigo há que se interpretar com certo temperamento no que diz respeito ao empréstimo. Existem situações em que o empréstimo do imóvel não pode ser considerado uma infração contratual, como, por exemplo, o caso do inquilino que vai viajar por breve período e cede o uso do imóvel a um parente ou amigo durante sua ausência, ou mesmo que acolhe um parente ou amigo no imóvel para uma temporada. De fato, não poderia o locador cercear de tal modo o uso do imóvel locado, pois isso poderia ser considerado afrontoso ao próprio princípio da dignidade humana. Podem, porém, as partes estabelecer no contrato determinados limites mesmo para essas situações especiais, evitando, por exemplo, que um imóvel originalmente alugado para um estudante acabe se tornando uma "república" (como são conhecidas as habitações ocupadas por vários estudantes).

O Superior Tribunal de Justiça entendeu, em aresto de 1993, que o empréstimo do imóvel a parente pobre que ali residisse desde o início, ou a dependentes do locatário, ou a pessoas idosas, não configura infração, ainda que o contrato tenha cláusula que o proíba expressamente[69]. Porém, esse mesmo acórdão entendeu que o empréstimo do imóvel locado a filha maior e com economia própria, para residir com o companheiro, não guarda identidade com o caso anterior e que caracteriza, sim, infração contratual.

Configurada uma das situações de descumprimento contratual previstas neste artigo, caberá ação de despejo contra o locatário, sem necessidade de citação ou de intimação dos ocupantes, cuja sentença, se procedente, implicará da obrigação de evacuação – coercitiva, se for o caso – desses últimos. Caberá, também, ação de reintegração de posse contra o terceiro ocupante do imóvel, já que, sem autorização expressa do locador, a sua

---

68 Nesse sentido é também a doutrina de José da Silva PACHECO, em "Comentários à nova lei sobre as locações dos imóveis urbanos e seus procedimentos" (São Paulo: ed. RT, 1993, p. 71).

69 STJ – REsp 36.342-0/RJ; Relator Min. Jesus Costa Lima, j. 17/11/1993.

permanência no imóvel configura esbulho. Para prevenir eventual alegação de desconhecimento e de boa-fé, é de todo conveniente ao locador notificar previamente o ocupante da irregularidade de sua posse.

14. AS SUBLOCAÇÕES

Art. 14. Aplicam-se às sublocações, no que couber, as disposições relativas às locações.

A sublocação tem como pressuposto um contrato de locação, do qual há de ser considerado dependente. De fato, não há que se falar em sublocação se locação não existir. Trata-se de um contrato em que o locatário assume a posição de locador em relação ao sublocatário. Difere da cessão porque na sublocação mantém-se intacta a relação entre o locatário original e o locador, enquanto que na cessão todos os direitos e obrigações do locatário original são transferidos a terceiro.

As sublocações de que trata esse artigo são aquelas autorizadas pelo locador (art. 13), uma vez que as não consentidas merecem tratamento legal distinto. Isso não significa, porém, que o locatário que houver sublocado o imóvel sem autorização do locador não tenha direitos ou ações em relação ao seu sublocatário; terá tais direitos, mas o contrato não poderá prevalecer em relação ao locador, ou seja, valerá apenas entre o locatário e seu sublocatário. O sublocatário autorizado terá de ser notificado, por exemplo, no caso de execução de sentença proferida em ação contra o locatário, o que não ocorre com aquele que ocupar o imóvel locado sem anuência do locador, ainda que tenha relação de sublocação com o inquilino.

Sendo a sublocação autorizada, terá o sublocatário, naquilo que for aplicável, os mesmos direitos do locatário em face do locador, como, por exemplo: preferência na aquisição do imóvel, acesso à ação renovatória e revisional, indenização por benfeitorias nos casos legais etc.

Quanto à autorização do locador para a sublocação, vale lembrar que esta pode ser presumida, no caso previsto no artigo 13, parágrafo 2º, da Lei de Locações. Se o locador, notificado pelo locatário, deixar de se opor formalmente à sublocação anunciada, presumir-se-á o seu consentimento.

No caso de sublocação não consentida, o locador poderá intentar ação de despejo contra o locatário, por descumprimento contratual, ou mesmo ação possessória contra o ocupante se a sublocação abrangeu todo o imóvel. Note-se que as finalidades dessas ações são diferentes: a ação de despejo serve para rescindir a locação e, se for o caso, forçar a saída do inquilino; a ação de reintegração de posse visa a recuperação da posse direta – que nessa situação, se a sublocação foi total, não se encontra mais com o locatário, e sim com o sublocatário.

15. ENCERRAMENTO DA LOCAÇÃO

Art. 15. Rescindida ou finda a locação, qualquer que seja sua causa, resolvem-se as sublocações, assegurado o direito de indenização do sublocatário contra o sublocador.

Outra vez, há de se entender que a hipótese de sublocação de que trata o legislador é aquela consentida (expressa ou tacitamente, como já visto). Mesmo que tenha havido concordância do locador, a sublocação é sempre um contrato dependente da locação. Extinta essa última, as sublocações se resolvem automaticamente. A diferença é que o sublocatário legítimo, ou seja, aquele cuja relação com o locatário foi autorizada pelo locador, poderá intervir em um eventual processo judicial entre esses dois últimos, na qualidade de assistente, o que não se admitirá no caso de sublocatário irregular[70].

[70] Custódio da Piedade Ubaldino MIRANDA (*Locação de Imóveis Urbanos*; São Paulo: ed Atlas, 1996, p. 47), reportando-se a obra de Silvio VENOSA (*Nova Lei do Inquilinato*

De todo modo, seja a sublocação regular ou irregular, o sublocatário deverá desocupar o imóvel no caso de encerramento da locação. O mandado de despejo expedido em ação correspondente deverá ser executado em relação a todos os que ocupem o imóvel. O artigo 59, inciso V, autoriza inclusive a concessão de ordem liminar para desocupação do sublocatário em 15 dias, caso a locação esteja previamente extinta, mediante prévia caução no valor de três aluguéis.

Quanto a eventuais benfeitorias realizadas pelo sublocatário legítimo, há que se perquirir inicialmente se o contrato de locação as autoriza e se, nesse caso, conferem direito a indenização ou retenção. O artigo 35 da Lei de Locações inicia seu texto prescritivo ressalvando a hipótese de "*expressa disposição contratual em contrário*", de modo que se o contrato de locação expressamente disser que as benfeitorias introduzidas no imóvel, sejam necessárias ou úteis, não serão indenizáveis nem gerarão direito a retenção, não poderá o sublocatário exigi-las[71]. Se o contrato as permite,

---

Comentada, São Paulo: ed. Atlas, 1992, p. 75), menciona corrente doutrinária minoritária em contrário, admitindo a assistência do sublocatário desautorizado.

[71] TJ/SP - 25ª Câmara de Direito Privado, Apelação nº 0029539-67.2009.8.26.0625, Relator Des. Vanderci Alvares, j. 24/4/2013. Ementa: Locação de imóvel. Ação de indenização. Sublocação. Rescisão do contrato de locação do sublocador/locatário com o proprietário do imóvel. Parcial procedência em primeiro grau. 1. Não há falar-se em cerceamento de defesa em decorrência do julgamento antecipado da lide, quando os elementos constantes dos autos, afiguram-se suficientes para firmar o convencimento do magistrado. Preliminar rejeitada. 2. Não vinga a pretensão da autora quanto ao ressarcimento pelos investimentos realizados no imóvel, vez que consta no contrato de locação e sublocação, respectivamente, cláusula expressa contrária ao direito de retenção ou indenização pelas benfeitorias realizadas no imóvel, além de consignar a necessidade de expressa autorização do proprietário para realização de benfeitorias ou modificação das características originais do imóvel. 3. É legítima a cláusula de renúncia à indenização por benfeitorias e ao direito de retenção, constante de contrato de locação. Súmula 335 do Superior Tribunal de Justiça. 4. Não havendo nos autos qualquer documento que comprove que o valor de R$ 70.000,00 (setenta mil reais) se fez a título de sinal ou arras, não há falar-se em restituição em dobro do referido valor. 5. Não caracteriza litigância de má-fé o manejo de recurso, ainda que com fundamentos improcedentes ou discutíveis; exige-se dolo ou má-fé na interposição. 6. Rejeitaram a preliminar e negaram provimento aos recursos.

ou silencia a respeito, impõe-se então a regra acima citada: as benfeitorias necessárias, independentemente de autorização do locador, e as úteis, desde que por este autorizadas, conferem a quem as introduziu o direito a indenização e o de retenção do imóvel até que a receba. Quanto às voluptuárias, não serão indenizáveis, mas poderão ser retiradas desde que isso não afete a estrutura e a substância do imóvel.

16. RESPONSABILIDADE DO SUBLOCATÁRIO

Art. 16. O sublocatário responde subsidiariamente ao locador pela importância que dever ao sublocador, quando este for demandado e, ainda, pelos aluguéis que se vencerem durante a lide.

Existe para o sublocatário a responsabilidade *subsidiária* em relação às obrigações do locatário. Não se trata – vale salientar – de responsabilidade solidária, mas sim subsidiária. A diferença é que na solidariedade não há benefício de ordem; o credor pode exigir de qualquer um dos coobrigados, ou de todos, simultaneamente, o cumprimento da obrigação. Já na subsidiariedade essa ordem se impõe: o devedor subsidiário só responde ao credor depois de frustrada a cobrança do devedor principal. Por esse motivo, não se pode incluir *ab initio* o sublocatário como corréu em uma ação de cobrança de aluguéis voltada ao locatário – apesar de ser recomendável intimá-lo da existência da ação para que, dela se assenhoreando, possa depositar nos autos os aluguéis devidos ao locatário. A satisfação do crédito do locador pelo sublocatário só pode ser buscada posteriormente, em ação autônoma, se não foi integralmente pago pelo locatário.

A responsabilidade do sublocatário, além de subsidiária, circunscreve-se aos valores que dever ao locatário (sublocador) e, dentro desse limite, aos aluguéis que se vencerem no curso da ação. Dessa forma, se o valor do aluguel devido pelo sublocatário ao locatário corresponde apenas a uma parte do valor por este devido ao locador, sua responsabilidade limitar-se-á a essa parte.

Vale anotar a opinião de MIRANDA[72], que entende ser essa responsabilidade subsidiária extensível ao sublocatário ilegítimo, isto é, aquele cuja transferência de direitos deu-se sem o prévio e expresso consentimento do locador. Essa interpretação, apesar de não ser condizente com o sistema geral da lei – que só reconhece relações jurídicas entre o locador e o locatário, ou entre o locador e o sublocatário legítimo – afina-se com o princípio da boa-fé e da proibição de enriquecimento sem causa. De fato, parece contrariar o bom senso deixar de responsabilizar o sublocatário desautorizado, permitindo, assim, que este continue pagando o locatário enquanto este se mantém inadimplente com o locador.

É importante, porém, atentar para o prazo prescricional de uma cobrança posterior, buscando, se for o caso, interrompê-lo pela notificação judicial.

17. O ALUGUEL

Art. 17. É livre a convenção do aluguel, vedada a sua estipulação em moeda estrangeira e a sua vinculação à variação cambial ou ao salário mínimo.
Parágrafo único. Nas locações residenciais serão observados os critérios de reajustes previstos na legislação específica.

---

[72] MIRANDA, Custódio da Piedade Ubaldino. *Locação de Imóveis Urbanos*. São Paulo: ed. Atlas, 1996, p. 52: "Finalmente, tratando-se de uma garantia estabelecida a favor do locador, o âmbito da incidência legal estende-se às sublocações não consentidas; além do que, se se restringisse a garantia às sublocações consentidas, precisamente nas não consentidas haveria um locupletamento do locatário à custa do locador, porque desprovido de garantia".

Apesar de ser possível, em tese, estabelecer que o pagamento de aluguéis seja feito por outros meios que não o dinheiro (como, por exemplo, por meio da prestação de serviços ou da entrega de coisa), na prática é essa a modalidade de pagamento eleita na grande maioria dos casos. Quando estabelecida em dinheiro, é obrigatória a sua expressão em moeda nacional e não se pode vinculá-la à variação cambial ou ao salário mínimo. Caso isso ocorra é considerada disposição contratual nula. Porém, em atenção ao princípio da vedação ao enriquecimento sem causa, a solução mais adequada é substituí-la pela correção monetária segundo o índice oficial da inflação.

A Lei 10.192/2001 (complementação ao Plano Real) impõe a anualidade como frequência máxima de reajustes de aluguéis. Porém, tanto em relação às locações residenciais, como às não residenciais, essa lei faculta às partes a eleição do índice de atualização que reflita a variação de preços gerais, setoriais ou dos custos de produção dos insumos utilizados. Na maior parte das vezes é fixado no contrato um índice geral de preços (governamental ou privado) para corrigir monetariamente o aluguel, mas é possível, por exemplo, eleger-se um índice de variação de preços específico de determinado setor ou mesmo dos custos de produção dos insumos utilizados no bem locado – no caso o imóvel. Assim, nada impede que as partes elejam como índice de atualização monetária um que meça a variação do preço dos terrenos no local e de materiais de construção, pois refletiria os insumos (terreno e construção) utilizados no bem objeto do contrato.

Em relação aos contratos firmados antes da vigência da lei que integrou o chamado "Plano Real" (lei 9.069/1995, complementada pela Lei 10.192/2001), a melhor interpretação – apesar de existir divergência jurisprudencial a respeito desse tema –é a de que a lei nova não pode regular de forma diversa o que já foi assentado pelas partes[73]. No cenário jurídico

---

[73] TJ/SP – 3ª Câmara do Segundo Grupo (Extinto 2° TAC) – Apelação nº 9057234-50.2001.8.26.0000 – Relator Des. Antonio Ribeiro, j. 19/01/2005. Trecho da ementa: "Na esteira da teoria subjetivista de GABBA abraçada pelo Poder Constituinte Originário (CF, art. 5.°, inc. XXXVI), aos contratos de locação firmados antes da edição da Medida Provisória n.° 542/94, convertida na Lei n.° 9.069/95, não se aplicam o reajuste anual dos aluguéis, à luz do princípio da irretroatividade da lei face ao ato jurídico perfeito."

composto pelos princípios constitucionais vigentes, dentre os quais o da intangibilidade do ato jurídico perfeito e do direito adquirido, não é correto admitir seja o contrato em vigor atingido pela lei nova[74] [75]. Ainda que o parágrafo único deste artigo se refira apenas às locações residenciais, também nos contratos não residenciais renovados compulsoriamente há de se respeitar a periodicidade originalmente escolhida pelas partes, mesmo que tenha frequência menor do que doze meses. No entanto, como já dito, a questão não é pacífica nos Tribunais. Em acórdão da 27ª Câmara de Direito Privado da Corte Paulista[76], relatado pela Des. Berenice Marcondes Cesar, o voto condutor diz, a respeito da Lei 9.069/95, que "*como se trata de norma de ordem pública de aplicação e imediata com alcance a todos os contratos de locação, o prazo mínimo de reajuste do aluguel mensal deve ser anual*". De todo modo, a corrente jurisprudencial que atualmente prevalece no Superior Tribunal de Justiça é a de que "*constatada a quebra do equilíbrio contratual, decorrente das altas taxas de inflação observadas nos períodos de instabilidade econômica, pode o magistrado, de ofício ou a pedido do locador, determinar a redução da periodicidade dos reajustes*"[77].

Em alguns contratos existe previsão de "desconto por pontualidade", isto é, um desconto previamente concedido se o locatário pagar o aluguel até a data do respectivo vencimento. Caso não haja uma multa específica para a mora no pagamento dos aluguéis, esse "desconto" faria as vezes dessa cláusula

---

[74] SANTOS, Gildo dos. *Locação e Despejo – Comentários à Lei 8.245/91*. São Paulo: Editora Revista dos Tribunais, 2011, p. 153: "Como a Constituição Federal assegura o respeito da lei nova ao ato jurídico perfeito, além do direito adquirido e da coisa julgada (art. 5º, XXXVI), a referida medida provisória foi inconstitucional nesse particular, assim como inconstitucional a lei em que ela se transformou".

[75] BARBI, Humberto Agrícola. *Das locações residenciais e comerciais – Doutrina, prática e Jurisprudência*. Belo Horizonte: ed. Del Rey, 2001, p. 65: "O contrato de locação, celebrado sob a vigência de determinada lei, a ela se submete exclusivamente, não podendo a lei nova a ele se aplicar".

[76] TJ/SP – 27ª Câmara de Direito Privado – Apelação nº 9214351-94.2007.8.26.0000 – Relatora Des. Berenice Marcondes Cesar, j. 10/01/2011.

[77] STJ – 6ª Turma – REsp 61.085/SP – Relator Min. Anselmo Santiago, j. 18/08/1998. No mesmo sentido: REsp 128.352/SP; REsp 62.680/SP

penal. Porém, caso já exista no contrato a previsão de multa por impontualidade, esse "desconto" há de ser analisado com olhos mais atentos, pois pode ocultar uma tentativa de burla à lei. De fato, mesmo a cláusula penal pode ser revista pelo juiz. Desse modo, se o valor (percentual ou fixo) do desconto exceder o valor do principal, ou mesmo se for exageradamente alto, pode o juiz modificá-lo por mascarar uma cláusula penal desproporcional. Além disso, há casos em que o "desconto por pontualidade" previsto no contrato só vale para determinado período, após o qual passa a prevalecer o aluguel integral ali indicado. Isso pode evidenciar uma tentativa de fraudar a limitação legal dos reajustes, já que passado o período de "descontos" o aluguel sofreria um aumento maior do que o do simples reajuste. A análise da licitude ou não da cláusula do "desconto por pontualidade", portanto, há de ser feita caso a caso.

18. A REAPRECIAÇÃO CONSENSUAL DO ALUGUEL E DE SEUS REAJUSTES

> **Art. 18.** É lícito às partes fixar, de comum acordo, novo valor para o aluguel, bem como inserir ou modificar cláusula de reajuste.

Esse artigo dispõe que as partes contratantes têm liberdade durante a locação de modificar tanto o valor do aluguel como os critérios de seus reajustes. Contudo, no tocante às fórmulas de reajuste há limitações a essa liberdade, pois não se pode atrelar o valor do aluguel à variação cambial (relação da moeda nacional com estrangeira) ou ao salário mínimo. A lei 10.192/2001 estabelece os parâmetros gerais a serem seguidos nas cláusulas de reajuste, dizendo em seu artigo 2º que:

> **Art. 2º** É admitida estipulação de correção monetária ou de reajuste por índices de preços gerais, setoriais ou que reflitam a variação dos custos

de produção ou dos insumos utilizados nos contratos de prazo de duração igual ou superior a um ano.

§ 1º É nula de pleno direito qualquer estipulação de reajuste ou correção monetária de periodicidade inferior a um ano.

§ 2º Em caso de revisão contratual, o termo inicial do período de correção monetária ou reajuste, ou de nova revisão, será a data em que a anterior revisão tiver ocorrido.

§ 3º Ressalvado o disposto no § 7º do art. 28 da Lei nº 9.069, de 29 de junho de 1995, e no parágrafo seguinte, são nulos de pleno direito quaisquer expedientes que, na apuração do índice de reajuste, produzam efeitos financeiros equivalentes aos de reajuste de periodicidade inferior à anual.

§ 4º Nos contratos de prazo de duração igual ou superior a três anos, cujo objeto seja a produção de bens para entrega futura ou a aquisição de bens ou direitos a eles relativos, as partes poderão pactuar a atualização das obrigações, a cada período de um ano, contado a partir da contratação, e no seu vencimento final, considerada a periodicidade de pagamento das prestações, e abatidos os pagamentos, atualizados da mesma forma, efetuados no período.

§ 5º O disposto no parágrafo anterior aplica-se aos contratos celebrados a partir de 28 de outubro de 1995 até 11 de outubro de 1997.

§ 6º O prazo a que alude o parágrafo anterior poderá ser prorrogado mediante ato do Poder Executivo.

Apesar da autorização legal concedida aos contratantes para eleger como fator de correção monetária a variação dos "*custos de produção ou dos insumos utilizados no contrato*", na prática de mercado de locações imobiliárias costuma-se utilizar um *índice de preços.*

Pode-se também indicar no contrato de locação vários índices de reajuste a serem utilizados sucessivamente, aplicando-se o posterior caso o anterior seja extinto ou perca a sua característica. Porém, configura ilegalidade apresentar-se no contrato uma relação de índices de variação de preços e determinar-se que a cada mês será aplicado o maior dentre eles, ou ainda deixar-se a critério de uma das partes escolher periodicamente o que melhor lhe convier. Cada índice de preços refere-se à variação relativa a uma cesta de produtos ou serviços específicos e também a um período de apuração determinado, de modo que a mistura indiscriminada de índices pode resultar em um indicador que reflita períodos de apuração superpostos ou uma mesma pressão inflacionária que ora impacte um ora outro índice, em tempos diferentes, fazendo com que ocorra verdadeiro "bis in idem".

Podem as partes, também, incluir ou substituir índices de reajuste dos aluguéis, desde que o façam por consenso.

Também não é ilícita a aplicação de aumentos consensuais no aluguel com periodicidade inferior a um ano. A restrição do artigo 2º, § 1º, da Lei 10.192/01 refere-se à inserção de cláusulas de reajustes periódicos e automáticos, o que não significa que as partes não possam, *por consenso*, alterar o valor do aluguel a qualquer tempo, ainda que a alteração anterior tenha ocorrido há menos de um ano. O que a lei proíbe é que se estabeleçam "a priori" reajustes automáticos por períodos inferiores a um ano.

É importante notar que as alterações no valor locativo podem dar-se expressa ou tacitamente. Não é incomum as partes combinarem verbalmente a alteração do aluguel e se esquecerem de formalizar tal acerto. Nesse caso, a prova indiciária dessa combinação pode ser feita, por exemplo, pela sucessão de depósitos bancários nesse novo valor, mas não se pode esquecer que essa presunção seria apenas relativa. Portanto, é recomendável que toda e qualquer alteração consensual no valor do aluguel ou nos critérios de seu reajuste seja feita por escrito. Sobre esse tema, o Tribunal Estadual Paulista já entendeu que a cobrança de aluguéis em valores inferiores ao contratualmente previsto não significa por si só a existência de um acordo tácito de redução; para tanto seria necessária prova mais consistente[78].

---

78 TJSP - 30ª Câmara de Direito Privado. Apelação Nº 0064061-55.2009.8.26.0000. Relator(a): Edgard Rosa. Ementa: LOCAÇÃO DE IMÓVEL NÃO RESIDENCIAL - AÇÃO DE COBRANÇA DE VALORES LOCATÍCIOS - PAGAMENTO DE ALUGUÉIS

19. A REVISÃO COMPULSÓRIA DO ALUGUEL

Art. 19. Não havendo acordo, o locador ou locatário, após três anos de vigência do contrato ou do acordo anteriormente realizado, poderão pedir revisão judicial do aluguel, a fim de ajustá-lo ao preço de mercado.

Passados três anos de vigência da locação, se as partes não tiverem feito nenhum acordo para rever o aluguel e ajustá-lo ao preço de mercado, qualquer uma delas poderá pleitear judicialmente tal revisão. Vale salientar que o conceito de "revisão" não se confunde com o de "reajuste" de aluguéis, pois enquanto o primeiro diz respeito à readequação do aluguel ao preço de mercado, o segundo se refere à recomposição do poder aquisitivo da moeda, corroído pelo fenômeno da inflação. Portanto, se em um triênio foram aplicados aos aluguéis apenas os reajustes contratados, qualquer das partes pode pleitear judicialmente a revisão do aluguel e a sua readequação à realidade de mercado.

O direito a essa revisão se renova a cada três anos – mesmo que a revisão anterior tenha sido feita judicialmente[79] – e se aplica a qualquer tipo de locação imobiliária urbana, seja residencial ou não residencial.

EM VALOR INFERIOR AO CONTRATUALMENTE PACTUADO DURANTE DETERMINADO PERÍODO DE TEMPO - RÉ QUE ALEGA ACORDO ENTRE AS PARTES - INSUFICIÊNCIA DA PROVA DOCUMENTAL - CONFLITO DE VERSÕES SOBRE OS FATOS - NECESSIDADE DE DILAÇÃO PROBATÓRIA - PECULIARIDADES DO CASO QUE DEMANDAM INSTRUÇÃO PROBATÓRIA. CONDENAÇÃO POR LITIGÂNCIA DE MÁ-FE AFASTADA. A matéria envolve peculiaridades que demandam maior aprofundamento de prova, o que impõe seja anulada a sentença e remetidos à Vara de origem os autos para instauração da instrução probatória.

[79] No mesmo sentido a lição de Francisco C. R. de BARROS, *Comentários à Lei do Inquilinato*, São Paulo: ed. Saraiva, 2007, p. 93: "A norma não se refere à revisão do aluguel decretada judicialmente. Se tal ocorrer, o prazo de três anos, para a propositura de outra revisional, começa a correr da data em que, pela sentença, ficou o locatário obrigado a pagar o aluguel revisto".

É importante observar que a 5ª Turma do Superior Tribunal de Justiça, em aresto relatado pelo Ministro Jorge Scartezzini, decidiu que "*nos termos do art. 19 da Lei nº 8.245/91, qualquer tipo de acordo firmado entre as partes, durante o triênio legal, que majore os aluguéis, independentemente de atingir os mesmos o chamado 'valor de mercado', impede a propositura da ação revisional, porquanto o prazo foi interrompido, devendo recomeçar sua contagem*" (REsp 146.513/MG, Rel. Min. Jorge Scartezzini, DJ 27.3.2000). Esse entendimento também foi adotado pela 3ª Turma do STJ, em acórdão de 27/11/2012, relatado pelo Ministro Sidnei Beneti (AgRg no AREsp 184299 / DF).

O fiador deve necessariamente anuir com o acordo realizado entre locador e locatário, sob pena de não poder ser responsabilizado pelo que exceder ao aluguel majorado sem a sua concordância[80]. Caso essa revisão se dê judicialmente, deve o fiador ser citado para a ação[81], ou, quando menos, dela intimado "ad initio"[82].

20. O PAGAMENTO ANTECIPADO DE ALUGUÉIS

Art. 20. Salvo as hipóteses do art. 42 e da locação para temporada, o locador não poderá exigir o pagamento antecipado do aluguel.

São duas as hipóteses em que ao senhorio é facultado cobrar antecipadamente o aluguel: a) se a locação não estiver garantida por caução, fiança,

---

80 STJ – 5ª Turma – REsp 148562/SP – Relator Min. José Arnaldo da Fonseca, j. 4/11/1997. Trecho da ementa: "O fiador do contrato de locação não responde pelos acréscimos de aluguel decorrentes de acordo entre as partes a que não deu anuência, e por superarem, em muito, a previsão afiançada".

81 STJ – 5ª Turma – REsp 95098/SP – Relator Min. Edson Vidigal, j. 4/11/1997.

82 STJ – 3ª Seção – EREsp 153717/RJ – Relator Min. Fernando Gonçalves, j. 25/8/1979.

seguro-fiança ou cessão fiduciária de quotas de fundos de investimento, situação em que o locador pode exigir que o pagamento se dê até o sexto dia útil de cada mês em curso; b) se o imóvel locado se destinar a temporada, isto é, para moradia temporária em razão de lazer, realização de cursos, tratamento de saúde, obras em outro imóvel do inquilino ou outro motivo que redunde em ocupação por prazo determinado, desde que contratada a locação por período não superior a 90 dias. Fora dessas hipóteses, a cobrança antecipada de aluguéis é nula e caracteriza contravenção penal, punível na forma do artigo 43 da Lei do Inquilinato.

21. O ALUGUEL E AS SUBLOCAÇÕES

Art. 21. O aluguel da sublocação não poderá exceder o da locação; nas habitações coletivas multifamiliares, a soma dos aluguéis não poderá ser superior ao dobro do valor da locação.
Parágrafo único. O descumprimento deste artigo autoriza o sublocatário a reduzir o aluguel até os limites nele estabelecidos.

A sublocação de que trata este artigo é a legítima, isto é, aquela que foi prévia e expressamente autorizada pelo locador nos termos do artigo 13 acima comentado. Se a sublocação for autorizada pelo locador, parece-me que a limitação quanto ao valor dos aluguéis cobrados do(s) sublocatário(s) pode ser questionada frente ao princípio constitucional da autonomia privada. De fato, se, por exemplo, um galpão foi alugado com o propósito de nele se fazer instalar vários quiosques, espaços ou *stands* (como nos conhecidos *outlets*), não faz sentido limitar o valor dos aluguéis dos sublocatários ao valor do aluguel pago ao locador. A única interpretação razoável seria a de que essa primeira parte do dispositivo refere-se a caso em que há apenas uma sublocação (e não várias, como no caso dos *outlets* e assemelhados), mas, a nosso ver, mesmo assim a inconstitucionalidade persistiria, pois uma vez autorizada a sublocação o locatário não pode ser tolhido no seu direito de sublocar pelo preço que lhe convier.

Do mesmo modo, parece-me não haver suporte constitucional para a segunda parte do *caput* deste artigo, que limita o valor dos aluguéis cobrados dos sublocatários ao dobro do aluguel pago pelo inquilino ao locador. Esse dispositivo, a nosso ver, afronta o princípio constitucional da autonomia privada e da livre disposição dos bens e direitos. Constitui injustificável ingerência na esfera de liberdade negocial dos indivíduos, a nosso ver incompatível com nosso sistema constitucional. A questão, no entanto, mereceria dissertação aprofundada, que, conforme dito no preâmbulo, não é o objetivo desta obra.

De todo modo, há forte corrente doutrinária que entende ser esse dispositivo uma garantia destinada unicamente ao sublocatário (que fica autorizado a pleitear a redução do aluguel nos casos indicados), não autorizando o locador a invocar tal causa para romper a locação[83] [84].

22. DEVERES DO LOCADOR

Art. 22. O locador é obrigado a:

I - entregar ao locatário o imóvel alugado em estado de servir ao uso a que se destina;

II - garantir, durante o tempo da locação, o uso pacífico do imóvel locado;

III - manter, durante a locação, a forma e o destino do imóvel;

IV - responder pelos vícios ou defeitos anteriores à locação;

V - fornecer ao locatário, caso este solicite, descrição minuciosa do estado do imóvel, quando de sua entrega, com expressa referência aos eventuais defeitos existentes;

---

[83] DINIZ, Maria Helena. *Lei de locações de imóveis urbanos comentada.* São Paulo: Saraiva, 2006, p. 100.

[84] BARROS, Francisco Carlos Rocha de. *Comentários à lei do inquilinato.* São Paulo: Saraiva, 1997, p. 103.

VI - fornecer ao locatário recibo discriminado das importâncias por este pagas, vedada a quitação genérica;

VII - pagar as taxas de administração imobiliária, se houver, e de intermediações, nestas compreendidas as despesas necessárias à aferição da idoneidade do pretendente ou de seu fiador;

VIII - pagar os impostos e taxas, e ainda o prêmio de seguro complementar contra fogo, que incidam ou venham a incidir sobre o imóvel, salvo disposição expressa em contrário no contrato;

IX - exibir ao locatário, quando solicitado, os comprovantes relativos às parcelas que estejam sendo exigidas;

X - pagar as despesas extraordinárias de condomínio.

Parágrafo único. Por despesas extraordinárias de condomínio se entendem aquelas que não se refiram aos gastos rotineiros de manutenção do edifício, especialmente:

a) obras de reformas ou acréscimos que interessem à estrutura integral do imóvel;

b) pintura das fachadas, empenas, poços de aeração e iluminação, bem como das esquadrias externas;

c) obras destinadas a repor as condições de habitabilidade do edifício;

d) indenizações trabalhistas e previdenciárias pela dispensa de empregados, ocorridas em data anterior ao início da locação;

e) instalação de equipamento de segurança e de incêndio, de telefonia, de intercomunicação, de esporte e de lazer;

f) despesas de decoração e paisagismo nas partes de uso comum;

g) constituição de fundo de reserva.

As hipóteses tratadas nas alíneas desse dispositivo serão apreciadas na mesma ordem em que estão apresentadas:

I) A primeira interrogação diz respeito ao sentido da palavra "estado", utilizada pelo legislador para caracterizar o imóvel objeto da locação. De fato, esse vocábulo pode se prestar a indicar a situação *material* do imóvel ou a situação *jurídica* de seu uso perante as exigências e posturas dos órgãos fiscalizadores. Entendendo-se tal vocábulo apenas no sentido da consistência material da edificação, conclui-se que o locador é obrigado a entregar o imóvel em condições de prestar-se aos fins a que se destina, isto é, com solidez e outras características razoavelmente esperadas da construção. Outra conclusão será a que derivar de uma interpretação mais abrangente dessa palavra, entendendo-se que além do aspecto físico compreende também o aspecto jurídico da finalidade do imóvel. Tome-se como hipótese a oferta de um imóvel à locação comercial, cujo uso para essa finalidade seja proibido pelas posturas municipais. Nesse caso, o locatário poderia desfazer a locação, sem ônus, alegando descumprimento da obrigação do locador de entregar o imóvel locado "em estado de servir ao uso a que se destina". Parece-me que essa segunda interpretação do dispositivo só pode ser aplicada em casos especiais, nos quais não se poderia exigir do locatário, como pessoa comum, conhecer todas as regras de uso incidentes sobre o imóvel locado. A regra geral é que o locatário deve, antes de acertar a locação, examinar detalhadamente o estado físico do imóvel e as suas possibilidades jurídicas de seu uso, só podendo responsabilizar o locador por vícios ocultos (a ser analisado em outro item). Há de se anotar, no entanto, posição doutrinária oposta à que ora se sustenta, defendida por BARROS[85], quando afirma que "*quando a destinação for para comércio ou indústria, a existência de lei municipal vedando a prática da atividade no local onde se situa o imóvel tipificará hipótese do inciso sob análise*".

II) O locador deve assegurar ao locatário o uso normal do imóvel durante a locação, tomando as providências necessárias para evitar que a sua posse seja molestada, turbada ou esbulhada (vide artigo 1.210 do Código Civil, que contempla os efeitos da posse). Evidentemente nessa garantia de uso pacífico não se encontra a obrigação de proteger o locatário de emissões sonoras ou gasosas provenientes do ambiente externo, nem tam-

---

[85] BARROS, Francisco Carlos Rocha de. *Comentários à lei do inquilinato.* São Paulo: ed. Saraiva, 1997, p. 107.

pouco de roubos ou furtos. É oportuno lembrar que a defesa da posse do locatário pode ser feita tanto por este, na qualidade de possuidor direto, como pelo locador, que mantém a qualidade de possuidor indireto, com o que concorda DINIZ[86]. No entanto, sobre esse tema a doutrina diverge, havendo quem entenda que a defesa da posse do imóvel contra esbulho ou turbação cabe ao locador[87]. Existe ainda uma terceira posição, defendida por MIRANDA[88], no sentido de que se a turbação ou esbulho ocorre em face do questionamento do direito de propriedade do locador, a este compete defender a posse, mas se o molestamento ou a perda da posse do locatário se dá por ato de terceiro, a este último cabe defendê-la diretamente por meio dos interditos. Aliás, o locatário tem o direito defender sua posse direta contra o próprio locador, conforme dispõe o artigo 1.197 do Código Civil. Quando o inquilino for demandado em ação possessória, deve obrigatoriamente denunciar a lide ao locador (artigo 70, inciso II, do Código de Processo Civil).

III) Não pode o locador pretender alterar a forma ou a destinação do imóvel no curso da locação, exceto mediante prévio e expresso acordo com o locatário. Questão interessante diz respeito às alterações no imóvel causadas não por vontade das partes, mas sim por fenômenos naturais, tais como vendavais, enchentes etc. A 30ª Câmara de D. Privado do Tribunal de Justiça de São Paulo, em recente acórdão, já decidiu que "*Aquele que pretende locar um imóvel deve verificar as condições do bem e do lugar em que este está situado. Não há responsabilidade do locador*

---

86 DINIZ, Maria Helena. *Lei de locações de imóveis urbanos comentada.* São Paulo: ed. Saraiva, 2006, p. 104: "o locador deverá defender o locatário de turbações ou esbulhos causados por terceiros, pois poderá socorrer-se dos interditos possessórios, o que não excluirá o direito do inquilino de valer-se também dos remédios possessórios param manter-se ou reintegrar-se na posse, por ser ele legítimo possuidor".

87 PACHECO, José da Silva. *Comentários à nova lei sobre as locações dos imóveis urbanos e seus procedimentos*, 2ª Edição. São Paulo: ed. Revista dos Tribunais, 1993, p. 87: "cabe ao locatário cientificar o locador das turbações de terceiros, a fim de que se resguarde aquele".

88 MIRANDA, Custódio da Piedade Ubaldino. *Locação de Imóveis Urbanos.* São Paulo: ed. Atlas, 1996, p. 68.

pelo evento da natureza que causa danos ao locatário"[89]. Na mesma linha, também decidiu a 5ª Câmara do extinto 2º Tribunal de Alçada Civil do Estado de São Paulo que "O *destelhamento* de imóvel em razão de forte *vendaval* é motivo de força maior que não pode ser debitado à *responsabilidade* da *locadora*"[90].

IV) Os vícios ou defeitos anteriores à locação, a que se refere o inciso IV, são evidentemente aqueles ocultos e que não poderiam ser descobertos facilmente pelo locatário pelo mero exame do imóvel. Se, por exemplo, o locador apresenta o imóvel ao interessado com uma porta quebrada ou com o piso danificado, mas o avisa disso, não pode posteriormente o inquilino pedir a rescisão contratual, ou qualquer ressarcimento, pois se presume que o quis alugar mesmo assim[91]. Apurado um vício oculto no imóvel, poderá o locatário, com amparo nos artigos 1.101 e 1.105 do Código Civil, pleitear a rescisão da locação ou ainda um abatimento no

---

[89] TJSP – 30ª Câmara de Direito Privado – Apelação nº 1052502-36.2013.8.26.0100. Relator Des. Lino Machado, j. 30/03/2016. Ementa: Apelação – Locação – Rescisão de contrato cumulada com indenizatória – Enchente no imóvel locado, infiltrações e infestação por ratos – Responsabilidade do locador não comprovada. É ônus do autor provar o fato constitutivo do seu direito, não sendo passível de aceitação a tese de que, passado quase um ano de ocupação do imóvel, tenha surgido infiltração e infestação por ratos decorrentes de vícios já existente ao início da locação. Aquele que pretende locar um imóvel deve verificar as condições do bem e do lugar em que este está situado. Não há responsabilidade do locador pelo evento da natureza que causa danos ao locatário. Recursos desprovidos.

[90] TJSP – 5ª Câmara do extinto 2º TACiv/SP – Apelação com revisão nº 0013026-08.1999.8.26.0000. Relator Des. Pereira Calças, j. 15/03/2000: Ementa: "Locação. Rescisão contratual cumulada com perdas e danos. Não pode o locatário alegar defeito no imóvel que impeça o desenvolvimento de sua atividade comercial, se declarou em cláusula expressa ter vistoriado o imóvel, encontrando-o em perfeitas condições. O *destelhamento* de imóvel em razão de forte *vendaval* é motivo de força maior que não pode ser debitado à *responsabilidade* da *locadora*. Sentença de procedência parcial mantida. Recurso improvido.

[91] Opinião contrária é a de Maria Helena DINIZ (*idem*, p. 106), que sustenta não poder ser elidida a responsabilidade do locador "se os vícios forem aparentes, isto é, se o locatário podia ou devia perceber de pronto sua existência ao efetivar o contrato locatício, ante o disposto no art. 26, II, do Código de Defesa do Consumidor, que lhe dará o direito de reclamar dentro de noventa dias, contados da entrega do imóvel. Mas, se a relação não for de consumo, o prazo para reclamar o vicio oculto será de um ano".

valor do aluguel, se o defeito inviabilizar parcialmente o uso do imóvel. Se o vício não inviabilizar total ou parcialmente o uso do imóvel, ainda assim o locatário poderá exigir, por meio de ação cominatória, que o locador cumpra a obrigação prevista neste artigo.

V) Justamente para evitar questionamentos futuros, a lei obriga o locador a fornecer ao locatário, caso este o exija, descrição minuciosa do estado do imóvel quando de sua entrega, com a referência a todos os defeitos existentes. Este é um dos cuidados primordiais que as partes devem ter ao contratar a locação, já que previne litígios muitas vezes longos e custosos.

VI) Aos pagamentos feitos pelos inquilinos devem corresponder recibos com discriminação das quantias pagas, sendo proibida a quitação genérica. Assim, se o locatário paga ao locador uma quantia que inclua não só o aluguel, mas também outras obrigações locatícias (tais como multas, IPTU, taxas condominiais etc.), deve receber em contrapartida um documento que discrimine os valores de cada um desses itens. Porém, se os valores pagos ao locador se referem apenas ao aluguel, é válida a fórmula contratual que prevê o pagamento por meio de depósito bancário, valendo o respectivo comprovante como recibo. Também é válida essa formula, ainda que se trate de pagamento múltiplo por meio de um único depósito, se posteriormente o locador envia ao locatário o correspondente recibo discriminado.

VII) É ilegal – mas infelizmente praticada por algumas administradoras – a cobrança feita ao inquilino de taxas de administração da locação, ou de intermediação, ou de investigação da idoneidade do proponente locatário e de seus fiadores. A regra ora em comento é imperativa, ou seja, que não comporta derrogação pelas partes. Nesse caso o locatário tem o direito de reaver tais valores, ainda que tenha firmado contrato que lhe impõe o pagamento de tais verbas.

VIII) É do locador a obrigação de pagar os impostos e taxas, bem como os prêmios de seguro complementar contra fogo, que incidam ou venham a incidir sobre o imóvel, *salvo se o contrário for previsto no contrato de locação*. A matéria de que trata este inciso, portanto, pode ser convencionada de modo diverso pelas partes, e na prática de mercado a maioria dos contratos atribui essas obrigações ao locatário. Vale ressaltar que o legislador excluiu da ressalva desse artigo as contribuições de melhoria, que são o tipo de tributo cobrado como compensação pela valorização do imóvel decorrente de obras públicas (artigo 145, inciso III, da Constituição da República). Essa exclusão é compreensível, pois uma vez que esse tributo tem como pressuposto a valorização do imóvel (em face de uma obra pública) não seria justo, nem mesmo em caráter negocial, impor ao locatário o pagamento ou o reembolso de tal exação. Quanto ao seguro, é lícito estabelecer no contrato que os prêmios (contraprestação) sejam pagos pelo locatário e que a indenização em caso de sinistro seja paga diretamente ao locador, para a reposição do imóvel ao estado anterior, ficando o inquilino responsabilizado suplementarmente. Merece nota o fato de que o Código Civil revogado previa, em seu artigo 1.208, que o locatário respondia pelos danos decorrentes de incêndio se não provasse caso fortuito ou força maior, vício de construção ou propagação de fogo originado em outro prédio, e que essa regra *não foi repetida* no Código Civil atual, o que permite inferir que, na falta de contratação de seguro, prevalecerão as regras genéricas da responsabilidade civil quanto à caracterização de culpa etc. É prudente, portanto, verificar a abrangência da cobertura nas apólices de seguros contra incêndio.

IX) Tem o locatário, também, direito de examinar os comprovantes relativos às importâncias que lhe estão sendo cobradas. Assim, se, por exemplo, o contrato lhe impõe a obrigação de pagar os impostos e taxas incidentes sobre o imóvel, tem o inquilino o direito de conferir os respectivos avisos de lançamento.

X) As despesas de condomínio se dividem em ordinárias – que são aquelas relativas à manutenção rotineira do edifício – e extraordinárias – que são todas as demais. Por serem esses conceitos muitas vezes nebulosos, o legislador procurou exemplificar o que seriam despesas extraordinárias elencando os seguintes itens: a) reformas ou acréscimos que interessem à estrutura do imóvel; b) pinturas de fachadas, empenas, poços de aeração e de iluminação, e esquadrias externas; obras necessárias a repor as condições de habitabilidade do prédio; c) indenizações devidas a empregados por dispensas ocorridas antes da locação; d) instalação de equipamentos de segurança e de incêndio, de telefonia, de intercomunicação, de esporte e de lazer; e) despesas de decoração e paisagismo das partes de uso comum; f) constituição de fundo de reserva. Essa enumeração é meramente exemplificativa, podendo existir outras despesas com a característica de extraordinariedade. No entanto, essa relação permite concluir, em um raciocínio *a contrario sensu*, que a pintura ou reforma de vestíbulos (*halls* de elevadores), por ter sido excluída da relação de outras áreas comuns similares, é de responsabilidade do locatário (em combinação com os ocupantes dos outros apartamentos do mesmo andar). A regra, portanto, é que as despesas extraordinárias de manutenção do prédio condominial são de responsabilidade do locador, enquanto que as ordinárias cabem ao locatário.

23. OBRIGAÇÕES DO LOCATÁRIO

Art. 23. O locatário é obrigado a:

I - pagar pontualmente o aluguel e os encargos da locação, legal ou contratualmente exigíveis, no prazo estipulado ou, em sua falta, até o sexto dia útil do mês seguinte ao vencido, no imóvel locado, quando outro local não tiver sido indicado no contrato;

II - servir - se do imóvel para o uso convencionado ou presumido, compatível com a natureza deste e com o fim a que se destina, devendo tratá-lo com o mesmo cuidado como se fosse seu;

III - restituir o imóvel, finda a locação, no estado em que o recebeu, salvo as deteriorações decorrentes do seu uso normal;

IV - levar imediatamente ao conhecimento do locador o surgimento de qualquer dano ou defeito cuja reparação a este incumba, bem como as eventuais turbações de terceiros;

V - realizar a imediata reparação dos danos verificados no imóvel, ou nas suas instalações, provocadas por si, seus dependentes, familiares, visitantes ou prepostos;

VI - não modificar a forma interna ou externa do imóvel sem o consentimento prévio e por escrito do locador;

VII - entregar imediatamente ao locador os documentos de cobrança de tributos e encargos condominiais, bem como qualquer intimação, multa ou exigência de autoridade pública, ainda que dirigida a ele, locatário;

VIII - pagar as despesas de telefone e de consumo de força, luz e gás, água e esgoto;

IX - permitir a vistoria do imóvel pelo locador ou por seu mandatário, mediante combinação prévia de dia e hora, bem como admitir que seja o mesmo visitado e examinado por terceiros, na hipótese prevista no art. 27;

X - cumprir integralmente a convenção de condomínio e os regulamentos internos;

XI - pagar o prêmio do seguro de fiança;

XII - pagar as despesas ordinárias de condomínio.

1º Por despesas ordinárias de condomínio se entendem as necessárias à administração respectiva, especialmente:

a) salários, encargos trabalhistas, contribuições previdenciárias e sociais dos empregados do condomínio;

b) consumo de água e esgoto, gás, luz e força das áreas de uso comum;

c) limpeza, conservação e pintura das instalações e dependências de uso comum;

d) manutenção e conservação das instalações e equipamentos hidráulicos, elétricos, mecânicos e de segurança, de uso comum;

e) manutenção e conservação das instalações e equipamentos de uso comum destinados à prática de esportes e lazer;

f) manutenção e conservação de elevadores, porteiro eletrônico e antenas coletivas;

g) pequenos reparos nas dependências e instalações elétricas e hidráulicas de uso comum;

h) rateios de saldo devedor, salvo se referentes a período anterior ao início da locação;

i) reposição do fundo de reserva, total ou parcialmente utilizado no custeio ou complementação das despesas referidas nas alíneas anteriores, salvo se referentes a período anterior ao início da locação.

2º O locatário fica obrigado ao pagamento das despesas referidas no parágrafo anterior, desde que comprovadas a previsão orçamentária e o rateio mensal, podendo exigir a qualquer tempo a comprovação das mesmas.

3º No edifício constituído por unidades imobiliárias autônomas, de propriedade da mesma pessoa, os locatários ficam obrigados ao pagamento das despesas referidas no § 1º deste artigo, desde que comprovadas.

Também neste caso as obrigações do locatário serão comentadas na mesma sequência em que são apresentadas neste artigo:

I) O locatário é obrigado a pagar na data convencionada os aluguéis e os encargos contratual ou legalmente fixados. Se não houver data aprazada, esse pagamento deve ser feito até o sexto dia útil de cada mês seguinte ao vencido, no imóvel locado, se outro local não houver sido convencionado. Esse pagamento deve ser integral e completo, não sendo o locador obrigado a receber quantia inferior à devida. Se a oferta do locatário for inferior ao valor devido e mesmo assim o locador quiser recebê-lo, é prudente ressalvar no recibo de que se trata de pagamento apenas parcial. A dificuldade prática dessa manobra surge quando, por exemplo, no mês seguinte o locatário pretende realizar novo pagamento (dessa vez integral), pois o locador pode entender que parte desse novo pagamento deve se destinar a amortizar a diferença do mês anterior, acrescida de eventuais multas ou outros encargos contratuais, enquanto que o locatário pode pretender que, ao contrário, o pagamento deve quitar integralmente o aluguel mais recente, continuando em aberto a diferença do mês anterior. A divergência de entendimentos tem efeitos financeiros expressivos, pois se prevalecer o entendimento do locador a eventual multa e encargos moratórios serão aplicados sucessivamente, enquanto que se prevalecer o entendimento do locatário tais penalidades incidirão apenas sobre a primeira inadimplência. Vale salientar que o Tribunal de Justiça de São Paulo já entendeu em caso similar que a entrega de dinheiro feita pelo locatário deva se referir ao aluguel do mês que estiver ainda em vencimento, e não aos anteriores[92]. O recomendável, para evitar tais divergências, é estabelecer no contrato que, em caso de atrasos de pagamento de aluguéis ou encargos, os futuros pagamentos feitos pelo locatário deverão se referir sempre ao aluguel ou diferença de aluguel mais remotamente inadimplido, e assim sucessivamente.

II) Deve o locatário usar o imóvel de acordo com a finalidade convencionada ou presumida, compatível com o seu destino e natureza, além de tratá-lo com o mesmo cuidado como se seu fosse. Geralmente nos contratos de locação escritos se insere uma cláusula específica para identificar o uso que o locatário pretende fazer do imóvel, agregando a obrigação de não alterá-la sem prévio e expresso consentimento do locador. Porém, há casos em que esse cuidado das partes não se observa, e para tais situações a lei estabelece que o uso deve seguir o destino "presumido" do imóvel. Isso significa, por exemplo, que se um imóvel é locado para finalidade residencial não pode o locatário transformá-lo em comercial sem a anuência do locador. Há casos, porém, em que essa presunção se torna de difícil aferição. Tome-se como exemplo a hipótese de um proprietário que aluga um imóvel baseado na informação verbal do locatário que irá explorar uma loja de roupas, mas que depois disso o inquilino altera o ramo de negócio para depósito de materiais, com tráfego intenso de caminhões e muito pó sendo gerado na atividade. Ainda que o imóvel comporte tal uso e que as posturas dos órgãos de controle também autorizem tal prática, se, por exemplo, o entorno do imóvel locado é composto unicamente por comercio de roupas, é possível ao locador pedir a rescisão da locação por altera-

---

92 TJ/SP – 34ª Câmara de D. Privado – Apelação c/ Revisão nº 845688-0/5 – Relator Des. Gomes Varjão, j. 23/5/2007

ção da utilização presumível do imóvel. O mesmo se dá, por exemplo, se o dono de um imóvel o aluga para a instalação de um hotel, mas no local acaba sendo explorado um prostíbulo. Nesses casos, o locador pode pedir a rescisão da locação com base em infração contratual ou legal. Alguns doutrinadores entendem que, na falta de previsão contratual, a compatibilidade exigida em relação ao *"fim a que se destina"* refere-se à utilização anterior do imóvel[93]. Parece-me, no entanto, que a "finalidade" ou o "uso presumido" do imóvel têm sentido mais amplo, cabendo ao juiz verificar, a cada caso, se o uso do imóvel, feito pelo inquilino, é ou não abusivo. Como salienta DINIZ[94], existe julgado que *não* considera alteração de destino o profissional liberal utilizar o imóvel residencial locado para instalar seu escritório ou consultório, ou para o inquilino instalar seu negócio em um dos cômodos. O locatário também deve dispensar cuidados com o imóvel como se seu fosse. Essa última parte do dispositivo há de ser interpretada sem a carga de subjetividade que o texto aparentemente lhe dá. De fato, os cuidados com o imóvel devem ser aqueles que a pessoa comum dá aos seus bens, e não aquela que o inquilino eventualmente dê aos seus próprios bens, pois nessa hipótese se esbarraria em perigoso subjetivismo. Vale salientar também que os desgastes decorrentes do uso normal do imóvel não podem ser considerados danos indenizáveis, e que, por outro lado, há corrente jurisprudencial e doutrinária sólida no sentido de que os estragos existentes no imóvel por ocasião da devolução presumem-se feitos pelo inquilino[95] [96]. Assim, é de todo recomendável que o inquilino exija do locador uma relação escrita da situação do imóvel e dos eventuais danos nele existentes no início da locação.

---

[93] PACHECO, José da Silva. *Comentários à nova lei sobre as locações dos imóveis urbanos e seus procedimentos*, 2ª Edição. São Paulo: ed. Revista dos Tribunais, 1993, p. 95.

[94] DINIZ, Maria Helena. *Lei de locações de imóveis urbanos comentada*. São Paulo: ed. Saraiva, 2006, p. 115.

[95] DINIZ, Maria Helena. *Lei de locações de imóveis urbanos comentada*. São Paulo: ed. Saraiva, 2006, p. 116.

[96] BARROS, Francisco Carlos Rocha de. *Comentários à lei do inquilinato*. São Paulo: ed. Saraiva, 1997, p. 122.

III) Ao término da locação – seja qual for o motivo – deve o locatário restituir o imóvel ao locador no estado em que o recebeu, salvo os desgastes naturais decorrentes do tempo e do uso normal. Em algumas situações é difícil conceituar o "desgaste decorrente do uso normal do imóvel", pois a noção de "normalidade de uso" também não é precisa. Um locatário cuja família tenha crianças pode, por exemplo, considerar como "desgaste normal" alguns riscos no assoalho, enquanto que o senhorio pode entender o oposto. Não há critério objetivo para sanar tal tipo de divergência, de modo que, nesse caso, a qualificação do dano deverá ser dada pelo juiz. De todo modo, o julgador deverá levar em conta os cuidados que uma pessoa normal teria com o seu próprio imóvel, para dentro desses limites circunscrever o tipo de dano considerado como "desgaste decorrente do uso normal do imóvel". A 31ª Câmara de Direito Privado do Tribunal de Justiça de São Paulo, na Apelação 9081241-28.2009.8.26.0000, por exemplo, já decidiu que *"piso manchado, ausência de lâmpada, paredes sujas, utilização de prego em parede, fogão sujo, ralos entupidos não podem ser considerados como vícios de responsabilidade dos locatários"*. A 29ª Câmara de D. Privado dessa mesma Corte, na apelação nº 9107281-47.2009.8.26.0000, decidiu ser *"nula cláusula contratual que impõe ao inquilino a obrigação de restituir o bem com pintura nova, se não há prova de que assim o tenha recebido"*[97].

IV) Deve o inquilino, também, comunicar ao locador danos ou defeitos que este tenha último a obrigação de reparar, bem como eventuais molestamentos à sua posse. Pode-se deduzir desse texto que se o locatário não avisar o locador de eventuais danos que incumba a esse último reparar, preferindo ele mesmo, inquilino, consertá-los, não poderá depois pretender compensar o que gastou com os aluguéis devidos. No tocante à obrigação do locatário de comunicar a turbação em sua posse, perpetrada

---

[97] É importante anotar que a 31ª Câm. de D. Privado do TJ/SP julgou que, tendo a locatária firmado contrato comprometendo-se a devolver o imóvel em perfeito estado de conservação, "há de prevalecer, pois, *in casu*, o princípio *pacta sunt servanda*" (Apelação nº 0019703-35.2010.8.26.0302, Relator Des. ADILSON DE ARAUJO, j. 17/9/2004).

por terceiros, vale salientar que esta coexiste com a sua legitimidade em ajuizar a ação possessória correspondente, em seu próprio nome, na qualidade de possuidor direito, conforme exposto anteriormente.

V) Na hipótese de serem causados danos ao imóvel, seja pelo próprio locatário, ou por seus familiares, visitas, ou prepostos, pode o locador exigir a sua reparação imediata, sob pena de rescisão da locação e indenização por perdas e danos[98] – apesar de que, nas situações do dia-a-dia, esse tipo de situação costuma ser analisada apenas por ocasião da restituição do imóvel. Essa reparação há de repor a parte danificada ao seu estado anterior, ou seja, mantendo a mesma qualidade. Portanto, não pode o locador exigir uma reparação ou reposição do material em qualidade ou característica diferente da que existia, nem o locatário executar o reparo sem observar esses pressupostos.

VI) Qualquer mudança na estrutura interna ou externa do imóvel há de contar com a prévia e expressa anuência do locador, manifestada por escrito. Além disso, apesar de ser uma consequência lógica, é conveniente estabelecer explicitamente no contrato ser do inquilino a responsabilidade pela solidez das modificações estruturais, bem como pelo cumprimento das obrigações cíveis, trabalhistas, tributárias e previdenciárias decorrentes das obras, assim como imputar-lhe responsabilidade por eventuais danos a coisas e pessoas causados no seu transcurso.

VII) O locatário deve também entregar ao locador, imediatamente, os documentos de cobrança de tributos, encargos condominiais e outras intimações a obrigações legais pertinentes ao imóvel, ainda que dirigidas a ele, inquilino. Mesmo que o contrato porventura imponha ao locatário a obrigação de pagar tais despesas diretamente aos respectivos credores, conforme faculta o artigo anterior em seu inciso VIII, subsiste a obrigação de levar ao locador os documentos de cobrança acompanhados dos comprovantes de pagamento. Isso se justifica para que o locador proprietário – que é o responsável perante os credores –

---

98 Não é outra a opinião de BARROS, Francisco Carlos Rocha de. *Comentários à lei do inquilinato*. São Paulo: ed. Saraiva, 1997, p. 124.

tenha pleno conhecimento das obrigações inerentes ao imóvel e de sua situação de adimplemento.

VIII) São do locatário também as obrigações de pagar as despesas referentes a serviços de fornecimento de água, esgoto, eletricidade, gás e telefonia instalados no imóvel locado, enquanto ocupá-lo.

IX) O locatário deve permitir, mediante prévia combinação quanto à data e ao horário, que o locador ou seu mandatário vistoriem o imóvel, e também terceiros, no caso de venda, cessão ou dação do imóvel (e suas promessas). Note-se que o legislador restringiu a obrigação de recepção do locatário apenas ao locador ou seu mandatário, de modo que não está obrigado a franquear a visita ao imóvel a terceiros que não estejam munidos do referido mandato.

X) O cumprimento da convenção de condomínio e de seu regulamento interno também são obrigações do locatário. Muito se tem discutido no Poder Judiciário a respeito de disposições abusivas previstas em certas convenções ou regulamentos condominiais internos, reconhecendo-se em muitos casos a necessidade de flexibilização da excessiva rigidez de determinadas regras. Quando se tratar de normas cujo cumprimento exceda os limites da razoabilidade da vida em comum, tem o locatário legitimidade para ajuizar ações declaratórias de inexistência de obrigação de cumprimento[99]. De todo modo, tratando-se de regras legítimas e eficazes, o seu descumprimento pode acarretar a imposição de multas ou outras penalidades previstas na convenção e nos artigos 1336, § 2º, e 1.337 do Código Civil. Vale salientar que essas multas são impostas ao condômino (proprietário da unidade autônoma locada), que é o responsável direto perante o condomínio. O locatário tem a obrigação de pagá-las ao locador, não obstante não estar essa verba prevista na lista indicada no parágrafo 1º deste artigo.

---

[99] No Agravo de Instrumento nº 0120692-14.2012.8.26.0000, da 4ª Câmara de Direito Privado do TJ/SP, em acórdão relatado pelo Des. Luiz Antonio Costa, apesar de não se ter decidido sobre a legitimidade ativa, foi confirmada decisão que em sede de antecipação de tutela concedida em ação declaratória movida por locatário de apartamento, suspendeu a eficácia de regra editada pela administração, que limitava o uso de área comum. TJ/SP – 6ª Câmara de D. Privado – Agravo de Instru-

XI) Deve também o locatário pagar os prêmios do seguro de fiança, se foi esta a modalidade de garantia locatícia escolhida pelas partes. Apesar de estar hoje o seguro de fiança disciplinado pela Resolução CNSP 202, de 22/12/2008, é aconselhável verificar prévia e detalhadamente nos modelos de apólices de seguro disponíveis no mercado quais as obrigações das partes e seus limites, pois a consequência normal no caso de inadimplência dos prêmios é a extinção da garantia, podendo acontecer, portanto, que entre esse eventual descumprimento contratual e a correspondente retomada do imóvel pelo locador haja um significativo período sem garantias.

XII) Quando se tratar de locação de unidade autônoma condominial, o locatário deve arcar com as despesas ordinárias do condomínio, isto é, aquelas necessárias à manutenção rotineira do prédio. São assim consideradas: os salários e demais verbas remuneratórias, indenizatórias, previdenciárias e fundiárias dos empregados; o consumo de água, esgoto, energia elétrica e gás referente às áreas comuns; limpeza, conservação e pintura das áreas e instalações comuns; manutenção e conservação dos equipamentos elétricos, hidráulicos, mecânicos e de segurança de uso comum; manutenção e conservação dos equipamentos de esportes e de lazer de uso comum; manutenção e conservação de elevadores (assim entendidas as manutenções rotineiras, e não, por exemplo, a reforma dos elevadores); pequenos reparos nas instalações elétricas e hidráulicas das áreas comuns (troca de lâmpadas, válvulas etc); rateios de saldo devedor na conta condominial, desde que não relativo a período anterior à locação; reposição de fundo de reserva porventura utilizado no custeio das despesas acima relacionadas, salvo se relativas a período anterior à locação.

Tais verbas são exigíveis do locatário desde que sejam comprovados tanto a previsão orçamentária como o rateio, de modo que se o locador não as demonstrar pode o inquilino deixar de pagá-las. Também no

---

mento nº 0266869-44.2012.8.26.0000, **Relator Des.** Eduardo Sá Pinto Sandeville, j. 06/06/2013.

caso de pertencerem todas as unidades autônomas do edifício a uma só pessoa, deverá o locatário pagar as despesas acima elencadas, desde que comprovadas.

O inadimplemento de qualquer das obrigações do locatário acima relacionadas autoriza o locador a promover ação de despejo por descumprimento contratual, salvo se esse inadimplemento se referir aos aluguéis e assessórios da locação, pois nesse caso o locador terá a seu dispor a ação de despejo por falta de pagamento ou mesmo a execução de título executivo extrajudicial (artigo 784, inciso VIII, do Código de Processo Civil).

24. AS CONDIÇÕES DO IMÓVEL DE USO MULTIFAMILIAR

Art. 24. Nos imóveis utilizados como habitação coletiva multifamiliar, os locatários ou sublocatários poderão depositar judicialmente o aluguel e encargos se a construção for considerada em condições precárias pelo Poder Público.

1º O levantamento dos depósitos somente será deferido com a comunicação, pela autoridade pública, da regularização do imóvel.

2º Os locatários ou sublocatários que deixarem o imóvel estarão desobrigados do aluguel durante a execução das obras necessárias à regularização.

3º Os depósitos efetuados em juízo pelos locatários e sublocatários poderão ser levantados, mediante ordem judicial, para realização das obras ou serviços necessários à regularização do imóvel.

O conceito de imóvel destinado à habitação coletiva multifamiliar não é preciso, mas pode ser entendido como uma ou mais edificações construídas sobre um terreno de um mesmo proprietário, na qual, ou nas quais, habitem várias famílias. Muitas vezes são construções antigas, ou de baixo custo, que são fracionadas, ou expandidas, de modo a possibilitar várias locações com finalidade residencial. Outras vezes são pequenas edificações feitas em quintais de casas ou terrenos de valor menos expressivo. Não é incomum serem tais construções clandestinas, no sentido de não terem sido previamente submetidas à aprovação das autoridades públicas, e por esse motivo também não é incomum serem frágeis e inseguras.

De todo modo, se o Poder Público considerar alguma delas em condições precárias de uso, poderão os locatários ou sublocatários depositar o aluguel em juízo até que o imóvel seja considerado regularizado pelas autoridades públicas responsáveis. O rito da ação será aquele estabelecido no artigo 890 e seguintes do Código de Processo Civil. A defesa do locador ficará de certo modo limitada, já que não poderá questionar, nessa ação, o ato administrativo do Poder Público[100].

Poderão também os locatários ou sublocatários deixar o imóvel durante a sua regularização, sem pagar os aluguéis do período. Nesse caso a locação ficará suspensa. O levantamento do dinheiro só se dará após a comunicação, pela autoridade pública, da regularização da construção, mas, mediante ordem judicial, poderá também ser levantado para o custeio das obras de regularização.

25. OS TRIBUTOS IMOBILIÁRIOS E AS DESPESAS CONDOMINIAIS

Art. 25. Atribuída ao locatário a responsabilidade pelo pagamento dos tributos, encargos e despesas ordinárias de condomínio, o locador poderá cobrar tais verbas juntamente com o aluguel do mês a que se refiram.

[100] Sustenta Humberto Agrícola BARBI (*Das locações residenciais e comerciais – Doutrina, prática e Jurisprudência.* Belo Horizonte: ed. Del Rey, 2001, p 89) que "*o réu não será citado para receber, mas sim para dar-lhe conhecimento do fato e de que somente será liberado o depósito se comprovar ele o atendimento da exigência do Poder Público*".

Parágrafo único. Se o locador antecipar os pagamentos, a ele pertencerão as vantagens daí advindas, salvo se o locatário reembolsá-lo integralmente.

As contribuições em condomínios edilícios são geralmente cobradas mensalmente. Os impostos e taxas incidentes sobre o imóvel são lançados anualmente, mas geralmente podem ser parcelados em dez ou doze vezes, pelo valor integral, ou em uma ou duas vezes, com descontos. Quando o pagamento dessas verbas é atribuído ao locatário, o legislador permite que o locador as cobre juntamente com o aluguel do mês a que se refiram. Neste caso não importa se o vencimento dos tributos ou da contribuição condominial se dê posteriormente ao do aluguel; desde que todas essas obrigações tenham vencimento no mesmo mês, pode o locador agrupá-las para efeito de cobrança.

Caso o locador tenha preferido gozar do desconto oferecido para pagamento integral dos tributos em uma ou duas parcelas, não poderá impor tal opção ao locatário (que continuará a poder pagá-los em parcelas). Porém, caso o locatário prefira, poderá também aproveitar o desconto concedido, desde que reembolse o locador integralmente.

26. OS REPAROS URGENTES NO IMÓVEL

Art. 26. Necessitando o imóvel de reparos urgentes, cuja realização incumba ao locador, o locatário é obrigado a consenti-los.
Parágrafo único. Se os reparos durarem mais de dez dias, o locatário terá direito ao abatimento do aluguel, proporcional ao período excedente; se mais de trinta dias, poderá resilir o contrato.

As obras em um imóvel ocupado por coisas ou pessoas são geralmente incômodas, tanto para os ocupantes como para os executores. Se o imóvel necessitar de reparos urgentes, o locatário é obrigado a com eles consentir. Se durarem *mais* de dez dias, o locatário terá o direito ao abatimento no aluguel proporcional a esse período; se durarem *mais* de 30 dias poderá resilir o contrato. Isso significa que se durarem *até* dez dias o locatário é obrigado a suportá-los sem prejuízo do pagamento do aluguel. Evidentemente trata-se aqui de obras que possam ser realizadas com a presença do locatário no imóvel, pois se as reformas forem de tal magnitude que exijam a saída dos ocupantes o locatário não terá que pagar o aluguel do período, ainda que inferior a 10 dias. De fato, o locador é obrigado a manter durante a locação a forma e o destino do imóvel, de modo que se for necessário realizar uma obra de urgência, que demande a saída do inquilino do imóvel, ainda que por pouco tempo, não poderá exigir-lhe aluguel.

Se as obras durarem mais de 30 dias, o locatário terá a faculdade de resilir[101] o contrato, ou seja, de unilateralmente colocar termo à locação (art. 473 do Código Civil). É uma opção que o legislador confere ao locatário, mas não uma obrigação, de modo que se preferir dar continuidade ao contrato poderá continuar suspendendo o pagamento dos aluguéis.

Situação não prevista neste artigo é a do locatário que exige do locador os reparos urgentes que o imóvel necessita, mas não encontra por parte do locador a colaboração esperada. A regra geral é a de que o locador tem a obrigação de manter a forma e o uso do imóvel (art. 22, III), mas aqui não há previsão específica da atitude que o locatário pode tomar frente à recusa ou ronceirismo do locador. No entanto, prevalece a regra geral da faculdade de resilição do contrato caso o locador não cumpra sua obrigação, ou, ainda, o manejo pelo locatário da ação cominatória, inclusive, se for o caso, com antecipação de tutela jurisdicional.

---

[101] Diz Orlando GOMES, em *Contratos* (Rio de Janeiro: ed. Forense, 1975, p. 220) que "a *natureza do poder de resilir* unilateralmente o contrato não sofre contestação; trata-se de um direito potestativo".

27. O DIREITO DE PREFERÊNCIA DO LOCATÁRIO

Art. 27. No caso de venda, promessa de venda, cessão ou promessa de cessão de direitos ou dação em pagamento, o locatário tem preferência para adquirir o imóvel locado, em igualdade de condições com terceiros, devendo o locador dar-lhe conhecimento do negócio mediante notificação judicial, extrajudicial ou outro meio de ciência inequívoca.

Parágrafo único. A comunicação deverá conter todas as condições do negócio e, em especial, o preço, a forma de pagamento, a existência de ônus reais, bem como o local e horário em que pode ser examinada a documentação pertinente.

Esta é uma situação que requer acurada atenção tanto por parte do locador como do locatário, pois as consequências pela inobservância das regras estabelecidas são graves para ambos os lados.

Se o locador for proprietário do imóvel e pretender vendê-lo, ceder seus direitos onerosamente ou dá-lo em pagamento, deverá antes oferecê-lo ao locatário, em igualdade de condições negociais com o comprador, cessionário ou credor. Deverá o locador-proprietário dar ciência ao locatário, de modo inequívoco – seja por meio de notificação judicial, extrajudicial ou outro modo que assegure certeza e data do recebimento da correspondência pelo próprio interessado – do preço pretendido e das condições de seu recebimento (se deverá ser à vista ou em parcelas, e, nesse último caso, a periodicidade e índices de reajuste), não se olvidando de indicar a eventual existência de ônus reais sobre o imóvel e o local em que a documentação relativa ao bem e ao proprietário estará disponível. Tendo em vista a inequivocidade exigida pela lei, não se deve fazer uso de correspondência eletrônica (*e-mails*), ligações telefônicas (ainda que gravadas), ainda que em tese existam modos de comprovar o seu envio, pois a prova da recepção pelo próprio locatário poderia ser questionada, e, portanto, não ser inequívoca. Por outro lado, se o contrato de locação expressamente autorizar, a notificação de que trata este artigo pode ser feita por meio de telex ou *fac-simile* quando o locatário for pessoa jurídica ou firma individual, conforme prevê o artigo 58, inciso IV, do CPC.

Não é lícita a renúncia *prévia* do inquilino a seu direito de preferência, expressa ao assinar o contrato de locação, pois se trata de norma cogente, inderrogável pelas partes contratantes, mas é válida a manifestação de desinteresse do locatário face à situação concreta de oferta do imóvel à venda, ou seja, a declaração do inquilino de que não tem qualquer interesse na aquisição do imóvel, liberando o locador-proprietário para vender o imóvel pelo preço e condições que melhor lhe aprouver[102].

A documentação "pertinente" a que se refere o parágrafo único deste artigo é aquela usualmente apresentada em alienações de imóveis, a saber: 1) **Relativas ao imóvel objeto da locação:** a) certidão atualizada da matrícula do imóvel no Registro de Imóveis, ou da transcrição do título aquisitivo do vendedor, com a negativa de ônus e alienações; b) certidão negativa de débitos tributários municipais; c) prova de quitação de débitos referentes ao fornecimento de água e coleta de esgoto; d) prova de quitação de débitos condominiais, se for o caso; **2) e Relativas à(s) pessoa(s) do(s) vendedor(es)**: a) certidões negativas dos cartórios distribuidores das Justiças Estadual, Federal e Trabalhista do local de situação do imóvel e do(s) domicílio(s) do(s) vendedor(es); b) certidão negativa conjunta da Procuradoria Geral da Fazenda Nacional e da Delegacia da Receita Federal; c) certidões negativas dos Cartórios de Protestos. Caso alguma dessas certidões apresente pendências, deverá o vendedor demonstrar documentalmente que não representam risco para a segurança do negócio. Caso o vendedor não disponibilize essa documentação, a obrigação prevista no parágrafo único deste artigo deverá se conside-

---

[102] Comunga dessa opinião BARROS (1997, p. 141) ao dizer que o locatário pode manifestar renúncia ao direito de preferência diante do fato: *"É bem verdade que se deve considerar como válida a renúncia genérica, desde que contemporânea do negócio [...]"*.

rar descumprida e, portanto, não assegurado o direito de preferência ao locatário. A questão surge quando o proprietário-locador disponibiliza ao inquilino a documentação acima mencionada, porém, com indicação de pendências, e a prova da segurança do negócio é considerada insuficiente por este último. Neste caso, se o locatário se desinteressar pelo negócio em razão das irregularidades, e posteriormente o locador saná-las, este só poderá alienar o imóvel a terceiro se oferecê-lo novamente ao inquilino.

Questão interessante diz respeito à transmissibilidade ou não do direito de preferência do locatário. Ou, em outras palavras, se o locatário pode transferir a terceiros o seu direito de preferência à aquisição do imóvel. Essa tese não foi sufragada pela 4ª Câmara de Direito Privado do Tribunal de Justiça de São Paulo, que na Apelação nº 0250539-02.2008.8.26.0100, relatada pelo Des. Francisco Loureiro em 19/4/2012, que entendeu ter o direito de preferência "natureza personalíssima".

28. A CADUCIDADE DO DIREITO DE PREFERÊNCIA

> **Art. 28.** O direito de preferência do locatário caducará se não manifestada, de maneira inequívoca, sua aceitação integral à proposta, no prazo de trinta dias.

O prazo para o exercício do direito de preferência do locatário é decadencial, ou seja, extingue-se se não manifestado na forma e prazo previstos neste artigo. Em se tratando de caducidade – e não de prescrição – o prazo não se suspende nem se interrompe.

O inquilino terá, portanto, o prazo decadencial de 30 dias para exercer o seu direito de preferência, que somente se considerará aperfeiçoado mediante aceitação integral e inequívoca à proposta. A aceitação não poderá ser parcial (como, por exemplo, aceitando o valor proposto, mas oferecendo o pagamento em maior número de parcelas, ou sem a atualização pretendida), nem tampouco dúbia. Por tal motivo, a aceitação também deve ser formalizada por meio de notificação ou de outro meio de comunicação materializado e escrito, com prova de recebimento pessoal pelo locatário.

A contagem do prazo de 30 dias deve ser feita excluindo-se o dia do recebimento da notificação (ou de outro ato de cientificação inequívoca) e incluindo-se o dia do vencimento. Não se interromperá nem se suspenderá. Com o devido respeito às posições doutrinárias ou jurisprudenciais[103] contrárias, parece-me que a interpretação mais razoável é que o vencimento desse prazo será prorrogado para o dia subsequente se o último dia recair em domingo ou feriado, já que, em princípio, é um dia destinado ao descanso e que seria muito difícil encontrar o destinatário em seu domicílio habitual. Ainda que alguns entendam que se o último dia do prazo incidir em domingo ou feriado deverá o titular do direito exercê-lo no dia anterior, a interpretação mais razoável, a nosso ver, é que nessa hipótese o vencimento se prorroga para o primeiro dia útil seguinte[104].

---

[103] TJ/SP - 7º Grupo de Direito Privado – Ação Rescisória nº 0079677-65.2012.8.26.0000 – Relator Des. Thiago de Siqueira, j. 28/11/2012: "Prazo decadencial que, ademais, não se suspende, não se interrompe e nem se dilata, mesmo quando o termo final recaia no sábado ou domingo. Art. 1º da Lei n. 810/49 e art. 132, § 3º, do Código Civil".

[104] Nesse sentido é o acórdão da 3ª Seção do STJ, na ação rescisória AR 3281/SP (2005/0048147-9), relatado pelo Ministro Og Fernandes, em cujo voto se encontra o seguinte trecho: "*é de se inferir que o prazo para o ajuizamento da vertente ação rescisória se iniciou em 27/3/2003, com término previsto para 28/3/2005 (em razão de 27/3/2005 incidir em domingo - art. 184, § 1º, do CPC*". No voto do Ministro Sebastião Reis Junior consta o seguinte trecho: "*Sobre a possibilidade de prorrogação do término do prazo para propor a ação rescisória para o primeiro dia útil subsequente, nos casos em que o termo final ocorrer em dia não útil: REsp n. 1.210.186/RS, Ministro Mauro Campbell Marques, Segunda Turma, DJe 31/3/2011; AR n. 3.291/SP, Relator Ministro Fernando Gonçalves, Revisor Ministro Aldir Passarinho Junior, Segunda Seção, DJe 12/4/2010; AR n. 3.461/DF, Relator Ministro Documento: 27512194 - VOTO REVISÃO - Site certificado Página 3 de 5Superior Tribunal de Justiça Arnaldo Esteves Lima, Revisora Ministra Maria Thereza de Assis Moura, Terceira Seção, DJe 9/11/2009.* Esse acórdão versa sobre prazo para a

29. A ACEITAÇÃO E POSTERIOR DESISTÊNCIA

Art. 29. Ocorrendo aceitação da proposta, pelo locatário, a posterior desistência do negócio pelo locador acarreta, a este, responsabilidade pelos prejuízos ocasionados, inclusive lucros cessantes.

Se no prazo legal o locatário aceitou integral, inequívoca e formalmente a proposta do proprietário-locador, este não poderá desistir, sob pena de ter de indenizar o inquilino pelos prejuízos sofridos, inclusive lucros cessantes. O prejuízo, porém, deverá ser comprovado, não sendo suficiente a mera presunção.

A regra deste artigo deve ser aplicada não só ao locador-ofertante, mas também ao locatário-aceitante, por força do disposto nos artigos 389 e 434 do Código Civil[105]. De fato, uma vez aceita a proposta, o contrato se aperfeiçoa e o seu inadimplemento gera responsabilidade por perdas e danos a quem o descumpriu. As perdas e danos referem-se àquilo que o credor efetivamente perdeu e ao que razoavelmente deixou de lucrar, *ex vi* do disposto no artigo 402 do Código Civil.

30. O DIREITO DE PREFERÊNCIA E OS SUBLOCATÁRIOS

Art. 30. Estando o imóvel sublocado em sua totalidade, caberá a preferência ao sublocatário e, em seguida, ao locatário. Se forem vários os sublo-

propositura de ação rescisória, mas por se referir ao conceito e forma de contagem de prazo decadencial, é aplicável.

105 Idêntica opinião tem Maria Helena DINIZ (*Lei de locações de imóveis urbanos comentada.* São Paulo: ed. Saraiva, 2006,, p. 130) ao ponderar que "*a aceitação, percebe-se, não só vincula o aceitante, mas também o ofertante, que a partir desse momento está sob a égide do liame contratual*".

catários, a preferência caberá a todos, em comum, ou a qualquer deles, se um só for o interessado.

Parágrafo único. Havendo pluralidade de pretendentes, caberá a preferência ao locatário mais antigo, e, se da mesma data, ao mais idoso.

Este artigo e seu parágrafo tratam de situações diversas: enquanto o *caput* regula o direito de preferência na hipótese de pluralidade de *sublocatários*, o parágrafo único ordena o exercício desse direito na situação de pluralidade de *locatários*. Evidentemente aqui se trata da hipótese de sublocação *legítima*, ou seja, aquela consentida expressa ou tacitamente pelo locador. Se a sublocação ocorreu irregularmente, não há que se falar em direito de preferência do sublocatário.

Inicialmente dispõe esse artigo que se o imóvel houver sido sublocado, o direito de preferência do sublocatário se sobrepõe ao do locatário, na ordem. Reza ainda o artigo que havendo mais de um sublocatário o direito de preferência cabe a todos, em comum. Se o interesse em exercer o direito de preferência não for unânime entre os sublocatários, caberá esse direito àqueles que se interessarem em exercê-lo. Porém, se o imóvel tiver sido sublocado a várias pessoas, em áreas desiguais, e se houver mais de um interessado em exercer o direito de preferência, o mais adequado ao princípio da isonomia, a nosso ver, apesar de se tratar de hipótese não prevista neste artigo, seria assegurar-lhes o direito de preferência proporcionalmente às áreas ocupadas.

Por outro lado, estando o imóvel alugado para vários inquilinos – situação diferente da pluralidade de sublocatários – o direito de preferência caberá ao mais antigo, e se houver coincidência nas datas de locação esse direito caberá ao locatário mais idoso.

31. PLURALIDADE DE UNIDADES IMOBILIÁRIAS

Art. 31. Em se tratando de alienação de mais de uma unidade imobiliária, o direito de preferência incidirá sobre a totalidade dos bens objeto da alienação.

Trata este artigo da hipótese de venda conjunta e simultânea de várias unidades habitacionais de um mesmo prédio, como ocorre, por exemplo, quando uma só pessoa (ou um grupo de pessoas) é proprietário de vários ou todos os apartamentos de um edifício e pretende vendê-los de uma só vez. Neste caso, os locatários que se interessarem em adquirir tais unidades têm garantidos os seus direitos de preferência, desde que o façam em relação a todas as unidades em conjunto. Assim, a proposta a ser encaminhada a todos os locatários haverá de esclarecer que seu objeto é o conjunto das unidades indicadas, consideradas em sua totalidade, e não uma a uma, isoladamente.

32. A NÃO INCIDÊNCIA DO DIREITO DE PREFERÊNCIA

Art. 32. O direito de preferência não alcança os casos de perda da propriedade ou venda por decisão judicial, permuta, doação, integralização de capital, cisão, fusão e incorporação.

Parágrafo único. Nos contratos firmados a partir de 1º de outubro de 2001, o direito de preferência de que trata este artigo não alcançará também os casos de constituição da propriedade fiduciária e de perda da propriedade ou venda por quaisquer formas de realização de garantia, inclusive mediante leilão extrajudicial, devendo essa condição constar expressamente em cláusula contratual específica, destacando-se das demais por sua apresentação gráfica (Incluído pela Lei nº 10.931, de 2004).

Trata este dispositivo das exceções ao direito de preferência do locatário. Tais hipóteses serão analisadas individualmente:

32.1. AS HIPÓTESES DE PERDA DA PROPRIEDADE:

A doutrina reconhece três gêneros de perda da propriedade: a perda por fato relativo à pessoa, a perda por fato relativo ao objeto e a perda por fato relativo ao próprio direito. Para os efeitos deste artigo da Lei de Locações, a perda por motivos relativos à pessoa (morte) tem outros desdobramentos, pois em caso de falecimento do locador o bem se transfere para seus sucessores. A perda da propriedade pelo perecimento da coisa não tem relevância para os efeitos deste artigo, pois não haveria objeto sobre o qual o direito de preferência pudesse ser exercido. Assim, vamos nos ater às hipóteses de perda da propriedade por fatos relativos ao direito. O Código Civil diz em seu artigo 1.275 que além da alienação a propriedade se perde nas seguintes hipóteses: a) renúncia; b) abandono; c) perecimento da coisa (desaparecimento do bem); d) desapropriação.

32.1.1. A renúncia é a declaração expressa e unilateral do proprietário no sentido de despojar-se do bem. Para ter validade é necessário registrá-la no Registro de Imóveis competente, conforme previsto no parágrafo único deste artigo. É possível, também, renunciar a sucessão aberta, situação na qual uma pessoa renuncia a sua herança por meio de escritura pública ou por termo nos autos do inventário ou arrolamento, nos termos do disposto no artigo 1.806 do Código Civil.

32.1.2. O abandono é o ato do proprietário de se desfazer de seu bem, com a intenção de não ser mais seu dono. A exteriorização dessa vontade, que pode ser expressa ou tácita, se dá pela omissão continuada do proprietário em exercer a posse ou exercitar os direitos e deveres inerentes à propriedade. Nessas condições, se o imóvel abandonado for urbano e ninguém mais dele se apossar, poderá ser arrecadado como "bem vago" e, três anos depois, passar à propriedade do município ou do Distrito Federal em cuja circunscrição estiver; nessas mesmas circunstâncias, o imóvel rural passará à propriedade da União. Se, encerrados os atos de manifestação de posse, o proprietário ainda deixar de pagar os tributos incidentes sobre o imóvel por três anos, a presunção de abandono será absoluta. Tanto na hipótese de renúncia, como na de abandono, não há que se falar em direito de preferência, uma vez que não existe *animus alienandi* do proprietário. O legislador pretendeu assegurar o direito de preferência do locatário frente a terceiros, de modo que sendo a renúncia e o abandono atos unilaterais do proprietário (ou seja, independentes da colaboração ou intervenção de terceiros), não há que se falar em direito de prelação.

32.1.3. Também no caso de perecimento do imóvel não há que se falar em preferência do locatário, uma vez que não se trata de negócio jurídico no qual este último poderia ter interesse, mas sim de fenômeno pelo qual um imóvel desaparece.

32.1.4. A desapropriação é um ato administrativo por meio do qual o Poder Público, por motivo de necessidade ou utilidade pública, interesse social, ou descumprimento de função social, retira um bem da propriedade de um particular. A regra geral é que essa desapropriação seja precedida de indenização, mas pode ocorrer sem esse pagamento caso o imóvel seja desapropriado com base no permissivo do artigo 243 da Constituição Federal (cultivo ilegal de plantas psicotrópicas). Também neste caso não há que se falar em direito de preferência do locatário, uma vez que se sobrepõe os interesses maiores acima mencionados.

32.1.5. Há ainda outros casos de perda da propriedade, como, por exemplo, a usucapião, a evicção e a falência. Acontecem por força de decisão judicial, mas não se trata de venda, que é a hipótese de que se tratará a seguir.

32.2. A VENDA POR DECISÃO JUDICIAL:

As vendas por decisão judicial podem ser determinadas em procedimentos de jurisdição voluntária ou contenciosa. As alienações judiciais em procedimento de jurisdição voluntária são realizadas segundo o procedimento previsto no artigo 730 do Código de Processo Civil, que prevê sua venda em leilão. As alienações determinadas em fase de cumprimento de sentenças ou em execuções consistem, conforme artigo 825 do Código de Processo Civil, em: a) adjudicação; b) alienação; c) apropriação de frutos e rendimentos de empresa ou de estabelecimentos e outros bens. Em nenhuma dessas hipóteses tem o locatário do imóvel alienando qualquer direito de preferência.

32.3. PERMUTA:

Consiste na troca de bens entre seus proprietários, passando o bem que era de propriedade de um para o domínio do outro, e vice-versa. Ainda que exista "torna" em dinheiro, ou seja, que um dos permutantes receba do outro, além do bem dado em troca, uma importância em dinheiro, não haverá direito de preferência do inquilino à aquisição do bem objeto da locação. Evidentemente a torna em dinheiro não poderá corresponder a um percentual exagerado do negócio, a menos que exista uma singularidade muito pronunciada que justifique a intenção de trocar um imóvel de grande valor por um de valor proporcionalmente muitíssimo menor, com torna em dinheiro da diferença[106]. De todo modo, o questionamento e a decisão judicial acerca da eventual invalidade da permuta haveria de preceder o pedido de reconhecimento do direito de preferência e suas consequências[107].

32.4. DOAÇÃO:

Este contrato tem natureza gratuita, constituindo liberalidade do proprietário, que transfere de seu patrimônio bens ou vantagens para determinada pessoa física ou jurídica (artigo 538 do Código Civil). Assim, não

---

[106] Francisco Carlos Rocha de BARROS (*Comentários à lei do inquilinato*, São Paulo: ed. Saraiva, 1997, p. 155) entende que "*não há permuta quando se troca uma mansão por um insignificante terreno que vale 5% daquela, sendo completados os restantes 95% em dinheiro*".

[107] Maria Helena DINIZ (*Lei de locações de imóveis urbanos comentada.* São Paulo: ed. Saraiva, 2006, p. 137) adverte que "*se se provar que houve dolo ou simulação na prática desses atos, justo será que se preserve o direito de preferência do inquilino*".

há que se falar em direito de preferência do locatário, já que do contrário o doador ficaria tolhido de beneficiar quem desejasse mediante a transferência do imóvel locado.

32.5. INTEGRALIZAÇÃO DE CAPITAL SOCIAL, FUSÃO, CISÃO E INCORPORAÇÃO:

A integralização de capital social pode ser feita mediante a transferência de imóveis do sócio para a sociedade. Essa transmissão prescinde de escritura pública, pois é feita por meio do próprio contrato social (art. 35, VII, da Lei de Registros Públicos). Nesse caso, se o imóvel transferido para a sociedade estiver locado, não terá o inquilino direito de preferência. A fusão é o negócio jurídico que reúne duas ou mais pessoas jurídicas que se extinguem, para o nascimento de outra, que as sucede em direitos e obrigações (art. 228 da Lei 6.404/76). Também nesse caso não haverá que se falar em direito de prelação de inquilino em relação a imóvel transferido de uma das empresas que se extingue para a nova, que se cria pelo fenômeno da fusão. A cisão, que pode ser total ou parcial, é a divisão do capital social de uma sociedade em outras, existentes ou sendo criadas. Se um imóvel locado vier a ser transferido para a nova empresa que se forma pela cisão, não haverá direito de preferência. A incorporação é "a operação pela qual uma ou mais sociedades são absorvidas por outra, que lhes sucede em todos os direitos e obrigações" (art. 227 da Lei 6.404/76). Se nesse negócio jurídico ocorrer transferência de imóvel locado, não haverá direito de preferência do inquilino.

32.6. PROPRIEDADE FIDUCIÁRIA E OUTRAS GARANTIAS, EM CONTRATOS POSTERIORES A 1º DE OUTUBRO DE 2001:

Caso o locador-proprietário, nos termos do disposto no art. 22 da Lei nº 9.514/2003, ceda fiduciariamente a propriedade do imóvel locado a um credor, e não venha a pagar a dívida, consolidando-se assim a propriedade na pessoa do credor-fiduciário, não terá o locatário direito a preferência na aquisição do imóvel. O mesmo se dá em relação à perda ou venda da propriedade em realização de garantia, inclusive leilão extrajudicial. Porém, essa condição deverá constar expressamente nos contratos em que o imóvel serve como garantia, em cláusula destacada das demais por sua apresentação gráfica.

33. A OFENSA AO DIREITO DE PREFERÊNCIA

Art. 33. O locatário preterido no seu direito de preferência poderá reclamar do alienante as perdas e danos ou, depositando o preço e demais despesas do ato de transferência, haver para si o imóvel locado, se o requerer no prazo de seis meses, a contar do registro do ato no cartório de imóveis, desde que o contrato de locação esteja averbado pelo menos trinta dias antes da alienação junto à matrícula do imóvel.

Parágrafo único. A averbação far-se-á à vista de qualquer das vias do contrato de locação desde que subscrito também por duas testemunhas.

As sanções pelo desatendimento ao direito de preferência do inquilino implicam em uma escolha deste último: pode o locatário reclamar do locador-alienante indenização por perdas e danos (que correspondem ao que ele efetivamente perdeu e o que razoavelmente deixou de ganhar, segundo dispõe o artigo 402 do Código Civil), *ou*, se depositar o preço pelo qual o imóvel foi negociado, bem como as despesas do ato de transferência, haver para si o imóvel locado.

Porém, o locatário preterido em seu direito de prelação só poderá valer-se dessa última prerrogativa (depositar o preço fixado na venda e as despesas de transferência e haver para si o imóvel) se o contrato de locação tiver sido averbado na matrícula do imóvel no Registro de Imóveis pelo menos trinta dias antes da alienação. Ou seja, a parte final da oração apresentada no *caput* deste artigo refere-se apenas à segunda alternativa dada ao locatário. A jurisprudência do Superior Tribunal de Justiça é firme nesse sentido[108] [109] [110].

No tocante ao pedido de indenização por perdas e danos, por outro lado, só é necessário que o inquilino demonstre: a) que tinha na época do negócio condições financeiras de adquirir o imóvel em iguais condições com o terceiro; b) que a frustração em seu direito de preferência efetivamente lhe trouxe prejuízos. A prova desses pressupostos é imprescindível. Como "perdas e danos" entende-se – de acordo com o que prescreve o art. 1149 do Código Civil – o que o locatário efetivamente perdeu (por exemplo, se for despejado pelo novo proprietário, as despesas de mudança

---

[108] STJ - T5 - QUINTA TURMA - REsp 578174/RS - Relator Ministro ARNALDO ESTEVES LIMA – j. 12/09/2006 – "É firme a jurisprudência do Superior Tribunal de Justiça no sentido de que a não-averbação do contrato de locação no competente cartório de registro de imóveis, previsto no art. 33 da Lei 8.245/91, impede tão-somente o exercício do direito de preferência do locatário preterido, sendo desnecessária a averbação quando se tratar de pedido de indenização de perdas e danos".

[109] "A ausência de averbação do contrato de locação no competente cartório de registro de imóveis impede o exercício do direito de preferência pelo locatário." *In* Jurisprudência em Teses – Ed. 80. Precedentes: REsp 1554437/SP, Rel. Ministro JOÃO OTÁVIO DE NORONHA, TERCEIRA TURMA, julgado em 02/06/2016, DJe 07/06/2016; AgRg no REsp 1299010/SP, Rel. Ministro MARCO BUZZI, QUARTA TURMA, julgado em 06/10/2015, DJe 14/10/2015; RCDESP na MC 19177/SP, Rel. Ministro MASSAMI UYEDA, TERCEIRA TURMA, julgado em 25/09/2012, DJe 10/10/2012; REsp 1216009/RS, Rel. Ministra NANCY ANDRIGHI, TERCEIRA TURMA, julgado em 14/06/2011, DJe 27/06/2011; REsp 886583/SC, Rel. Ministro ARNALDO ESTEVES LIMA, QUINTA TURMA, julgado em 23/02/2010, DJe 26/04/2010.

[110] "A inobservância do direito de preferência do locatário na aquisição do imóvel enseja o pedido de perdas e danos, que não se condiciona ao prévio registro do contrato de locação na matrícula imobiliária". *In* Jurisprudência em Teses – Ed. 80. Precedentes: AgRg no REsp 1356049/RS, Rel. Ministro RICARDO VILLAS BÔAS CUEVA, TERCEIRA TURMA, julgado em 25/02/2014, DJe 28/02/2014; REsp 912223/RS, Rel. Ministro MARCO BUZZI, QUARTA TURMA, julgado em 06/09/2012, DJe 17/09/2012; REsp 1216009/RS, Rel. Ministra NANCY ANDRIGHI, TERCEIRA TURMA, julgado em 14/06/2011, DJe 27/06/2011; REsp 578174/RS, Rel. Ministro ARNALDO ESTEVES LIMA, QUINTA TURMA, julgado em 12/09/2006, DJ 09/10/2006 PG:00342; REsp 1300580/RS (decisão monocrática), Rel. Ministra MARIA ISABEL GALLOTTI, julgado em 01/02/2016, DJe 04/02/2016.

etc.) e o que razoavelmente deixou de lucrar. A legitimidade passiva para a ação de indenização é do vendedor. Vale lembrar que para o exercício do direito a indenização não é necessária a averbação ou registro do contrato de locação no registro imobiliário.

Existem condições mais estritas para que o locatário possa optar pela faculdade de, depositando o preço e despesas do ato de transferência, haver para si o imóvel. São elas: a) o contrato de locação deverá estar averbado na matrícula do imóvel pelo menos 30 dias antes da alienação; b) o contrato de locação deverá ter sido assinado também por duas testemunhas; c) o locatário deverá depositar as importâncias acima mencionadas no prazo decadencial de seis meses a contar do registro do ato de transferência no Registro de Imóveis. Presentes esses pressupostos, o locatário poderá requerer a adjudicação, observando que deverá ajuizar a respectiva ação contra o locador alienante e o terceiro adquirente (e seu cônjuge, se casado for). Há quem entenda que a data da alienação – marco final da contagem regressiva dos 30 dias de prazo para a averbação do contrato de locação – é a do registro do título no Registro de Imóveis. Parece-me que não: a alienação, neste caso, deve ser entendida como o negócio jurídico que a produziu, e não o seu registro, uma vez que a informação sobre a existência do contrato de locação deve ser pública e, portanto, acessível ao adquirente do imóvel. De fato, o interessado na compra do imóvel deve ter meios de conhecer os ônus, gravames e demais circunstâncias jurídicas do imóvel no momento de sua aquisição, e não apenas no momento de seu registro. Muitas vezes o adquirente só leva o título aquisitivo ao Registro depois de 30 dias, e nesse caso não seria justo que, nessa ocasião, se deparasse com a averbação de um contrato de locação que porventura desconhecesse. Assim, para se precaver, o locatário deve requerer a averbação de seu contrato de locação logo após a sua celebração, pois só então estará dando conhecimento a terceiros de sua existência e de seu direito de preferência.

34. A PRIORIDADE DO CONDÔMINO EM RELAÇÃO AO LOCATÁRIO

Art. 34. Havendo condomínio no imóvel, a preferência do condômino terá prioridade sobre a do locatário.

O condomínio a que se refere este artigo é o voluntário, regulado nos artigos 1.314 a 1.326 do Código Civil, e não o edilício, tratado nos artigos 1.331 a 1.358 desse mesmo diploma legislativo. O condomínio em edificações que preveja partes de utilização privativa e partes de uso comum, como é o caso de edifícios de unidades autônomas, não gera aos demais condôminos o direito prioritário de comprar a unidade autônoma que esteja sendo vendida. Portanto, apesar de um apartamento, ou uma sala, ou outra unidade autônoma de um edifício gerar ao seu proprietário o domínio sobre uma parte certa e delimitada da construção, e também sobre uma parte ideal do terreno e da área de uso comum do prédio, não há por parte dos outros condôminos direito de preferência em sua aquisição.

Nos casos do chamado "condomínio voluntário" – denominação equivocada, a nosso ver, já que há condomínios que não resultam da vontade dos envolvidos, como no caso de múltiplos de herdeiros de um bem – os condôminos têm, uns em relação aos outros, direito prioritário de preferência na aquisição da parte ideal que estiver sendo alienada. Esse direito de preferência se sobrepõe ao do locatário. Portanto, se uma unidade autônoma pertencente a várias pessoas tiver sido locada, e um de seus condôminos pretender alienar sua parte ideal, a prioridade no direito de preferência será dos outros coproprietários, nos termos do artigo 1.322 do Código Civil.

35. AS BENFEITORIAS: INDENIZAÇÃO E RETENÇÃO

Art. 35. Salvo expressa disposição contratual em contrário, as benfeitorias necessárias introduzidas pelo locatário, ainda que não autorizadas pelo locador, bem como as úteis, desde que autorizadas, serão indenizáveis e permitem o exercício do direito de retenção.

A lei não define diretamente o vocábulo "benfeitoria", mas o faz em relação aos predicados que possa ter, classificando-as em três categorias: necessárias, úteis e voluptuárias. Necessárias são aqueles que *"têm por fim conservar o bem ou evitar que se deteriore"*; úteis aquelas que *"aumentam ou facilitam o uso do bem"*; e voluptuárias *"as de mero deleite ou recreio, que não aumentam o uso habitual do bem, ainda que o tornem mais agradável ou sejam de elevado valor"* (art. 96 do Código Civil).

O conteúdo semântico das palavras usadas pelo legislador pode gerar interpretações dissonantes e, por consequência, desavenças e litígios. A troca de um telhado inteiro, e não somente de algumas telhas, por exemplo, pode ser interpretada como benfeitoria necessária pelo locatário, ou um excesso pelo locador, obviamente com consequências jurídicas diversas. De outro lado, o conceito de *"aumento ou facilitação de uso"* de um bem – que caracteriza a benfeitoria útil – é igualmente subjetivo, podendo tornar-se fonte de discordâncias entre as partes.

Feita essa breve observação, passa-se à análise da norma legal: a menos que o contrato (escrito) estabeleça de forma diversa[111], prevalece a regra de que as benfeitorias *necessárias* feitas pelo locatário são *sempre* indenizáveis pelo locador, e que as *úteis, desde que autorizadas por este último*, também o são. Nesses casos em que o inquilino tem direito de reaver o que gastou em obras e reformas, tem ele também o direito de reter o imóvel até

[111] Súmula 335 do STJ: Nos contratos de locação, é válida a cláusula de renúncia à indenização das benfeitorias e ao direito de retenção.

que esses valores lhe sejam efetivamente reembolsados. A indenização, em qualquer dos casos, deverá incluir a correção monetária da importância despendida pelo locatário, pois de outra forma não haveria a reposição integral de seu patrimônio. Quanto aos juros, em se tratando de indenização por benfeitorias *necessárias*, a sua incidência é imperiosa, haja vista estar na base do dever de indenizar o descumprimento de uma obrigação legal do locador de manter o imóvel em condições de uso. Na indenização por benfeitorias *úteis* o fato gerador da obrigação de indenizar está no contrato, de modo que a incidência dos juros depende do que nele for estipulado. Porém, se restou contratado que o reembolso se daria em data certa, além da correção monetária haverão de incidir os juros moratórios.

A diferença entre *benfeitoria* e *acessão* não é clara nem precisa, e em muitos casos práticos suas caracterizações geram polêmicas que acabam sendo solucionadas de acordo com critérios de certo modo subjetivos do juiz[112].

A *acessão* não gera direito a retenção, devendo quem as introduziu buscar a respectiva indenização, se for o caso, por meio de ação própria. Vale observar que em recente aresto que versa sobre comodato, o voto *vencido* proferido pela Relatora Ministra Nancy Andrighi entendeu que *"a indenização pelas acessões não se confunde com o reembolso dos custos ou com o montante que seria necessário para sua construção ao tempo da restituição do bem comodado. Essa indenização legalmente prevista decorre da proibição do enriquecimento sem causa albergado pelo nosso sistema jurídico. Portanto, o que se indeniza não é o gasto ou custo, atual ou efetivo, da acessão, porém o acréscimo patrimonial decorrente de sua incorporação ao patrimônio do proprietário dominante, ou seja, da recorrida"*[113]. Prevaleceu o entendimento sufragado pelo Ministro Ricardo Villas Boas Cueva, que, no caso, consi-

---

112 Francisco Carlos Rocha de BARROS (*Comentários à lei do inquilinato*, São Paulo: ed. Saraiva, 1997, p. 171): "*Claro que nem sempre será fácil diferenciar benfeitoria de acessão. Obras existem que guardam características tanto de uma como de outra. Por mais que se esforce a doutrina, o prudente arbítrio do juiz, caso a caso, é que encontrará a solução adequada*".

113 STJ – RECURSO ESPECIAL Nº 1.316.895 - SP (2011/0301020-4).

derou inexistente o direito de indenização ou de retenção do comodatário por acessão introduzida com o consentimento do comodante.

O direito de retenção do inquilino deverá ser deduzido na própria contestação, para que posteriormente, por ocasião da execução da sentença que porventura lhe decretar o despejo, possa opor os embargos de retenção de que trata o artigo 917 do Código de Processo Civil. Nessa defesa, deverá o locatário demonstrar claramente a natureza, a época, e o custo da benfeitoria pela qual pede indenização e direito de retenção.

36. AS BENFEITORIAS VOLUPTUÁRIAS

Art. 36. As benfeitorias voluptuárias não serão indenizáveis, podendo ser levantadas pelo locatário, finda a locação, desde que sua retirada não afete a estrutura e a substância do imóvel.

As benfeitorias introduzidas pelo locatário unicamente para o seu próprio deleite ou recreio não são indenizáveis. Por outro lado, encerrada a locação poderá o locatário retirá-las se isso não afetar a estrutura ou a substância do imóvel. Se o inquilino, por exemplo, plantou espécies vegetais no solo, ou nele instalou uma piscina pré-moldada, poderá retirá-las desde que reponha o terreno ao seu estado original. Evidentemente, se as partes dispuserem de modo diverso no contrato, prevalecerá o que nele for estabelecido.

37. AS GARANTIAS LOCATÍCIAS

Art. 37. No contrato de locação, pode o locador exigir do locatário as seguintes modalidades de garantia:

I - caução;

II - fiança;
III - seguro de fiança locatícia;
IV - cessão fiduciária de quotas de fundo de investimento.

As garantias de pagamento das obrigações locatícias são atualmente de quatro tipos: caução, fiança, seguro de fiança locatícia e cessão fiduciária de quotas de fundo de investimento. Cada uma dessas espécies de garantia será analisada a seguir:

37.1. A CAUÇÃO:

A rigor, a palavra "caução" pode ser tomada com o sentido amplo de "garantia", do qual o penhor, a hipoteca, o depósito em dinheiro ou bens, por exemplo, são espécies. Pode ser real ou fidejussória, dependendo se vincula um determinado bem (garantia real) ou se corresponsabiliza uma terceira pessoa pelo pagamento de uma obrigação (garantia fidejussória). A redação dada a este artigo, principalmente quando analisado em conjunto com o artigo seguinte, induz à conclusão de que aqui se trata de caução *real*, ou seja, de garantia que vincula um determinado bem ao cumprimento da obrigação. O mais usual é que essa caução recaia sobre dinheiro ou sobre imóveis, mas pode igualmente incidir sobre bens móveis e títulos de crédito. A discussão doutrinária se dá no tocante à forma de constituição dessa garantia quando esta recai sobre imóvel e a ela se pretende dar a natureza de garantia real. De fato, os contratos de locação que elegem a caução de imóvel como garantia o fazem, na maioria das vezes, por meio da inserção de mera cláusula, quando, na verdade, a sujeição de bem ao cumprimento da obrigação, por vínculo real, dá-se por escritura pública, por meio de penhor, anticrese ou hipoteca, conforme previsto no artigo 1.419 do Código Civil. Parte da doutrina sustenta que se as partes contratantes escolhem a caução de imóvel como garantia, pretendendo com isso dar a ela as características de direito real, (oposição *erga omnes*, aderência à obrigação etc), esta deve ser formalizada em escritura pública, sob a forma de hipoteca, e registrada na respectiva matrícula[114] [115]. Argumentam alguns que os direitos reais sobre imóveis, constituídos ou transmitidos por atos entre vivos, só se adquirem com o *registro* no Cartório de Registro de Imóveis, salvo os casos expressos no Código Civil (artigo 1.227), e que os casos de registro são aqueles exaustivamente elencados no artigo 167 da Lei de Registros Públicos. Porém, de acordo com o inciso II desse último dispositivo, a caução e a cessão fiduciária de direitos relativos a imóveis só podem ser objeto de *averbação*, e não de registro nas respectivas matrículas, o que impediria a aquisição desse direito real de garantia. A jurisprudência majoritária, no entanto, entende que a caução a que se refere o art. 37, inciso I, da Lei de Locações, é direito real de garantia, mesmo que o contrato que a instrumentaliza seja particular e tenha sido apenas objeto de averbação no Registro de Imóveis[116] [117]. De fato, exigir-se escritura pública de hipoteca para instrumentalizar a garantia locatícia imobiliária implicaria em custos

---

114 MULLER, Erik Esswein, "A caução em bens imóveis na Lei nº 8.245/91 e seu acesso ao Registro de Imóveis": "Entendo que a única possibilidade de atingir o objetivo de garantia da caução em bem imóvel na locação é a lavratura de escritura pública de hipoteca, que deverá ser levada a registro no Registro de Imóveis do lugar do imóvel. Com isso estar-se-á gerando um vínculo real do bem dado em garantia com o cumprimento da obrigação. Claro que se trata de alternativa mais dispendiosa que as demais, porém é a que oferece maior segurança ao locador" (Disponível em: www.colegioregistralrs.org.br/doutrinas/erikmuller_caucaoimoveis.doc).

115 SCAVONE JR., Luis Antonio, *A caução na locação de imóveis urbanos*: "Portanto, a melhor interpretação leva a crer que a caução (garantia) de bens imóveis a que se refere o artigo 38 da Lei nº 8.245/91, nada mais é que uma hipoteca, com todas as suas características." [...] "Ora, a hipoteca, por sua vez, só se constitui por meio de registro, pelo qual se torna um direito real de garantia, de tal sorte que não se concebe averbação de hipoteca, figura teratológica apenas concebida por atecnia legal.[...] "Em se tratando, portanto, de caução de imóveis nos contratos de locação, mister se faz uma escritura pública" (Disponível em: http://www.scavone.adv.br/index.php?a-caucao-na-locacao-de-imoveis-urbanos).

116 Apelação cível nº 9172328-65.2009.8.26.0000 do TJ/SP, Relator Des. Vanderci Alvares: "*A caução real criada pela Lei do Inquilinato tem as mesmas características das garantias reais típicas*".

117 Apelação cível nº 9191048-80.2009.8.26.0000 do TJ/SP, Relator Des. Rocha de Souza: "*A fiança é garantia pessoal, não se confundindo com caução real em que há o direito de*

substanciais, o que na prática minimizaria a sua utilização. Além disso, a averbação à margem da matrícula do imóvel oferecido em caução supre a necessária publicidade do ato, atendendo a esse requisito dos direitos reais de garantia.

37.2. A FIANÇA:

Esta é uma modalidade de garantia pessoal, por meio da qual uma pessoa assume a corresponsabilidade pelo cumprimento da obrigação de outrem (art. 818 do Código Civil). Há de ser prestada por escrito e independe do consentimento do devedor. A menos que tenha sido limitada no contrato, alcançará também os acessórios da dívida principal, inclusive despesas judiciais, desde a citação do fiador. O credor não pode ser obrigado a aceitar fiador que não seja pessoa idônea, domiciliada no mesmo município em que tenha que prestar a fiança e não tenha bens suficientes para cumprir a obrigação. Quanto a esse último aspecto, um dos critérios para avaliar a capacidade econômica do fiador de cumprir a obrigação pode ser o de comparar o seu patrimônio livre com a somatória dos aluguéis relativos ao tempo contratado da locação, ou com o tempo estimado para retomada do imóvel, em caso de inadimplemento ou rescisão da locação, acrescido de multas e demais encargos moratórios. A fiança prestada por pessoas casadas exige a anuência do outro cônjuge – exceto no caso de casamento pelo regime da separação de bens – sob pena de nulidade de toda a garantia (art. 1.647 do Código Civil). O fiador pode exigir, até a contestação da ação de cobrança das obrigações do inquilino, que primeiro sejam executados os bens desse último; porém, para tanto, deve nomear bens do devedor, situados no mesmo município, livres e desembargados, e em valor suficiente para solver a dívida. De todo modo, esse benefício de ordem não pode ser invocado pelo fiador se a ele o renunciou expressamente, ou se se obrigou como devedor principal ou devedor solidário, ou se o devedor for insolvente ou falido. Na hipótese de pluralidade de

---

sequela, havendo, por isso mesmo, previsão de averbação à margem da matrícula do imóvel no Cartório de Registro de Imóveis (art. 38 § 1º da Lei 8.245/91 e 6.015/73, art. 167, II)".

fiadores o artigo 829 do Código Civil lhes impõe recíproca solidariedade, salvo se expressamente se reservaram o benefício da divisão – caso em que cada um responderá unicamente pela parte que proporcionalmente lhe couber no pagamento. Diz ainda o artigo 831 do Código Civil que o fiador que pagar integralmente a dívida fica sub-rogado nos direitos do credor, mas só poderá demandar a cada um dos outros fiadores pela respectiva quota. A obrigação do fiador passa aos herdeiros, mas a responsabilidade decorrente da fiança se extingue com o falecimento do fiador, e, além disso, não pode ultrapassar as forças da herança. Isso significa que a herança deixada pelo fiador deve garantir o pagamento da dívida afiançada, mas com dois limitadores: a) não se pode pretender cobrar do espólio dívidas cujo fato gerador seja posterior ao falecimento do fiador; b) não se pode pretender cobrar do espólio dívidas superiores às forças da herança. Não pode, ainda, pretender alguém afiançar sua própria empresa individual, pois esta última nada mais é que o próprio titular, sob o prisma econômico. O contrato de fiança pressupõe a conjugação de vontades do credor e do fiador, em favor de uma terceira pessoa (art. 818 do Código Civil), de modo que ninguém pode afiançar a si próprio[118]. Considerando que a empresa individual não tem personalidade diversa da de seu titular (apenas para efeitos tributários sofre tratamento distinto), conclui-se ser lógica e juridicamente impossível uma pessoa prestar fiança para a empresa individual da qual é titular.

37.3. SEGURO DE FIANÇA LOCATÍCIA.

Nesse tipo de contrato a seguradora garante ao segurado o pagamento das obrigações do locatário, se este não as cumprir. A SUSEP editou a Resolução 202/2008, do Conselho Nacional de Seguros Privados, normatizando-o. No entanto, é recomendável examinar atentamente os

[118] TJ/SP – 25ª Câmara de Direito Privado – Apelação nº 081770-47.2009.8.26.0000. Relator Des. Hugo Crepaldi. j. 05/12/2012. Trecho da ementa: [...] É de se notar, inicialmente, que um dos fiadores ocupa também a posição de locatário, o que é vedado, já que a fiança se dá pela obrigação de um terceiro pelas dívidas de outrem, que sequer deve ser parte integrante do negócio [...].

limites do seguro oferecido, antes de contratá-lo, já que no mercado existem vários tipos de seguro de fiança à disposição dos interessados, com coberturas diferenciadas. Vale salientar que a referida Resolução estabelece que o prazo do contrato de seguro deverá ser igual ao do contrato de locação, mas não regulamenta expressamente a situação em que o contrato se prorroga por prazo indeterminado, nas situações em que a Lei do Inquilinato o estabelece.

37.4. CESSÃO FIDUCIÁRIA DE QUOTAS DE FUNDOS DE INVESTIMENTO: Fundos de investimentos são "condomínios financeiros", ou seja, consistem na reunião de aportes monetários feitos por várias pessoas, com o objetivo de lucro, administrados por um gestor e regulamentados pela Comissão de Valores Imobiliários[119]. Existem muitos tipos de fundos financeiros, dentre os quais se podem citar: fundos de renda fixa; fundos de renda variável; fundos cambiais; fundos "multimercado" ou "multirriscos"; fundos alavancados. A garantia de que trata esse inciso corresponde à cessão fiduciária de quotas desses fundos, destinados a assegurar o pagamento das obrigações do locatário. Essa cessão é feita ao locador fiduciariamente, isto é, sob a condição de retornar ao patrimônio do cedente após a encerramento das obrigações do inquilino.

37.5. A lei proíbe a duplicidade de garantias, de modo que se em um contrato se elegem mais de uma, deverá prevalecer apenas a primeira delas[120].

---

119 A Circular n.º 2.616 do BACEN, de 18 de setembro de 1995, artigo 1º: "O Fundo de Investimento Financeiro, constituído sob a forma de condomínio aberto, é uma comunhão de recursos destinados à aplicação em carteira diversificada de ativos financeiros e demais modalidades operacionais disponíveis no âmbito do mercado financeiro, observadas as limitações previstas neste Regulamento e na regulamentação em vigor".

120 Concorda com essa assertiva José da Silva PACHECO (*Comentários à nova lei sobre as locações dos imóveis urbanos e seus procedimentos*, 2ª Edição, São Paulo: ed. Revista dos Tribunais, 1993, p. 123) ao dizer que "O que se proíbe é a cumulação, a superposição, a duplicidade ou multiplicidade de garantias. A primeira modalidade mencionada no contrato há de prevalecer, pois existe, vale e é eficaz".

38. AINDA SOBRE A CAUÇÃO

Art. 38. A caução poderá ser em bens móveis ou imóveis.

§ 1º A caução em bens móveis deverá ser registrada em cartório de títulos e documentos; a em bens imóveis deverá ser averbada à margem da respectiva matrícula.

§ 2º A caução em dinheiro, que não poderá exceder o equivalente a três meses de aluguel, será depositada em caderneta de poupança, autorizada, pelo Poder Público e por ele regulamentada, revertendo em benefício do locatário todas as vantagens dela decorrentes por ocasião do levantamento da soma respectiva.

§ 3º A caução em títulos e ações deverá ser substituída, no prazo de trinta dias, em caso de concordata, falência ou liquidação das sociedades emissoras.

38.1. Ao estabelecer que a caução poderá recair sobre bens móveis ou imóveis, esse artigo implicitamente se reporta às definições contidas nos artigos 79 a 84 do Código Civil. São *imóveis*: a) o solo e tudo o que se lhe incorporar natural ou artificialmente; b) os direitos reais sobre imóveis e as ações que os asseguram; c) o direito à sucessão aberta; d) as edificações que, separadas do solo, mas conservando sua unidade, forem removidas para outro local; e) os materiais provisoriamente separados de um prédio, para nele se reempregarem. São *móveis*: a) os bens suscetíveis de movimento próprio, ou por força alheia, sem alteração da substância ou da destinação; b) as energias que tenham valor econômico; c) os direitos reais sobre objetos móveis e ações correspondentes; d) os direitos pessoais de caráter patrimonial e respectivas ações.

38.2. A caução sobre bem imóvel dever ser averbada na respectiva matrícula no registro de imóveis[121] e a sobre bem móvel deverá ser registrada no Cartório de Títulos e Documentos. A lei não esclarece, mas a nosso ver o cartório em questão haverá de ser o do local de situação do imóvel locado ou de domicílio do locatário.

38.3. A caução sobre dinheiro não poderá exceder o valor de três meses de aluguéis e deverá ser depositada em Caderneta de Poupança. Se ao final da locação as obrigações do locatário tiverem sido totalmente adimplidas, este poderá levantar a caução com os acréscimos creditados pelo banco depositário. Caso contrário, esse valor servirá para amortizar total ou parcialmente a dívida do locatário, que continuará responsável pelo que lhe sobejar. Se o locador não aplicar o dinheiro dado em caução em Caderneta de Poupança, deverá entregar ao locatário, ao final da locação, se for o caso, o equivalente que lhe pagaria a instituição financeira depositária.

38.4. A caução em títulos e ações deverá ser substituída pelo locatário em 30 dias na hipótese de recuperação judicial, falência ou liquidação das sociedades emissoras.

39. A DURAÇÃO DAS GARANTIAS

Art. 39. Salvo disposição contratual em contrário, qualquer das garantias da locação se estende até a efetiva devolução do imóvel, ainda que prorrogada a locação por prazo indeterminado, por força desta Lei.

---

121 TJ/SP – Apelação cível nº 9141339-47.2007.8.26.0000 – Relator Des. Mario A. Silveira: Trecho do aresto: "Averbação de contrato de locação que depende, apenas, da apresentação de uma de suas vias, assinada pelas partes e por duas testemunhas".

A parte final desse dispositivo ("ainda que prorrogada a locação por prazo indeterminado, por força desta lei") é uma inovação trazida pela Lei 12.112/2009, que veio espancar as divergências jurisprudenciais a respeito da extensão da responsabilidade do fiador, quando o contrato vier a ser prorrogado *por força de lei*. Porém, quando se tratar de aditamento ao contrato de locação para aumentar o aluguel ou para estender o seu prazo de duração (prorrogação *convencional*), parece-me continuar prevalecendo a Súmula 214 do STJ, que diz: "*O fiador na locação não responde por obrigações resultantes de aditamento ao qual não anuiu*". De fato, não se poderia corresponsabilizar o fiador pelo cumprimento de obrigações que lhe são desconhecidas ou com as quais não quis anuir.

Esse dispositivo segue em sentido contrário à regra geral de que a fiança não admite interpretação extensiva (art. 819 do Código Civil), mas com ela não colide por se tratar de lei especial[122].

De todo modo, essa inovação legislativa há de ser analisada em conjunto com outra, trazida com a mesma Lei 12.112/2009, que adicionou o inciso X ao artigo 40, com a seguinte redação: "Art. 40. O locador poderá exigir novo fiador ou a substituição da modalidade de garantia, nos seguintes casos: [...] X – prorrogação da locação por prazo indeterminado

---

[122] DINIZ, Maria Helena. *Lei de locações de imóveis urbanos comentada*. São Paulo: ed. Saraiva, 2006, p. 177: "Sendo o imóvel locado urbano, a fiança que garante a locação rege-se pelo art. 39 da Lei 8.245/91 – norma especial (CC, art. 2.036). Não se lhe aplicará o art. 835 do Código (norma geral), logo o fiador do inquilino permanecerá responsável pelos aluguéis e acessórios da locação até a efetiva devolução do imóvel urbano locado (art. 39 da Lei 8.245/91). Mas há quem ache como Jones Figueirêdo Alves que, ante a indagação: 'Pactuada a fiança para vigorar até a devolução do imóvel, pelo locatário garantido, pode o fiador exonerar-se na forma do artigo 835 do novo Código, imediatamente vencido o prazo originalmente contratado? Afigura-se-nos positiva a resposta, ante a elementar circunstância de a referida cláusula não preestabelecer prazo certo para a entrega das chaves, o que torna a fiança de prazo indeterminado. Extrai-se da exegese da disposição inquilinária a evidência da falta de um termo *ad quem* para a cessação dos efeitos da garantia.'" [...] "Assim, ante o art. 5º da Lei de Introdução, melhor seria, havendo lacuna axiológica, aplicar, excepcionalmente, o art. 835 do Código Civil e não o art. 39 da Lei 8.245/91, dando ênfase ao princípio da função social do contrato (LICC, arts. 4º e 5º; CC art. 421)".

uma vez notificado o locador pelo fiador de sua intenção de desoneração, ficando obrigado por todos os efeitos da fiança, durante 120 (cento e vinte) dias após a notificação ao locador". Assim, entendemos que a responsabilidade do fiador persistirá até a entrega das chaves, mesmo que o contrato tenha sido prorrogado por força de lei – *a menos que este tenha se exonerado na forma do artigo 40, inciso X, da Lei 8.245*[123]. A esse respeito, o acórdão proferido pela 4ª Turma do Superior Tribunal de Justiça no AgInt em EDcl no REsp 1559105 observa que *"com o julgamento dos EREsp 566.633/CE, ficou pacificado no âmbito do STJ a admissão da prorrogação da fiança nos contratos locatícios prorrogados por prazo indeterminado, contanto que expressamente prevista no contrato (v.g., a previsão de que a fiança subsistirá 'até a entrega das chaves')"*, mas também ressalva que essa jurisprudência consolidada *"apreciou demandas à luz da redação primitiva do artigo 39 da Lei do Inquilinato (Lei 8.245/91)" e que "com a nova redação conferida pela Lei nº 12.112/09, para contratos de fiança firmados a partir de sua vigência, salvo disposição contratual em contrário, a garantia, em caso de prorrogação legal do contrato de locação por prazo indeterminado, também prorroga- se automaticamente (ope legis), resguardando-se, durante esse prazo, a faculdade de o fiador de exonerar-se da obrigação mediante notificação resilitória"*

123 A 3ª Seção do STJ, no acórdão proferido no EREsp nº 661.344/RS, em 22/4/2009 (antes, portanto, da inovação trazida com a Lei 12.112/2009), decidiu que "Consoante entendimento consolidado da Terceira Seção do Superior Tribunal de Justiça, havendo, no contrato locatício, cláusula expressa de responsabilidade do garante até a entrega das chaves, como na espécie – cláusula 13ª / fl. 69 –, o fiador responde pela prorrogação do contrato, *a menos que tenha se exonerado na forma do art. 1.500 do Código Civil de 1916 ou do art. 835 do Código Civil vigente, a depender da época da avença*". (grifos nossos))

40. A SUBSTITUIÇÃO DA GARANTIA OU DO FIADOR

Art. 40. O locador poderá exigir novo fiador ou a substituição da modalidade de garantia, nos seguintes casos:

I - morte do fiador;

II – ausência, interdição, recuperação judicial, falência ou insolvência do fiador, declaradas judicialmente;

III - alienação ou gravação de todos os bens imóveis do fiador ou sua mudança de residência sem comunicação ao locador;

IV - exoneração do fiador;

V - prorrogação da locação por prazo indeterminado, sendo a fiança ajustada por prazo certo;

VI - desaparecimento dos bens móveis;

VII - desapropriação ou alienação do imóvel.

VIII - exoneração de garantia constituída por quotas de fundo de investimento;

IX - liquidação ou encerramento do fundo de investimento de que trata o inciso IV do art. 37 desta Lei.

X – prorrogação da locação por prazo indeterminado uma vez notificado o locador pelo fiador de sua intenção de desoneração, ficando obrigado por todos os efeitos da fiança, durante 120 (cento e vinte) dias após a notificação ao locador.

Parágrafo único. O locador poderá notificar o locatário para apresentar nova garantia locatícia no prazo de 30 (trinta) dias, sob pena de desfazimento da locação.

Esse artigo trata das hipóteses em que o locador é autorizado a exigir a indicação de outro fiador para assumir esse encargo ou a substituição da garantia locatícia. Para melhor sistematização, a análise a seguir levará em conta cada tipo de garantia:

40.1. A FIANÇA:

Como já visto, essa é uma garantia fidejussória, ou seja, uma garantia pessoal baseada na confiança do afiançado de que o fiador terá condições de honrar com a obrigação caso o devedor principal não o faça (daí o nome fidejussória, que tem como radical a palavra latina *fide*, que significa "fé", 'lealdade", "confiança" etc). Por esse motivo, nas hipóteses em que essa capacidade passa a ser duvidosa ou inexistente, a lei autoriza o locador a exigir a substituição da garantia ou do garante.

40.1.1. A morte do fiador encerra o período da responsabilidade em relação ao falecido (art. 836 do Código Civil), de modo que se a fiança tiver sido dada por mais de uma pessoa, e uma delas falecer, os efeitos dessa garantia em relação ao falecido não alcançarão obrigações do afiançado posteriores ao falecimento, mas a fiança subsistirá em relação ao sobrevivente. Nesse caso será lícito ao locador exigir a substituição do fiador falecido por outro com a mesma capacidade patrimonial. Além disso, se a fiança tiver sido prestada por pessoas casadas entre si, cujo patrimônio se resume a apenas um bem imóvel, possuído em comum, e um deles vier a falecer, estendendo-se a partilha desse único imóvel a terceiros, parece-me razoável entender que o fiador sobrevivente quedou-se sem um imóvel por inteiro, justificando-se, então o pedido de substituição de todos os fiadores, ou da garantia.

40.1.2. Nos casos de ausência (art. 22 do Código Civil), interdição (art. 1.767 do Código Civil), recuperação judicial ou falência (Lei 11.101/2005), ou insolvência (art. 955 do Código Civil) do fiador, declaradas judicialmente, pode também o locador exigir a sua substituição ou a troca da garantia.

40.1.3. O inciso III deste artigo há de ser interpretado com temperamento, no sentido de não ser necessária a alienação ou oneração da *totalidade* dos imóveis do fiador para se se possa exigir a sua substituição, mas sim a alienação capaz de comprometer sua capacidade de garantir o cumprimento das obrigações contratuais. Ainda que tenha restado no patrimônio do fiador um imóvel, mas cujo valor seja muito reduzido, desproporcional ao *quantum* da obrigação assumida, parece-me possível ao locador exigir a substituição, pois a intenção do legislador nesse artigo é inegavelmente a de garantir ao locador a manutenção da solidez da garantia.

40.1.4. O artigo 39, *caput*, estabelece que, *salvo previsão contratual em contrário*, qualquer das garantias da locação perdura até a efetiva devolução do imóvel, mesmo nos casos em que o contrato por prazo determinado se prorroga automaticamente por força desta lei. Isso significa que se a fiança tiver sido expressamente avençada por prazo *determinado*, esta se encerrará normalmente com o seu termo final. Se o contrato não limitar a responsabilidade do fiador no tempo, ou se expressamente a estender até a entrega das chaves, poderá este, com base no artigo 40, V, e se a locação vier a ser prorrogada por força de lei, exonerar-se desse encargo mediante notificação ao locador – caso em que a responsabilidade do fiador persistirá por mais 120 dias a contar da notificação.

40.1.5. A fiança é um contrato feito "intuitu personae", isto é, leva em conta uma determinada relação entre fiador e afiançado (nem sempre pessoal ou de afinidade), mas, por outro lado, só se concretiza com as vontades conjugadas do locador e do fiador. De fato, o artigo 820 do Código Civil é expresso ao dizer que o contrato de fiança pode se estabelecer entre o credor e o fiador sem a anuência do devedor, ou mesmo contra a sua vontade. Portanto, é um contrato que se estabelece entre o credor e o fiador, e não entre o fiador e o afiançado. Ante a inadimplência da obrigação, o fiador que a pagar sub-roga-se no direito do credor, ainda que o devedor não tenha anuído com a fiança.

40.1.6. No caso de fiança prestada para garantir obrigações de pessoa jurídica, a jurisprudência tem entendido que a alteração no corpo societário desta última, com a substituição de sócios com quem o fiador tinha relações, autoriza este último a buscar a sua exoneração, desde que, porém, o faça por meio de ação judicial (desconstitutiva de relação jurídica) ou, pelo menos, por meio de notificação ao credor, nos termos do disposto no inciso X deste artigo. Trata-se, portanto, de um abrandamento da regra do artigo 39, já que permite ao fiador, alegando a alteração das circunstâncias que o levaram a dar a garantia, buscar sua exoneração mesmo durante a vigência do prazo contratual.

40.2. A CAUÇÃO:

Os incisos VI e VII tratam da substituição do bem caucionado quando: a) no caso de bens móveis, estes desapareceram; b) no caso de imóveis, quando estes foram alienados ou desapropriados. No primeiro caso, essa regra decorre logicamente do que dispõe o artigo 1275, inciso IV do Código Civil, que considera perdida a propriedade do bem móvel face ao perecimento da coisa. Portanto, se o bem móvel objeto da caução deixa de existir, pode o locador exigir a sua substituição. Cabe aqui uma observação no tocante à alienação do *imóvel* caucionado: como visto anteriormente, a melhor interpretação é que se a caução houver sido averbada no Registro de Imóveis essa garantia ganha natureza "real", ou seja, adere ao imóvel, prevalece *erga omnes* etc., de modo que a mera alienação não afeta a garantia. Já no caso de desapropriação de bem imóvel, a garantia desaparece em razão da prevalência do interesse público sobre o privado, e nesse caso também se exige a substituição.

40.3. A CESSÃO FIDUCIÁRIA DE QUOTAS EM FUNDOS DE INVESTIMENTO:

Apesar da lei do inquilinato não especificar as hipóteses de exoneração dessa garantia, tem-se que, se tiver sido dada por terceiros, a liberação passa a ser cabível nas mesmas situações em que o fiador também pode se exonerar. Contudo, no caso de falecimento de terceiro que houver cedido fiduciariamente essas quotas ao locador, a prevalecer a jurisprudência do TJ/SP sobre essa questão, o espólio não se exonerará[124].

---

[124] TJ/SP. Agravo de Instrumento nº 991090249519 SP; Relator Des. Julio Vidal, publicado em 25/8/2010: Alienação fiduciária. Busca e apreensão convertida em depósito. Fase de execução. Falecimento do devedor. A morte do devedor fiduciante não desfaz o contrato de financiamento garantido por alienação fiduciária, respondendo os herdei-

40.4. A substituição da garantia: Em todas essas situações o locador poderá exigir do locatário nova garantia, no prazo de 30 dias a contar do recebimento de sua notificação, sob pena de desfazimento da locação. Não atendida a exigência no prazo legal, poderá o locador ajuizar ação de despejo e pedir a desocupação liminar do inquilino, na forma prevista no artigo 59, inciso VI, da Lei de Locações.

41. A EXTENSÃO DO SEGURO DE FIANÇA

> **Art. 41.** O seguro de fiança locatícia abrangerá a totalidade das obrigações do locatário.

Este texto normativo não deixa dúvidas ao estabelecer que o seguro de fiança deve abranger a *totalidade* das obrigações do locatário, inclusive, por exemplo, a de devolver o imóvel sem danos além daqueles decorrentes do uso normal, se isso constar no respectivo contrato de locação. Porém, há que se ter em conta que a Lei de Locações não cogita da duração do contrato de seguro na hipótese de prorrogação da locação por tempo indeterminado, e, além disso, também não trata dessa questão ao regular as situações de substituição de garantia. Aliás, a Resolução nº 202, do Conselho Nacional de Seguros Privados, estabelece, em seu artigo 5º, que "o prazo de vigência do contrato de seguro de fiança é o mesmo do respectivo contrato de locação, na forma regulamentada pela SUSEP"[125]. Portanto, encerrando-se o prazo do contrato de locação (e, portanto, da apólice de seguro correspondente), restará ao locador apenas a possibilidade de, em caso de falta de pagamento

---

ros pela dívida do *de cujus*, mas até a força da herança, não além dela. Decisão mantida. Recurso desprovido.

[125] Idêntica disposição consta na Resolução SUSEP nº 347/2007: "Art. 12 O prazo de vigência do contrato de seguro de fiança locatícia é o mesmo do respectivo contrato de locação".

de aluguéis ou encargos locatícios, requerer a concessão liminar da tutela jurisdicional em ação de despejo por falta de pagamento[126].

É importante salientar que os prêmios do seguro, normalmente pagos pelo locatário, podem ser pagos pelo locador caso este último não os pague, para que a vigência da apólice seja mantida ou restaurada. É o que diz, textualmente, o artigo 8º, inciso II, da Resolução SUSEP 347/2007: *"II - o segurado poderá efetuar o pagamento dos prêmios na hipótese de inadimplência do garantido para que o prazo original do contrato de seguro seja restaurado"*.

Para evitar discussões judiciais a respeito da carga vinculante dessa norma infralegal, é de todo conveniente inserir essa disposição no contrato de locação, caso seja essa a modalidade de garantia escolhida.

42. A AUSÊNCIA DE GARANTIA

Art. 42. Não estando a locação garantida por qualquer das modalidades, o locador poderá exigir do locatário o pagamento do aluguel e encargos até o sexto dia útil do mês vincendo.

Esta é uma das exceções à regra de proibição da cobrança antecipada de aluguéis. Caso o contrato não tenha previsto nenhuma das modalidades de garantia, ou estas tenham sido extintas, em razão da ocorrência de uma

126 Art. 59. Com as modificações constantes deste capítulo, as ações de despejo terão o rito ordinário. § 1º Conceder - se - á liminar para desocupação em quinze dias, independentemente da audiência da parte contrária e desde que prestada a caução no valor equivalente a três meses de aluguel, nas ações que tiverem por fundamento exclusivo: [...] IX – a falta de pagamento de aluguel e acessórios da locação no vencimento, estando o contrato desprovido de qualquer das garantias previstas no art. 37, por não ter sido contratada ou em caso de extinção ou pedido de exoneração dela, independentemente de motivo.

das hipóteses previstas na Lei, o locador poderá exigir o pagamento do aluguel e encargos até o sexto dia útil do mês ainda por vencer.

43. AS CONTRAVENÇÕES PENAIS

Art. 43. Constitui contravenção penal, punível com prisão simples de cinco dias a seis meses ou multa de três a doze meses do valor do último aluguel atualizado, revertida em favor do locatário:

I - exigir, por motivo de locação ou sublocação, quantia ou valor além do aluguel e encargos permitidos;

II - exigir, por motivo de locação ou sublocação, mais de uma modalidade de garantia num mesmo contrato de locação;

III - cobrar antecipadamente o aluguel, salvo a hipótese do art. 42 e da locação para temporada.

A contravenção diferencia-se do crime por ser considerada um delito de menor gravidade. De qualquer modo, trata-se de comportamento reprovável e sujeito a sanções pecuniárias ou privativas de liberdade. No caso da Lei de Locações, o legislador considerou contravencionais as atitudes do locador elencadas nos incisos I a III deste artigo. Cabe, porém, fazer uma breve análise de cada um desses tipos delituosos:

43.1. COBRANÇA EXCESSIVA:

Comete contravenção o locador que exige do locatário quantia ou valor além do aluguel e dos encargos permitidos. Esse tipo penal exige dolo específico, de modo que o mero erro de fato ou divergência de interpretação contratual, não caracterizam a contravenção. Assim, por exemplo, se por falha de interpretação o locador acaba por aplicar aos aluguéis uma atualização monetária superior à devida, não se pode, a nosso ver, considerá-lo incurso nas penalidades desse artigo. Outro ponto que merece destaque é o relativo à cobrança de "luvas" pelo locador. As "luvas" são importâncias que alguns locadores cobram em locações não residenciais, geralmente no início de um contrato escrito de locação com prazo igual ou superior a cinco anos. O Superior Tribunal de Justiça já analisou a licitude dessa cobrança em algumas oportunidades, tendo decidindo que nada há na lei que impeça o locador de cobrar essa importância no início de um contrato de locação não residencial sujeito à renovação compulsória, mas que este não pode fazê-lo em sede de renovação contratual[127]. O extinto 2º Tribunal de Alçada Civil do Estado de São Paulo, no mesmo sentido, aprovara por unanimidade o Enunciado nº 9, cujo texto dizia: "A Lei 8.245/1991 não proíbe a cobrança de luvas no contrato inicial". É importante ressaltar, no entanto, que a questão não é pacífica na doutrina. Há quem entenda, como BARBI, que "constitui contravenção penal não apenas a cobrança de 'luvas', como de qualquer outra quantia, como as 'taxas de contrato', 'taxas de cadastro' e outras"[128].

43.2. MULTIPLICIDADE DE GARANTIAS:

A Lei de Locações só permite ao locador exigir uma modalidade de garantia, classificando como contravenção a imposição de mais de uma. O intuito do legislador é claramente protecionista (ao locatário) e visa coibir o que considera um excesso por parte do locador. Porém, um exame mais detalhado

---

[127] STJ - 5ª T – REsp 406934/RJ, Ministro FELIX FISCHER, j. 26/03/2002: LOCAÇÃO. LEI Nº 8.245/91. "LUVAS" INICIAIS. A Lei nº 8.245/91, em seu art. 45, veda, expressamente, a cobrança de "luvas" – obrigações pecuniárias - quando da renovação do contrato. Contudo, silencia, ao contrário da legislação anterior (Dec. 24.150/34), no que se refere ao contrato inicial. Não há, pois, qualquer proibição, sequer implícita, quanto à sua cobrança. Não afasta esse entendimento o disposto no art. 43 da Lei nº 8.245/91, pois o dispositivo veda a cobrança de valores além dos encargos permitidos e não a expressamente elencados. Assim, apesar de não se fazer referência às "luvas" iniciais para permiti-las, tampouco se faz para proibi-las, o que, em termos obrigacionais, tendo em conta a liberdade contratual, faz concluir pela possibilidade da cobrança de valor sob esse título. Recurso provido. No mesmo sentido: REsp 1003581 / RJ, Rel Ministro ARNALDO ESTEVES LIMA, STJ 5ª T., 4/12/2008.

[128] BARBI, Humberto Agrícola. *Das locações residenciais e comerciais – Doutrina, prática e Jurisprudência*. Belo Horizonte: ed. Del Rey, 2001, p. 108.

revela que esse texto está em desarmonia com os novos princípios que inspiraram o legislador nas alterações introduzidas com a Lei 11.112/2009. A legislação locatícia – verdadeiro microssistema no ordenamento jurídico – tende a diminuir os custos de transação no mercado de locação imobiliária urbana, uma vez que serve como uma espécie de "formulário" ou "check-list" para o negócio. De fato, se as partes tivessem que discutir cada uma das disposições do contrato, o resultado seria um acréscimo substancial no custo de negociação. Assim o legislador predetermina de modo impositivo muitas das obrigações de cada pólo do contrato, eliminando ou reduzindo o custo das negociações. De outro lado, sendo o imóvel – em um ordenamento que prestigia a propriedade privada e a liberdade de contratar – um ativo com capacidade de produzir frutos financeiros, é de se esperar que gere rendimentos compatíveis com o seu valor. Se a lei a Lei não concede ao locador (ou a qualquer outro contratante) instrumentos eficientes para fazer o outro cumprir a sua parte na avença, haverá pouco estímulo para a construção e locação de outros imóveis, causando, assim, problemas habitacionais ou mesmo empresariais à sociedade. As recentes alterações na Lei de Locações Urbanas (lei 12.112/09) procuraram garantir ao proprietário maior rapidez e eficiência no recebimento de aluguéis e maior agilidade na retomada do imóvel em alguns casos de extinção da locação. Um aspecto importante, no primeiro caso, está relacionado à garantia contratual, de modo que me parece um contrassenso manter-se no atual sistema um dispositivo que provavelmente dificulta as locações. Caso fosse possível elegerem-se no contrato de locação mais de uma modalidade de garantia, mais estímulo teria o investidor para aplicar sua poupança financeira em imóveis e, assim, incrementar a oferta em locações.

43.3. COBRANÇA ANTECIPADA DE ALUGUÉIS:

Só se permite ao locador cobrar antecipadamente os aluguéis em duas hipóteses: a) locações de imóveis para temporada; b) inexistência ou extinção de garantias de pagamento dos aluguéis e encargos locatícios. Cabe aqui uma crítica ao legislador por deixar de cogitar a hipótese de corrosão do poder aquisitivo da moeda durante cada período de incidência de aluguéis. É natural que o valor do aluguel seja aquilatado pelo locador no momento do início da locação, tomando por base o valor de mercado vigente; é natural também que, em uma economia estável e de baixa inflação, a inflação entre a data de início da locação e a data de vencimento do primeiro aluguel (em geral com periodicidade mensal) seja insignificante. Porém, caso a economia nacional venha a se desgovernar e os índices inflacionários mensais se tornem significativos (não custa lembrar que já tivemos inflação mensal da ordem de 84%, em passado não muito distante), o recebimento de aluguéis ao final de cada período de um mês pode significar uma grande perda para o locador – e, em contrapartida, um enriquecimento sem causa por parte do locatário. Se, durante o contrato, sobrevier inflação monetária que a pessoa comum não pudesse antever no momento da conclusão do contrato, há de se aplicar, salvo melhor juízo, a teoria da imprevisão e autorizar, no mínimo, a extinção do contrato por onerosidade excessiva (art. 478 do Código Civil).

44. CRIMES NAS LOCAÇÕES URBANAS

Art. 44. Constitui crime de ação pública, punível com detenção de três meses a um ano, que poderá ser substituída pela prestação de serviços à comunidade:

I - recusar - se o locador ou sublocador, nas habitações coletivas multifamiliares, a fornecer recibo discriminado do aluguel e encargos;

II - deixar o retomante, dentro de cento e oitenta dias após a entrega do imóvel, no caso do inciso III do art. 47, de usá-lo para o fim declarado ou, usando-o, não o fizer pelo prazo mínimo de um ano;

III - não iniciar o proprietário, promissário comprador ou promissário cessionário, nos casos do inciso IV do art. 9º, inciso IV do art. 47, inciso I do art. 52 e inciso II do art. 53, a demolição ou a reparação do imóvel, dentro de sessenta dias contados de sua entrega;

IV - executar o despejo com inobservância do disposto no § 2º do art. 65.

Parágrafo único. Ocorrendo qualquer das hipóteses previstas neste artigo, poderá o prejudicado reclamar, em processo próprio, multa equivalente a um mínimo de doze e um máximo de vinte e quatro meses do valor do último aluguel atualizado ou do que esteja sendo cobrado do novo locatário, se realugado o imóvel.

Este artigo trata dos comportamentos considerados de maior potencial ofensivo, considerando-os como crimes e apenando-os com detenção de três a doze meses, podendo ser substituída pela prestação de serviços à comunidade. Também serão analisados individualmente a seguir.

44.1. OS RECIBOS:

Alguns imóveis são subdivididos pelo locador e alugados a mais de uma pessoa, caracterizando-se assim, para os efeitos legais, como "habitações coletivas multifamiliares"[129]. Essa situação está regulamentada nos artigos 2, 21 e 24 da Lei de Locações Urbanas. O artigo ora em análise considera crime recusar-se o locador ou sublocador a fornecer, a cada locatário ou sublocatário, o recibo do aluguel e encargos pagos. Trata-se de figura penal que só admite a versão dolosa ("recusar-se"), de modo que o mero esquecimento do locador, por exemplo, não a caracteriza[130].

44.2. A INSINCERIDADE:

A lei estimula fortemente que as locações residenciais sejam contratadas *por escrito* e com prazo *igual ou superior a trinta meses*, estabelecendo que nesse caso a resolução ocorrerá com o término do prazo estipulado,

---

[129] Na verdade, não há necessidade de que cada subdivisão do imóvel seja locada a uma "família"; é bastante comum hoje em dia, por exemplo, a locação de dormitórios ou quartos residenciais para indivíduos durante empreitadas com prazo certo de duração.

[130] Não é outra a doutrina de Maria Helena DINIZ (*Lei de locações de imóveis urbanos comentada.* São Paulo: ed. Saraiva, 2006., p. 194) ao asseverar que "a simples falta de fornecimento de recibo não configura esse crime. Para isso será preciso a recusa, a renitência em dá-lo ao locatário ou subinquilino, que o exigir".

independentemente de notificação ou aviso – exceto se o locatário continuar no imóvel por mais de 30 dias, sem oposição do locador, situação em que se presumirá prorrogada a locação por prazo indeterminado. O artigo 47, inciso III, da Lei 8.245/91, a que se reporta o art. 44, refere-se a uma das poucas hipóteses nas quais é permitido ao locador do imóvel residencial retomá-lo quando este for locado *verbalmente* ou por escrito e com prazo *inferior a trinta meses.* Essa autorização é dada ao locador que pede o imóvel para uso próprio (ou de cônjuge, companheiro, ascendente ou descendente que não disponha de imóvel residencial próprio), mas, em contrapartida, o artigo ora analisado caracteriza como crime a falta de sinceridade do locador, ou seja, se deixar este de usá-lo para o fim declarado no prazo de 180 dias, ou, usando-o, não o fizer pelo prazo mínimo de um ano.

44.3. O DESCUMPRIMENTO:

O artigo 9º, inciso IV, o artigo 52, inciso I, e o artigo 53, inciso II da Lei 8.245/91 tratam de pedidos de retomada do imóvel pelo locador ou de justa recusa à renovação do contrato, quando se tratar da realização das seguintes obras no prédio locado: reparos urgentes determinados pelo Poder Público; modificações que aumentem o valor do negócio ou da propriedade; demolições, edificações ou reformas no imóvel que resultem em aumento mínimo de 50% de sua área útil. A falta de início das obras no prazo de 60 dias contados de sua entrega caracteriza o crime previsto neste artigo.

44.4. O RESPEITO AO LUTO DO LOCATÁRIO:

O despejo não poderá ser executado até o trigésimo dia seguinte ao do falecimento do cônjuge (ou companheiro), ascendente, descendente, irmão ou de qualquer outra pessoa que habite o imóvel locado, sob as penas deste artigo.

44.5. A MULTA:

Além da caracterização de crime de ação pública, pode o ofendido reclamar, em processo próprio, multa a ser arbitrada pelo juiz entre 12 e

24 meses do valor do último aluguel atualizado, ou do que esteja sendo cobrado do novo locatário, se realugado o imóvel.

45. AS NULIDADES

Art. 45. São nulas de pleno direito as cláusulas do contrato de locação que visem a elidir os objetivos da presente lei, notadamente as que proíbam a prorrogação prevista no art. 47, ou que afastem o direito à renovação, na hipótese do art. 51, ou que imponham obrigações pecuniárias para tanto.

A lei 8.245/91 restringe fortemente a liberdade contratual das partes, fulminando com nulidade as convenções que tenham por objetivo evitar a sua aplicação. Esse artigo reputa inválidas as disposições contratuais que tenham por objetivo afastar a prevalência da lei, enfatizando aquelas que proíbam a prorrogação automática do contrato de locação residencial, quando celebrado verbalmente ou por escrito com prazo inferior a trinta meses, ou que proíbam a renovação compulsória do contrato de locação com fins não residenciais nas condições previstas nos incisos I a III do artigo 51, ou ainda que imponham obrigações pecuniárias para isso. Não apenas essas, mas todas as estipulações contratuais que, a critério do juiz, visem contornar as proibições ou imposições da Lei 8245/91, serão consideradas nulas.

Isso não significa que as partes não tenham autonomia para, naquilo que não for expressamente proibido ou exigido por lei, autorregular seus direitos e obrigações. Também não significa que toda e qualquer avença venha a ser considerada fraudulenta, ou simulatória, caso aparente equiparar-se a uma locação imobiliária e contrariar suas disposições. O Superior Tribunal de Justiça já entendeu, por exemplo, que um contrato de comodato modal não pode ser tomado como um contrato de locação se a obrigação exigida do locatário não for desproporcional[131].

Existe outro contrato que tem por objeto a cessão temporária de um imóvel (para plantio ou construção), e que não configura locação: trata-se do contrato de superfície, direito real regulado nos artigos 1.369 e seguintes do Código Civil. Em muito esse tipo de contrato pode assemelhar-se à locação (cessão temporária do direito de uso mediante contraprestação periódica), mas nem por isso ficam as partes proibidas de utilizá-lo em seus negócios[132].

46. LOCAÇÃO RESIDENCIAL – CONTRATO ESCRITO E COM PRAZO IGUAL OU SUPERIOR A TRINTA MESES

Art. 46. Nas locações ajustadas por escrito e por prazo igual ou superior a trinta meses, a resolução do contrato ocorrerá findo o prazo estipulado, independentemente de notificação ou aviso.

§ 1º Findo o prazo ajustado, se o locatário continuar na posse do imóvel alugado por mais de trinta dias sem oposição do locador,

---

[131] STJ – 3ª Turma. Recurso Especial nº 1.316.895 - SP (2011/0301020-4) j. 11/6/2013 – Voto vencedor do Ministro Ricardo Villas Boas Cueva: "O traço distintivo apontado pela doutrina apto a transmutar o contrato de comodato modal em outra figura contratual típica, como a locação, ou em algum contrato inominado, é a existência de remuneração/contraprestação, de modo que o motivo que ensejou a realização do contrato deixa de ser a benevolência para acarretar alguma vantagem compatível com o objeto contratado para o comodante". [...] "Na tarefa de visualizar a real qualificação do contrato, deve se ter, portanto, especial atenção ao intento do comodante, segundo recomenda a doutrina especializada". [...] "Pelos mesmos motivos, não identifico na obrigação assumida - de construção da casa de alvenaria - nenhuma falta de razoabilidade ou desproporcionalidade que justifique a intervenção do Poder Judiciário na declaração de abusividade das cláusulas contratuais".

[132] CASTELLANO, Flavio. "Contrato de Locação x Contrato de Superfície". Diário das Leis. BDI – Boletim de Direito Imobiliário nº 14, 2007.

presumir-se-á prorrogada a locação por prazo indeterminado, mantidas as demais cláusulas e condições do contrato.

§ 2º Ocorrendo a prorrogação, o locador poderá denunciar o contrato a qualquer tempo, concedido o prazo de trinta dias para desocupação.

O legislador pretendeu com este sistema estimular a forma *escrita* de contratação de locações residenciais, bem como sejam elas de longo prazo, assim entendidas aquelas com *trinta meses ou mais*. Desde que o contrato atenda a esses requisitos, poderá o locador, no prazo de 30 dias contados do término do prazo contratual, pedir o despejo do locatário por meio de ação de despejo[133]. Como adverte BARROS[134], não se trata de ação de despejo por denúncia vazia, mas sim por termo final da locação. Porém, se o inquilino permanecer no imóvel por mais de 30 dias, sem oposição do locador (que neste caso deverá ser manifestada pelo ajuizamento da ação de despejo), a locação será prorrogada automaticamente por prazo indeterminado. Neste caso, a resolução do contrato só se operará mediante prévia notícia ao locatário, devendo ser-lhe concedido prazo de trinta dias para desocupação.

A primeira reflexão que traz esse artigo é sobre a contagem do prazo de 30 meses. De acordo com o art. 2º da Lei 810/49, considera-se *mês* o período contado do *dia* do início ao *dia* correspondente do mês seguinte. Assim, como lembra o mesmo tratadista acima mencionado, uma locação de trinta meses que se inicia no dia 1º de janeiro de 2010 termina no dia 1º de julho de 2013, e não no dia 30 de junho desse ano.

A segunda reflexão é sobre a possibilidade de suspensão desse prazo:

---

133 TJSP – 27ª Câmara de Direito Privado – Apelação 0008119-64.2011.8.26.0001 – Relator Des. Dimas Rubens Fonseca – Julg. em 24/04/2012. Trecho da ementa: Contrato de locação de imóvel residencial por trinta meses que admite a retomada, desde que ajuizada a ação dentro de trinta dias após o término do prazo pactuado.

134 BARROS, Francisco Carlos Rocha de. *Comentários à lei do inquilinato*. São Paulo: ed. Saraiva, 1997, p. 232: "*Aqui, portanto, não se trata de hipótese de despejo por denúncia*".

de fato, se a locação for suspensa por um dos motivos previstos na lei (artigo 24, § 2º, por exemplo), o prazo só voltará a fluir após o retorno do locatário ao imóvel.

A terceira diz respeito à possibilidade da soma de sucessivos e interligados contratos de locação, cada qual com prazo inferior a 30 meses, mas que vistos em conjunto perfazem o prazo mínimo estabelecido neste artigo. Como bem sustenta BARROS[135], não se pode descartar a possibilidade de retomada do imóvel ao final do último prazo contratual se ficar demonstrado que nos ajustes anteriores – aos quais se pretende somar o último para o fim de totalizar trinta meses – não ocorreram alterações significativas nas obrigações assumidas pelo locatário. Em outras palavras: o locador poderá retomar o imóvel se provar que, a despeito de não existir um único instrumento contratual prevendo prazo de trinta meses para a locação, sucederam-se vários contratos escritos e interligados que, somados, atingiram esse tempo mínimo, mas que não ocorreram aumentos reais no aluguel desde o início do referido prazo.

46.1. A IMEDIATA AÇÃO DE DESPEJO: a oposição do locador à permanência do locatário na posse do imóvel há de ser expressa por meio do ajuizamento da ação de despejo dentro dos trinta dias seguintes ao término do prazo contratual, sem necessidade de prévia notificação[136].

46.2. A PRORROGAÇÃO AUTOMÁTICA E A DENÚNCIA: Sendo, como dito acima, escrito o contrato de locação e com prazo de vigência fixado no

---

135 BARROS, Francisco Carlos Rocha de. *Comentários à lei do inquilinato*. São Paulo: ed. Saraiva, 1997., p. 234.

136 Não foi outro o entendimento da 5ª Câmara do 3º Grupo (extinto 2º TACiv/SP) na Apelação nº 9174623-27.1999.8.26.0000, relatada pelo Des. Luís de Carvalho em 19/12/2001: **Ementa:** LOCAÇÃO. AÇÃO DE DESPEJO POR DENÚNCIA IMOTIVADA. AJUIZAMENTO DENTRO DO TRINTÍDIO DO TÉRMINO DA RELAÇÃO LOCATÍCIA. AUSÊNCIA DE NOTIFICAÇÃO PREMONITÓRIA. DESNECESSIDADE. RECURSO PROVIDO. Tendo sido a ação de despejo por denúncia imotivada ajuizada dentro do trintídio do término da relação locatícia, não há necessidade de se notificar premonitoriamente o locatário para desocupação.

mínimo em 30 meses, caso este venha a prorrogar-se compulsoriamente, por prazo indeterminado, pela inércia do locador em exigir o imóvel ao termo final do prazo, poderá denunciá-lo a qualquer tempo, mediante notificação ao locatário concedendo-lhe prazo de 30 dias para desocupar o imóvel[137]. Há julgado do Tribunal de Justiça de São Paulo que entendeu não ser necessário promover a ação de despejo no prazo de 30 dias após o trintídio concedido ao locatário, mas parece ser prudente ajuizá-la dentro de prazo razoável após o período concedido para desocupação voluntária, sob pena de se entender que houve desistência daquela intenção de retomada. Para evitar discussões e recursos no processo, é recomendável que essa ação de despejo seja proposta nos trinta dias seguintes ao final do prazo concedido para desocupação amigável[138].

47. LOCAÇÃO RESIDENCIAL – CONTRATO VERBAL OU COM PRAZO INFERIOR A TRINTA MESES

Art. 47. Quando ajustada verbalmente ou por escrito e como prazo inferior a trinta meses, findo o prazo estabelecido, a locação prorroga-se automaticamente, por prazo indeterminado, somente podendo ser retomado o imóvel:

I - Nos casos do art. 9º;

---

[137] TJ/SP – Apelação nº 0053821-56.1999.8.26.0000, Rel. Des. Marcos Martins, j. 27/01/2000: **Ementa:** LOCAÇÃO DE IMÓVEIS - DESPEJO - DENÚNCIA VAZIA - CERCEAMENTO DE DEFESA - NOTIFICAÇÃO. Inocorrência de cerceamento de defesa. A notificação premonitória não perde a eficácia pelo fato de a ação de despejo não ser proposta no prazo do art. 806 do Código de Processo Civil, que não se aplica no caso. Inexistência de direito à indenização por benfeitorias, pois ausente início de prova sobre elas, a autorizar a dilação probatória.

[138] Interessante o acórdão da 28ª Câmara do D. Quarto (extinto 2º TACiv/SP) no Agravo de Instrumento nº 0034671-11.2007.8.26.0000, relatado pelo Des. Amaral Vieira em 31/7/2007, cuja ementa diz ser *"válida a notificação premonitória denunciando a locação, quando encaminhada ao imóvel locado onde o inquilino exerce seu comércio, não sendo exigível que a receba pessoalmente, porque se presume que dela tenha tomado conhecimento"*.

II - em decorrência de extinção do contrato de trabalho, se a ocupação do imóvel pelo locatário estiver relacionada com o seu emprego;

III - se for pedido para uso próprio, de seu cônjuge ou companheiro, ou para uso residencial de ascendente ou descendente que não disponha, assim como seu cônjuge ou companheiro, de imóvel residencial próprio;

IV - se for pedido para demolição e edificação licenciada ou para a realização de obras aprovadas pelo Poder Público, que aumentem a área construída, em, no mínimo, vinte por cento ou, se o imóvel for destinado a exploração de hotel ou pensão, em cinqüenta por cento;

V - se a vigência ininterrupta da locação ultrapassar cinco anos.

§ 1º Na hipótese do inciso III, a necessidade deverá ser judicialmente demonstrada, se:

a) O retomante, alegando necessidade de usar o imóvel, estiver ocupando, com a mesma finalidade, outro de sua propriedade situado na mesma localidade ou, residindo ou utilizando imóvel alheio, já tiver retomado o imóvel anteriormente;

b) o ascendente ou descendente, beneficiário da retomada, residir em imóvel próprio.

§ 2º Nas hipóteses dos incisos III e IV, o retomante deverá comprovar ser proprietário, promissário comprador ou promissário cessionário, em caráter irrevogável, com imissão na posse do imóvel e título registrado junto à matrícula do mesmo.

Em contraponto ao estabelecido no artigo anterior, este dispositivo prescreve as consequências do contrato de locação residencial pactuado *verbalmente* ou com prazo *inferior* a trinta meses. Como desincentivo a contratos com essas características, o legislador fixou condições limitadas ao direito de retomada do imóvel pelo locador. Portanto, só pode este pleitear o despejo do inquilino em alguma das seguintes situações:

47.1. NOS CASOS DO ARTIGO 9º DESTA LEI:

Essas hipóteses – que já foram analisadas nos comentários a esse artigo – são: I - mútuo acordo para encerramento da locação; II - prática de infração legal ou contratual; III - falta de pagamento do aluguel e demais encargos; IV - realização de reparações urgentes determinadas pelo Poder Público, que não possam ser normalmente executadas com a permanência do locatário no imóvel ou, podendo, ele se recuse a consenti-las.

47.2. EXTINÇÃO DO CONTRATO DE TRABALHO DO LOCATÁRIO:

Ressalvada a existência de opiniões divergentes[139], parece-nos que a situação regulada neste inciso é apenas aquela em que o locador é também empregador do locatário. Se a ocupação do imóvel pelo locatário for relacionada com o seu emprego, e o vínculo trabalhista se extinguir (quer por dispensa ou por pedido de demissão), pode o locador pleitear o despejo do locatário por não lhe convir continuar a locação. É preciso, porém, que existam dois ajustes distintos, embora relacionados entre si: o contrato de trabalho e o contrato de locação. Apesar de encontrar-se na doutrina e na jurisprudência entendimentos no sentido de que este artigo se refere a *qualquer* relação entre o emprego e a locação (inclusive aquelas em que a locação é contratada com terceiros), a interpretação que nos parece mais adequada é no sentido de que a hipótese legal restringe-se aos casos em que o empregador cede em locação ao empregado um imóvel *próprio*. Em nossa opinião esse artigo não se aplica, por exemplo, ao caso em que o empregador pede a terceiro que alugue seu imóvel ao empregado. Além disso, existem outros formatos jurídicos para a conjugação de contrato de trabalho com cessão de uso de uma residência ao empregado, nas quais não há locação. Por exemplo, pode o uso de imóvel residencial constituir uma parcela "in natura" do salário do empregado, ou seja, um benefício além da remuneração "in pecúnia" que o empregado recebe (art. 458 da CLT). Nesse caso, o uso da residência integra efetivamente o salário do empregado, de modo que não há contrato de locação. Se, demitido, este se recusa

---

139 VENOSA, Silvio de Salvo. *Lei do Inquilinato Comentada.* São Paulo: ed. Atlas, 11ªed., 2012, p. 207.

a deixar o imóvel, a ação cabível para o empregador recuperar o imóvel é a de reintegração de posse. Há casos, porém, em que o empregador cede um local para moradia do empregado, mas o contrato de trabalho é omisso no tocante à natureza jurídica dessa cessão e não há, por outro lado, qualquer contrato de locação. Um exemplo é o do empregador doméstico que cede um dormitório em sua residência ou mesmo uma casa dentro de sua propriedade ao empregado, como no caso de cuidadores de idosos, motoristas particulares, babás etc. Nesses casos a jurisprudência já se manifestou no sentido de que não há relação *ex locato*[140]; de fato, o uso do dormitório ou da casa pelo empregado, nesse caso, é condição inerente ao contrato de trabalho. Outra situação em que o empregado faz uso de um imóvel cedido pelo empregador sem que haja relação locatícia é a decorrente de contrato de comodato, ou seja, aquela em que este último lhe cede gratuitamente o uso do bem. Apenas quando houver contrato de locação conjugado à relação de emprego entre as partes é que, extinto o contrato de trabalho, o empregador-locador deverá valer-se de ação de despejo para reaver o imóvel. Do contrário, a ação cabível será a de reintegração de posse. A jurisprudência e a doutrina, porém, não são uniformes em relação a essa matéria.

47.3. USO PRÓPRIO OU DE FAMILIAR:

Este artigo prevê duas situações, cada qual com uma premissa distinta: a) o locador pode pleitear o imóvel para uso próprio, ou de seu(sua) companheiro(a), ainda que seja para finalidade não residencial e ainda que este ou aquele tenham outros imóveis; b) pode também pleitear o imóvel para uso residencial de ascendente ou descendente, porém, desde que estes, ou seus respectivos cônjuges, não disponham de imóvel residencial próprio. Como se vê, enquanto a condição para retomada do imóvel

---

[140] TJ/SP – 13ª Câm. de Direito Privado. Apelação nº 1294987-0. Relator Des. Cauduro Padim, j. 24/9/2008: Entendeu o aresto que a relação da cuidadora com o imóvel não é de posse, mas de detenção. TRT/SP – 9ª Turma. Recurso Ordinário nº 02940406868, Relator Des. Luiz Edgar Ferraz de Oliveira, j. 30/1/1996: O aresto entendeu que nesse caso a moradia não configura salário "in natura".

para uso do locador ou seu(sua) companheiro(a) seja, em princípio, apenas essa afirmação, independentemente da finalidade, no caso de pedido de retomada para uso de descendente ou descendente agregam-se outras premissas, quais sejam: a) que a finalidade da retomada seja a de disponibilizar local de residência para aquele e; b) que o beneficiário não tenha imóvel residencial próprio. Portanto, nesses últimos casos a prova da inexistência de propriedade em nome do futuro usuário do imóvel há de ser demonstrada "ad initio", mediante certidão de registro imobiliário. A jurisprudência tem conferido interpretação mais flexível a esse dispositivo, entendendo, por exemplo, que no conceito de "ascendente" incluem-se sogros e sogras, e que no conceito de "descendente" incluem-se os enteados (Código Civil, art. 1.595). No tocante ao requisito da inexistência de imóvel próprio em nome do beneficiário, também tem a jurisprudência entendido que se refere ao mesmo local[141]. Assim, por exemplo, se o ascendente ou descendente do locador tem imóvel próprio, mas em local muito distante, e há justificável interesse de que venha a morar na cidade em que o imóvel se situa, pode o locador exercer o direito de retomada. No parágrafo 1º deste artigo, a seguir comentado, o legislador previu situações em que, além da afirmação do locador, este também deverá demonstrar a necessidade da retomada. Já foi exposto anteriormente que a falta de efetivação das premissas invocadas pelo locador (ou seja, a falta de sinceridade nesses pedidos) configura crime. Além disso, a presunção de sinceridade de que o autor goza, em sua pretensão de retomada, é relativa, podendo ser derrubada pelo locatário por meio de prova nos autos[142].

---

141 Em ambos os casos, confira-se a jurisprudência mencionada por Gildo dos SANTOS, em sua obra "Locação e Despejo", São Paulo, ed. Revista dos Tribunais, 7ª ed., 2012, p. 309.

142 TJ/SP – 28ª Câm. de D. Privado – Apelação nº 0020516-86.2010.8.26.0003 – Relator Des. Cesar Lacerda, j. 3/5/2012: **Ementa:** Locação. Ação de despejo para uso próprio. A presunção de sinceridade do pedido de retomada é relativa, passível de ser afastada por prova em contrário, cujo ônus incumbe ao locatário. Presunção de sinceridade, todavia, não elidida no caso. Recurso desprovido.

47.4. DEMOLIÇÃO, CONSTRUÇÃO OU REFORMAS NO IMÓVEL:

Pode também o locador pedir a devolução do imóvel para demolição e edificação licenciada ou para a realização de obras aprovadas pelo Poder Público, que aumentem a área construída, em, no mínimo, vinte por cento ou, se o imóvel for destinado a exploração de hotel ou pensão, em cinquenta por cento. Porém, neste caso a jurisprudência tem entendido que não existe presunção plena de sinceridade do autor; é necessário que este junte com a inicial a planta da obra licenciada pelo Município[143].

47.5. VIGÊNCIA ININTERRUPTA DA LOCAÇÃO POR MAIS DE CINCO ANOS:

Se a locação objeto de contrato verbal, ou de contrato escrito com prazo inferior a trinta meses, perdurar por mais de cinco anos, ininterruptamente, pode o locador pleitear a retomada do imóvel. Note-se que, por necessária analogia ao disposto no artigo anterior, o locador deverá nesse caso notificar o locatário, dando-lhe prazo de 30 dias para desocupação espontânea.

47.6. DEMONSTRAÇÃO OBRIGATÓRIA DA NECESSIDADE:

Pretendendo o locador a retomada do imóvel para uso próprio (com finalidade residencial ou não residencial), deverá mesmo assim demonstrar judicialmente a necessidade, se:

47.6.1. Estiver utilizando, com o mesmo propósito, outro de sua propriedade na mesma localidade: note-se que a expressão "mesma localidade" deve ser analisada levando em conta as características do local. Em se tratando, por exemplo, de uma cidade de grande extensão territorial, com bairros por vezes distantes uns dos outros, há de se con-

---

[143] TJ/SP – 30ª Câm. Direito Privado – Apelação nº 1083294003 – Relator Des. Orlando Pistoresi, j. 23/6/2008. Trecho do aresto: "Sendo a obra aprovada e licenciada pelo Poder Público Municipal e aumentando a reforma a área construída em mais de 20% (vinte por cento), restam satisfeitas as exigências contidas no inciso IV, do artigo 47, da Lei 8.245/91, devendo ser deferida a retomada do imóvel, na forma pleiteada".

siderar justificada a necessidade de retomada ainda que o locador tenha outro imóvel com a mesma destinação, mas em ponto distante. Tome-se como exemplo o caso de um locador que explore o comércio em imóvel próprio, em um bairro de uma cidade como São Paulo, e que pretenda instalar uma filial em outro imóvel próprio, locado, em outro bairro distante. Nesse caso, há de se tomar a expressão "mesma localidade" em seu sentido mais estrito, ou seja, considerando como tal os arredores do imóvel locado, mas não toda a cidade.

47.6.2. Residindo em imóvel alheio, já tiver retomado o imóvel anteriormente: o intuito do legislador neste caso é o de evitar fraudes; evitar que o locador mascare sua intenção de retomar o imóvel por simples inconveniência sob o pretexto de retomada para uso próprio. Assim, se anteriormente o locador já retomou o imóvel locado, alegando necessidade própria de uso, ao fazê-lo pela segunda vez, ainda que residindo em imóvel alheio, deverá comprovar a necessidade.

47.6.3. Benefício de ascendente ou descendente: Abriu o legislador neste caso uma exceção à regra do inciso III, na medida em que, apesar da regra geral exigir, para a retomada em benefício de ascendente ou descendente, que estes não possuam imóvel residencial próprio, estabeleceu ser possível a retomada, ainda que o beneficiário tenha imóvel residencial próprio, desde que comprovada a necessidade. Imagine-se a hipótese em que o locador tenha descendente que habite em imóvel próprio, porém em outra cidade, e que precise mudar-se para a cidade do imóvel ocupado pelo inquilino para, por exemplo, frequentar a faculdade. Nesse caso e em outros similares, a retomada é justificável.

47.6.4. Pressupostos dos incisos II e III: De todo modo, a premissa para o locador exercer alguma das faculdades que lhes asseguram os incisos II e III deste artigo é ser proprietário do imóvel locado, ou, pelo menos, compromissário comprador ou promissário cessionário, em caráter irrevogável, com imissão na posse do imóvel, e título registrado na respectiva matrícula no Registro Imobiliário.

48. A LOCAÇÃO PARA TEMPORADA

Art. 48. Considera-se locação para temporada aquela destinada à residência temporária do locatário, para prática de lazer, realização de cursos, tratamento de saúde, feitura de obras em seu imóvel, e outros fatos que decorrem tão-somente de determinado tempo, e contratada por prazo não superior a noventa dias, esteja ou não mobiliado o imóvel.
Parágrafo único. No caso de a locação envolver imóvel mobiliado, constará do contrato, obrigatoriamente, a descrição dos móveis e utensílios que o guarnecem, bem como o estado em que se encontram.

O *caput* do artigo conceitua como "locação para temporada" aquela que reúna as seguintes condições, *cumulativamente*: a) o imóvel seja destinado à residência temporária do inquilino, para a prática de lazer, atendimento a cursos, realização de obras em seu imóvel, ou outros objetivos de curta duração temporal; b) seja contratada por prazo não superior a noventa dias, esteja ou não mobiliado o imóvel.

Portanto, ainda que o imóvel seja destinado a qualquer das finalidades acima previstas, a locação *não* poderá ser considerada "para temporada" se o prazo contratual exceder 90 dias. Essa regra não se insere comodamente no sistema da Lei de Locações, uma vez que mesmo que a intenção do locatário seja a de alugar o imóvel residencial por curta temporada, mas sua necessidade exceda o prazo de 90 dias (um curso de 120 dias, um tratamento de saúde que requeira um tempo superior, ou uma reforma mais demorada em seu imóvel, por exemplo), o locador *não* poderia alugar-lhe o imóvel por meio de contrato de locação "para temporada" nem admitir a permanência do locatário por prazo superior. Também não poderia lhe alugar o imóvel por menos de 30 meses, ou por prazo indeterminado, sem sofrer as consequências previstas no artigo 47 da Lei. Parece-me que esse sistema pode propiciar situações injustas, como, por exemplo, o caso de curso ou de reforma que exceda ainda que por alguns dias ou semanas o exíguo prazo de 90 dias, ou o prolongamento imprevisto da causa que levou o locatário a alugar o imóvel por temporada, pois isso o descaracterizaria como "de temporada". Em situações como essas, a alternativa para evitar as graves consequências que a descaracterização do contrato como "de temporada" traria é a contratação da locação por escrito, pelo prazo mínimo de 30 meses, mas conferindo-se ao locatário, em contrapartida, a possibilidade de deixar o imóvel após o 90º dia sem o pagamento de multa por resolução antecipada do contrato. Vale salientar que o Superior Tribunal de Justiça já se pronunciou no sentido considerar fraudulenta a contratação de locação para temporada, pelas mesmas partes, por sucessivos e ininterruptos períodos de 90 dias[144].

Outra questão que merece destaque é o direito do locatário a indenização por danos materiais e morais quando, após alugar um imóvel para temporada sem vistoriá-lo diretamente (como, por exemplo, a locação de casas, apartamentos ou *flats* em locais de turismo, por intermédio de jornal ou sítios de internet), depara-se com graves defeitos ocultos nas fotos ou na descrição do imóvel que prejudicam o seu uso para a finalidade em questão[145].

---

[144] STJ – 6ª Turma - RECURSO ESPECIAL Nº 91.636 – RJ, Rel. Ministro Hamilton Carvalhido, j. 8/4/2003. Trecho do aresto: "Foi o que se decidiu no acórdão impugnado na via especial, diante das vinte e uma renovações do contrato de locação por temporada, certamente bastantes para evidenciar a natureza da locação, que outra não era que não a residencial." [...] "Assim, afastada a questão de direito que é própria da competência do Supremo Tribunal Federal, qual seja, a relativa à intangibilidade do ato jurídico perfeito, como é da jurisprudência deste Superior Tribunal de Justiça, por ser de índole constitucional e impediente da via especial, é também seguro, de um lado, que o acórdão impugnado, reconhecendo a fraude, longe de violar a lei federal, deu-lhe cumprimento".

[145] TJ/SP – 31ª Câm. Dir. Privado – Apelação nº 1032330004 – Rel. Des. Antonio Rigolin, j. 3/3/2009. **Ementa:** LOCAÇÃO PARA TEMPORADA. AÇÃO DE INDENIZAÇÃO. DANO MORAL. CONTRATAÇÃO EFETUADA APÓS ANÚNCIO NA IMPRENSA, LEVANDO O LOCATÁRIO A ERRO QUANTO ÁS CONDIÇÕES DO IMÓVEL. HIPÓTESE EM QUE O BEM, EM VIRTUDE DO SEU ESTADO, NÃO POSSIBILITAVA O ADEQUADO USO, SEGUNDO A PERSPECTIVA DO HOMEM MÉDIO. EFETIVA DEMONSTRAÇÃO DE QUE O AUTOR, IMPOSSIBILITADO DE FAZER USO DO IMÓVEL PARA AS FESTAS DE FIM DE ANO, VIVEU SENTI-

Exige também a lei que, se a locação para temporada for de imóvel mobiliado, deverá o contrato incluir a descrição dos móveis e utensílios que o guarnecem. Porém, ante o silêncio da lei, a ausência dessa descrição não descaracterizará a natureza "temporária" da locação, mas apenas dificultará a prova da entrega ao locatário e de seu estado[146].

49. O PAGAMENTO ANTECIPADO DE ALUGUÉIS

> **Art. 49.** O locador poderá receber de uma só vez e antecipadamente os aluguéis e encargos, bem como exigir qualquer das modalidades de garantia previstas no art. 37 para atender as demais obrigações do contrato.

Nas locações legalmente consideradas "por temporada" o locador poderá receber de uma vez e antecipadamente os aluguéis e encargos relativos a *todo o período* contratual. Além disso, poderá exigir uma das formas de garantia previstas no artigo 37 (caução, fiança, seguro de fiança bancária ou cessão de quotas de fundo de investimento), para atender as demais obrigações contratuais, tal como, por exemplo, a de devolver o imóvel sem danos ao final da locação.

MENTO DE FRUSTRAÇÃO E SOFRIMENTO. INDENIZAÇÃO DEVIDA E BEM FIXADA. RECURSO IMPROVIDO. Ao realizar a contratação da locação de imóvel residencial localizado em cidade praiana, por valor consideravelmente alto, depois de efetuar anuncio na imprensa, a autora se obrigou a propiciar o desfrute adequado, com as mínimas condições de conforto No entanto, descumpriu a obrigação, pois entregou o imóvel em péssimas condições, de modo a impossibilitar o seu adequado uso Descumprindo o contrato e frustrada a expectativa do autor de passar o período das festas de fim de ano no local, inegável se apresenta a configuração do dano moral, a justificar a reparação pleiteada.

[146] VENOSA, Silvio de Salvo. *Lei do Inquilinato Comentada.* São Paulo: ed. Atlas, 2012, 11ª edição, p. 216.

50. PRORROGAÇÃO AUTOMÁTICA

Art. 50. Findo o prazo ajustado, se o locatário permanecer no imóvel sem oposição do locador por mais de trinta dias, presumir-se-á prorrogada a locação por tempo indeterminado, não mais sendo exigível o pagamento antecipado do aluguel e dos encargos.

Parágrafo único. Ocorrendo a prorrogação, o locador somente poderá denunciar o contrato após trinta meses de seu início ou nas hipóteses do art. 47.

A solução encontrada pelo legislador para regular a situação em que o locatário continue ocupando o imóvel, sem oposição do locador, por mais de trinta dias após o término do prazo contratual, foi a de considerá-la prorrogada por prazo indeterminado e cancelar a autorização para recebimento antecipado dos aluguéis e encargos. Além disso, estabeleceu que o locador só poderá denunciar o contrato e pleitear a retomada do imóvel após trinta meses de seu início ou nas hipóteses do artigo 47. Como se vê, permaneceu sem regramento específico a situação em que o locatário tenha interesse em habitar temporariamente um imóvel por prazo superior a 90 dias, mas inferior a 30 meses. Por isso, a solução seria a de se fazer constar no contrato o prazo mínimo de 30 meses, conforme previsto no artigo 46, mas também a possibilidade do locatário deixar o imóvel, sem pagamento de multa, após o prazo real por este desejado.

O meio para o locador expressar o seu inconformismo com a permanência do locatário no imóvel, após o término do prazo contratual, é a ação de despejo, que deverá ser ajuizada no prazo de 30 dias a contar daquele termo.

51. AS LOCAÇÕES NÃO RESIDENCIAIS

Art. 51. Nas locações de imóveis destinados ao comércio, o locatário terá direito a renovação do contrato, por igual prazo, desde que, cumulativamente:

I - o contrato a renovar tenha sido celebrado por escrito e com prazo determinado;

II - o prazo mínimo do contrato a renovar ou a soma dos prazos ininterruptos dos contratos escritos seja de cinco anos;

III - o locatário esteja explorando seu comércio, no mesmo ramo, pelo prazo mínimo e ininterrupto de três anos.

§ 1º O direito assegurado neste artigo poderá ser exercido pelos cessionários ou sucessores da locação; no caso de sublocação total do imóvel, o direito a renovação somente poderá ser exercido pelo sublocatário.

§ 2º Quando o contrato autorizar que o locatário utilize o imóvel para as atividades de sociedade de que faça parte e que a esta passe a pertencer o fundo de comércio, o direito a renovação poderá ser exercido pelo locatário ou pela sociedade.

§ 3º Dissolvida a sociedade comercial por morte de um dos sócios, o sócio sobrevivente fica sub-rogado no direito a renovação, desde que continue no mesmo ramo.

§ 4º O direito a renovação do contrato estende-se às locações celebradas por indústrias e sociedades civis com fim lucrativo, regularmente constituídas, desde que ocorrentes os pressupostos previstos neste artigo.

§ 5º Do direito a renovação decai aquele que não propuser a ação no interregno de um ano, no máximo, até seis meses, no mínimo, anteriores à data da finalização do prazo do contrato em vigor.

O legislador concede ao locatário comerciante (ou industrial, ou sociedade civil com fim lucrativo, como se verá a seguir), em determinadas circunstâncias, o direito de renovar compulsoriamente o contrato de locação, por igual prazo. Esse direito é exercido por meio da chamada "ação renovatória" e as condições para tanto são as seguintes:

51.1. FORMA E PRAZO ESPECÍFICOS DO CONTRATO: o contrato cuja renovação se pretende tenha sido realizado *por escrito* e por prazo *determinado*. Portanto, os contratos verbais, ainda que vigentes a longo tempo, ou os contratos escritos *sem* prazo estabelecido de duração não podem ser objeto de ação renovatória.

51.2. DURAÇÃO MÍNIMA DO(S) CONTRATO(S): a locação que pode ser objeto de ação renovatória é aquela que foi instrumentalizada em contrato e com duração mínima de cinco anos, ou que esteja vigorando por esse mesmo período a partir de contratos escritos e ininterruptamente interligados, cujos prazos somados atinjam pelo menos cinco anos. A sucessão de vários contratos de locação comercial, entre as mesmas partes, mas separados no tempo por intervalos sem contrato escrito não dá direito à renovação compulsória; em princípio não pode haver solução de continuidade entre o final do prazo de um contrato escrito e o início de outro, exceto os poucos dias necessários para eventual renegociação e instrumentalização da avença. Há de se observar, porém, que essas regras gerais têm sido objeto de interpretações divergentes no Superior Tribunal de Justiça, com algumas nuances que merecem destaque. Há um julgado que entende que alguns poucos dias de intervalo entre um contrato e outro não descaracterizam a *accessio temporis* necessária para constituir o direito à renovação contratual[147],

---

[147] STJ – Resp. 150183 / SP. PROCESSUAL CIVIL. LOCAÇÃO. AÇÃO RENOVATÓRIA. "ACCESSIO TEMPORIS". SOMA DOS PRAZOS CONTRATUAIS. INTERRUPÇÃO MÍNIMA. VIABILIDADE. Em sede de ação renovatória de locação comercial, se o período de interrupção entre a celebração dos contratos escritos não é significativo, é de se admitir o "accessio temporis" pela soma de seus prazos, a fim de viabilizar a pretensão renovatória pelo perfazimento do qüinqüídio legal exigido.- Precedentes desta Corte. Recurso conhecido e provido.

e outro que entendeu que esse intervalo pode ser de seis meses[148]. Há outro, ainda, considerando que a existência de contratos escritos por prazo determinado separados no tempo, mas imediatamente interligados por outro contrato escrito por prazo indeterminado, não impede a consolidação do direito à renovação compulsória[149]. Nesse último caso, apreciado pelo STJ, tratou-se de contrato de locação comercial com prazo de um ano, findo o qual as partes o renovaram por escrito por prazo indeterminado e que posteriormente foi sucedido por outro, desta vez com prazo determinado: a Corte Superior entendeu que por terem sido os dois contratos, com prazo certo, entremeados por outro, com prazo indeterminado, mas também escrito, satisfeito está o requisito da somatória de contratos escritos que totalizam pelo menos cinco anos. Parece continuar incólume o entendimento de que, se nenhum contrato escrito houver entre o final de um e o início de outro, não se dá a *accessio temporis*[150]. Também é importante salientar o entendimen-

---

148 STJ - REsp 120207 / SP - CIVIL E PROCESSUAL CIVIL - LOCAÇÃO - AÇÃO RENOVATORIA - "ACCESSIO TEMPORIS" - PRAZO DE INTERRUPÇÃO DO CONTRATO - EXTINÇÃO DO PROCESSO. RECURSO ESPECIAL. 1. O interregno de seis meses entre o vencimento de um contrato de locação e a pactuação de outro não impede a "accessio temporis" se destinado a tratativa, mantidos, no período, as regras do contrato vencido. 2. Recurso conhecido e provido.

149 STJ - REsp 135402 / RS - CIVIL E PROCESSUAL CIVIL - LOCAÇÃO COMERCIAL - AÇÃO RENOVATÓRIA - PRAZO DO ART. 51, II, DA LEI Nº 8.245/91. 1. Constatada a continuidade da locação comercial, por meio de sucessivas renovações por quase nove anos ininterruptos, admite-se a "accessio temporis" com vistas à propositura de ação renovatória nos termos do art. 51, II da Lei nº 8.245/91, na medida em que inexistente, na espécie, a interrupção do contrato. 2. Recurso conhecido, mas improvido. Trecho do voto do Relator: "Assim, não há que se falar em interrupção do contrato, mas, tão somente, em sua prorrogação por prazo indeterminado, o que não é vedado pela lei, para efeito de contagem dos sessenta meses ininterruptos de locação".

150 TJ/SP – apelação com Revisão nº 1185335006 – Relator Des. Jayme Queiroz Lopes – LOCAÇÃO DE IMÓVEIS - AÇÃO RENOVATÓRIA - CONTRATO VIGORANDO POR PRAZO INDETERMINADO - AJUIZAMENTO DE AÇÃO DECLARATÕRIA PARA VER RECONHECIDA A LOCAÇÃO PELO PERÍODO DE 02.05.03 A 01.05.08 - IRRELEVÂNCIA - AUSÊNCIA DE CONTRATO ESCRITO - NÃO PREENCHIMEN-

to do STJ no tocante ao prazo de renovação – que há de ser o mesmo do último contrato escrito[151]. Na hipótese de vários contratos escritos interconectados, cuja soma totalize pelo menos cinco anos, a renovação se dará pelo mesmo prazo do último deles. Porém, se o contrato ou a soma de contratos interligados superar cinco anos, a renovação só se dará por cinco anos, conforme vem decidindo o Superior Tribunal de Justiça[152]. Como salienta VENOSA[153], a pedra angular para se analisar se um contrato de locação escrito com prazo inferior a cinco anos pode ou não conferir direito à renovação compulsória é a de verificar se existe intenção fraudatória, ou seja, de desvirtuamento da lei. De fato, é plenamente lícito ao locador não firmar contratos com prazo de cinco anos, se não quer se submeter a essa compulsoriedade. O que não pode fazer é valer-se de subterfúgios para, desejando efetivamente que o locatário permaneça no imóvel por mais de cinco anos e estando satisfeito com o valor do aluguel, cumprimento do contrato e idoneidade dos fiadores, inserir no período da locação pequenos intervalos sem contrato, com a intenção de se esquivar do mandamento legal.

51.3. A EXPLORAÇÃO DO NEGÓCIO POR TRÊS ANOS ININTERRUPTOS: outro requisito legal é que o locatário esteja explorando o mesmo ramo

---

TO DOS REQUISITOS DO ART. 51 DA LEI 8.245/91 - CARÊNCIA DA AÇÃO MANTIDA. Apelação improvida.

151 STJ - REsp 69842 / RJ - LOCAÇÃO - RENOVATORIA - REQUISITOS - SUMULA 07/STJ - PRAZO DO CONTRATO RENOVANDO. - "A PRETENSÃO DE SIMPLES REEXAME DE PROVA NÃO ENSEJA RECURSO ESPECIAL." (SUM. 07/STJ). O prazo do novo contrato, prorrogado por conta de ação renovatória, deve ser fixado na mesma base da avença anterior. A soma dos prazos dos diversos contratos sucessivos, accessio temporis, é admitida apenas para facultar ao locatário o uso da renovatória. - Recurso parcialmente conhecido e, nesta parte, provido.

152 STJ – AgRg no Resp 633632/SP - Rel. Ministro Moura Ribeiro, Terceira Turma, Julgado em 28/04/2015; REsp 1323410 - Rel. Ministra Nancy Andrighi, Terceira Turma, Julgado em 07/11/2013.

153 VENOSA, Silvio de Salvo. *Lei do Inquilinato Comentada.* São Paulo: ed. Atlas, 2012, 11ª edição, p. 223.

de negócio no imóvel locado por pelo menos três anos ininterruptos. Desse modo, se o locatário instalou originalmente no imóvel um determinado tipo de negócio, mas veio a alterá-lo menos de três anos antes do ajuizamento da ação renovatória, seu pedido não reunirá condições de deferimento. Além disso, as atividades empresariais no imóvel nesse período devem ter sido ininterruptas. É recomendável que todas essas circunstâncias sejam demonstradas documentalmente já na petição inicial da ação renovatória, uma vez a jurisprudência a respeito dessa questão não é pacífica[154] [155].

51.4. A RENOVAÇÃO POR CESSIONÁRIOS OU SUCESSORES NA LOCAÇÃO: em grande parte da doutrina tem prevalecido o entendimento de que o cessionário – ainda que não autorizado pelo locador – tem legitimidade para propor ação renovatória. Gildo dos SANTOS[156], por exemplo, entende que *"estão legitimados para propor a ação renovatória tanto o locatário como o seu cessionário no negócio, e também seu sucessor na locação, o que corresponde a dizer que é lícito ao inquilino vender*

---

[154] TJ/SP – Apelação nº 0455667-57.2010.8.26.0000 – Rel. Des. Berenice Marcondes Cesar - Ementa: LOCAÇÃO. AÇÃO RENOVATÓRIA. CARÊNCIA DE AÇÃO. INADMISSIBILIDADE. Comprovação ou não dos requisitos expressos nos arte. 51, III e 71, V e VII da Lei nº 8.245/91. Tratando-se de questões que, embora impugnadas em contestação, *admitem prova no curso do processo*, não se pode reconhecer a carência de ação no momento do saneamento do feito. Comprovação da contratação do seguro de responsabilidade civil, ademais, que na hipótese dos autos, diante do pactuado livremente entre as partes, passa pelo exame do mérito, razão pela qual a r. decisão recorrida não merece reparo. Recurso da ré não provido.

[155] TJ/SP – Apelação nº 0016301-58.2009.8.26.0664 - Rel. Des. Dimas Rubens Fonseca - **Ementa:** AÇÃO RENOVATORIA. LOCAÇÃO DE IMÓVEL. Necessidade de preenchimento de requisitos legais para a propositura da demanda. Não comprovação, por parte do locatário, da quitação de tributos, cujo pagamento era sua responsabilidade. *Condição que era essencial para o ajuizamento da ação.* Inteligência do art. 71 da Lei 8.245/91. Inobservância da exigência legal que impede o acolhimento do pleito inicial. Recurso desprovido.

[156] SANTOS, Gildo dos. *Locação e Despejo: comentários à Lei 8.245/91*, São Paulo: ed. Revista dos Tribunais, 2011, 7ªed., p. 339.

e transferir seu estabelecimento comercial bem como ceder e transferir o contrato de locação, uma vez que o cessionário e o sucessor tem direito à renovação contratual, assegurada pela atual lei, como já acontecia com o DL. 24.150/1934". Nascimento FRANCO[157] vai além, dizendo que *"permanecemos na convicção de que a cessão da locação só depende de consentimento do locador quando com ela não é também cedido o fundo de comércio. Quando, porém, se opera a cessão simultânea da locação e do estabelecimento, desnecessária é a anuência do locador, tendo-se por juridicamente ineficaz qualquer cláusula proibitiva ou condicionante àquela anuência"*. José da Silva PACHECO[158], ao contrário, é incisivo ao dizer que *"a sucessão, desde que regulares, valem e têm eficácia na renovação da locação"*, mas aborda a questão com alguma reserva quando se trata de cessão ou sucessão operada após o ajuizamento da ação revonvatória, expressando que *"parece-nos que, uma vez comprovada a cessão, sub-rogação ou sucessão do contrato, protegido pelo art. 51 da Lei 8.245/91, opera-se, de pleno direito, podendo o beneficiário substituir a parte originária, independentemente da aquiescência da parte contrária. Contudo, dispositivos idênticos aos dos arts. 1320 e 3124 do anteprojeto do Cód. Civil, publicado no Diário Oficial de 16.6.1974, viriam a clarear a matéria"*. Vale notar que o Código Civil de 2002 não reproduziu nem trouxe disposições correspondentes aos artigos 1.200 a1.215 do Código Civil revogado.

A nosso ver, os artigos 13 e 51, § 1º, têm de ter uma interpretação sistêmica. Não seria razoável que, vedando o artigo 13 a cessão, sub-locação ou empréstimo sem anuência do locador, o artigo 51, sem qualquer ressalva, conferisse legitimidade ao cessionário não autorizado para promover ação renovatória. Assim, no nosso entender, somente o cessionário autorizado (legítimo) tem direito de, em nome próprio, propor ação renovatória. O

---

157 FRANCO, j. Nascimento. *Ação Renovatória*, São Paulo: ed. Malheiros Editores, 2000, 2ªed., p. 35.

158 PACHEDO, José da Silva, *Tratado das Locações, Ações de Despejo e Outras*, São Paulo: ed. Revista dos Tribunais, 1993, 8ªed., p. 640.

cessionário ilegítimo não tem relação com o locador e, portanto, não tem essa legitimidade *ad causam*. Não foi outra a decisão da 25ª Câmara de Direito Privado do Tribunal de Justiça do Estado de São Paulo, no acórdão proferido na Apelação nº 1104637-25.2013.8.26.0100, relatado pelo Des. Edgard Rosa, assim ementado: "Locação de imóvel destinado para fins comerciais ação renovatória – Descumprimento do contrato pela locatária cessão da posição contratual a terceiro feita pela locatária sem o conhecimento da ré - Descumprimento do requisito legal do artigo 71, II, da Lei de Locações – Ação julgada improcedente – Sentença confirmada.

De todo modo, é conveniente que eventual discordância do locador em relação à cessão pretendida pelo locatário seja justificada, para evitar-se questionamentos alusivos a abuso de direito. Dessa forma, ficariam harmonizadas tanto a norma que proíbe a cessão sem prévia e expressa anuência do locador como a que atribui legitimidade ao cessionário para propor ação renovatória.

Os cessionários ou sucessores a que esta norma se refere são, pois, os legítimos, isto é, os cessionários expressa ou tacitamente autorizados pelo locador e os sucessores assim reputados por lei. A simples sujeição da locação à renovação compulsória não a torna transferível sem a anuência do locador, se isso não está previsto em contrato. O fato de ser o empresário inquilino por meio de contrato escrito com prazo igual ou superior a cinco anos, ou de contratos escritos somados que completem esse período, não o autoriza a ceder a locação sem a anuência do locador e nessas condições o cessionário não tem legitimidade para propor a ação renovatória. É o que já decidiu o Tribunal de Justiça do Paraná, em fundamentado aresto[159]. Como reconhece VENOSA no trecho doutrinário indicado nesse acórdão,

---

[159] TJ/PR – Apelação Cível nº 284655 SC 2008.028465-5 – Rel. Des. Fernando Carioni. Trecho da ementa: "Ocorrida a cessão de direitos a terceiro em contrato de locação que a repudia, e inexistindo consentimento do locador, *somente o locatário originário é quem estará legitimado para figurar no pólo ativo de ação renovatória de locação e revisão contratual*, merecendo ser reformada a sentença que extingue o processo por reconhecer sua ilegitimidade. É que "como o negócio depende da vontade do locador, transferência da locação operada exclusivamente entre cedente e cessionário é nula e

o terceiro que recebe o imóvel do locatário sem a prévia anuência do locador não é, aos olhos deste último, um cessionário, mas sim um estranho, um intruso. Outros arestos do Tribunal de Justiça de São Paulo seguem na mesma linha, mas, repita-se, a questão não é pacífica na doutrina ou na jurisprudência[160]. Nessa situação, caso o locador consiga demonstrar ter havido transferência desautorizada do imóvel a terceiros, há de ser-lhe

---

ineficaz com relação ao locador, assumindo o novo ocupante do imóvel posição de intruso, estranho à locação e portanto à relação ex locato" (Sílvio de Salvo Venosa, 2012)".

160

9097348-60.2003.8.26.0000;
Relator(a): Andrade Neto
Comarca: São Paulo
Órgão julgador: 30ª Câmara de Direito Privado
Data do julgamento: 10/02/2010
Data de registro: 19/02/2010
Outros números: 833948300
Ementa: *LOCAÇÃO* COMERCIAL - CONTRATO PRORROGADO POR PR.4ZO INDETERMINADO - SUBLOCAÇÃO ILEGÍTIMA - AUSÊNCIA DE *CONSENTIMENTO* POR ESCRITO DO *LOCADOR* - DENÚNCIA VAZIA - PRETENSÃO À RENOVAÇÃO COMPULSÓRIA DO CONTRA TO - IMPOSSIBILIDADE APELAÇÃO DESPROVIDA

9168158-31.2001.8.26.0000 Apelação Com Revisão / Locação de Imóvel
Relator(a): Francisco Thomaz
Comarca: São Vicente
Órgão julgador: 5a. Câmara do Terceiro Grupo (Extinto 2° TAC)
Data do julgamento: 10/04/2002
Data de publicação: 29/04/2002
Data de registro: 24/04/2002
Outros números: 717944100
Ementa: em> LOCAÇÃO - AÇÃO INDENIZATÓRIA - DISTINÇÃO ENTRE RESPONSABILIDADE CONTRATUAL E EXTRACONTRATUAL. "Tratando-se de pedido indenizatório decorrente da ***locação*** de imóvel, não possui ***legitimidade*** para figurar no pólo passivo da demanda o ***cessionário*** ilegítimo, estranho à relação contratual estabelecida entre ***locador*** e locatário. Extinção da demanda sem julgamento do mérito".

reconhecido o direito ao manejo da ação possessória contra o ocupante[161], inclusive com deferimento de liminar, independentemente de posterior ou concomitante ação de despejo contra o locatário para resolução da locação, por infração contratual. A mesma situação se dá quando ocorre a sublocação total desautorizada.

51.4. CESSÃO AUTORIZADA DO USO DO IMÓVEL A EMPRESA DA QUAL O LOCATÁRIO FAÇA PARTE: a regra deste parágrafo se coaduna com a interpretação dada ao parágrafo anterior, ou seja, que ali se trata da cessão do contrato ou da sublocação total do imóvel, *autorizadas* pelo locador. De fato, este parágrafo 2º trata da hipótese de contrato de locação firmado para uso de pessoa jurídica distinta do locatário. Não é raro acontecer de alguém contratar a locação de um imóvel, em nome próprio, para futura instalação de empresa da qual será sócio, ainda em fase de constituição, e nessa situação fazer inserir no contrato uma cláusula autorizando-o a tanto. Nesse caso, prevendo o contrato a referida autorização, bem como a atribuição do fundo de comércio à futura empresa, a esta também caberá, em concorrência com o locatário, pleitear a renovação judicial da locação. Trata-se de legitimação anômala para o exercício da ação, já que a empresa não é a locatária do imóvel. Porém, neste caso, tendo o contrato previsto expressamente a autorização para instalação do estabelecimento da sociedade, a situação em tudo se assemelha a uma cessão autorizada da locação e, portanto, deve ter o mesmo tratamento.

---

[161] TJ/SP – 37ª Câm. de Dir. Privado – Apelação nº 0128843-57.2012.8.26.0100 – Rel. Des. Pedro Kodama, j. 21/5/2013. **Ementa:** Apelação - Ação de reintegração de posse - Sublocação ilegítima - Sentença de procedência mantida - Recurso desprovido. **Trecho do aresto**: "Em situação semelhante, este E. Tribunal manteve a concessão da liminar: 'Agravo de instrumento. Reintegração de posse. Liminar deferida. Agravante que ocupa clandestinamente o imóvel, na condição de sublocatário. Contrato de locação que expressamente proibia a sublocação. Posse e esbulho caracterizados. Verossimilhança. Recurso desprovido' (Agravo de instrumento nº 0259454-10.2012.8.26.0000, 13ª Câmara de Direito Privado, Relator CAUDURO PADIN, j. 27.2.13)".

51.5. A SUB-ROGAÇÃO DO SÓCIO EM CASO DE DISSOLUÇÃO DA SOCIEDADE: este dispositivo de certa forma complementa o que estabelece o artigo 11 – que trata da sucessão do locatário falecido. Neste caso, é a empresa que se extingue pelo falecimento de um dos sócios e é substituída na relação contratual pelo sócio sobrevivente. De fato, podem os sócios estabelecer no contrato social, ou por ocasião do falecimento do sócio, ou ainda em acordo com os herdeiros, que o falecimento de um dos sócios implicará na dissolução da empresa (art. 1.028 e 1.035 do Código Civil). Se for este o caso, o sócio sobrevivente sub-rogar-se-á nos direitos da sociedade extinta, desde que continue com o mesmo ramo de negócio por aquela explorado.

51.6. A EXTENSÃO DO DIREITO À INDÚSTRIA E À SOCIEDADE CIVIL COM FINALIDADE DE LUCRO: desde que preenchidos os demais requisitos previstos neste artigo, o direito à renovação compulsória do contrato, exercido por meio da ação renovatória, se estende à indústria e às sociedades civis com finalidade lucrativa. O conceito de "lucro", apesar de tradicionalmente ser associado à diferença entre o preço de venda e o de custo de um bem, é neste caso também aplicado ao resultado financeiro positivo buscado pelas sociedades civis. Porém, não são todas as sociedades civis que podem ser consideradas como voltadas a finalidade lucrativa, mas essencialmente aquelas que formam o chamado fundo de comércio, ou fundo empresarial (excluídas, portanto, as entidades sem finalidade lucrativa). Além disso, esse dispositivo acrescenta mais uma exigência: a de que se trate de uma *sociedade* – o que excluiria o empresário ou o prestador de serviços individual. O Tribunal de Justiça de São Paulo, por exemplo, entendeu que o escritório de advocacia, explorado por um único profissional, não pode assim ser considerado porque lhe falta a natureza societária[162]. O Superior Tribunal de Justiça,

[162] TJ/SP – Apelação Cível nº 0001323-55.2008.8.26.0068 – **Rel. Des. Romeu Ricúpero** – **Ementa:** Renovalória de locação. Ação ajuizada por advogado que exerce individualmente a profissão. O escritório de advocacia não pode ser concebido como atividade

no entanto, reconheceu que em tese o direito à ação renovatória se estende à empresa individual de prestação de serviços[163]. Parece-nos que a clivagem entre o autorizado e o proibido está na existência ou não de fundo empresarial a ser protegido, isto é, do conjunto imaterial de bens formados pelo empresário a partir de determinado ponto geográfico e a este relacionado (clientela, principalmente) e que se perderia ou seria negativamente atingido com a mudança de endereço.

51.7. O PRAZO DECADENCIAL: O prazo decadencial – ou seja, que não se interrompe nem se suspende – para o ajuizamento da ação renovatória de locação se inicia no início do último ano de vigência do contrato cuja renovação se busca, e termina seis meses antes do término desse prazo contratual. Em outras palavras, o locatário tem o penúltimo semestre de vigência do prazo contratual para ajuizar a ação renovatória, sob pena de se lhe extinguir esse direito. Vale ressaltar que o Tribunal de Justiça de São Paulo recentemente considerou tempestiva a ação renovatória ajuizada no primeiro dia útil seguinte ao do término do prazo, quando este incide em dia em que não houve expediente forense[164]. A questão, porém, não é uniforme, havendo decisão em sen-

---

comercial capaz de garantir a possibilidade de ingressar com ação renovatória com base na Lei nº "8.245/91. Precedentes do STJ. Apelação não provida.

163 STJ - REsp 13397 / MG – Rel. Ministro ATHOS CARNEIRO – Trecho da Ementa: RENOVATORIA DE LOCAÇÃO. 'ACCESSIO TEMPORIS'. LOCAÇÃO POR FIRMA INDIVIDUAL DE PRESTAÇÃO DE SERVIÇOS DE ASSESSORIA CONTABIL E DE CORRETAGEM. MULTA DO ARTIGO 538, PARAGRAFO UNICO, DO CPC. Embora admissível em tese a renovatória de locação por empresa civil de fins lucrativos, impõe-se o reconhecimento da carência de ação por **incabível a 'accessio temporis' quando a locação, embora de longo prazo, apresentou somente os últimos doze meses sob contrato escrito.**

164 TJ/SP – 24ª Câm. de Dir. Privado - Apelação nº 0008793-94.2010.8.26.0286 – Rel. Des. Cristina Zucchi, j. 18/2/2013. **Ementa:** Locação comercial - Renovatória - Decadência - Termo final recaindo em dia de sábado - Existência do direito até o "dies ad quem", mas impossibilidade do exercício deste direito. Tratando-se de dia sem atividade forense - **direito de renovar exercido no primeiro dia útil seguinte - Possibilidade.**

tido contrário no mesmo tribunal[165]. Parece-nos que melhor razão está com o entendimento que considera prorrogável para o primeiro dia útil seguinte o prazo que venha a recair em dia sem expediente forense, pois do contrário nem mesmo nos casos de fechamento inesperado do fórum (art. 184, § 1º, inciso I, do Código de Processo Civil estaria excepcionada a draconiana regra da não interrupção ou suspensão do prazo decadencial (art. 207 do CC), o que seria claramente injusto. A nosso ver, aplica-se excepcionalmente ao caso o disposto no art. 223 do Código de Processo Civil, que, a despeito de considerar automaticamente extinto o direito da parte ao término do prazo para exercê-lo, ressalva-lhe o direito de provar que não o fez por justa causa. Ajuizada a ação nesse prazo, cumprida estará a exigência do § 5º, mas não poderá o locatário descuidar-se dos prazos para promover a citação do réu, conforme preceitua o artigo 240, § 2º do Código de Processo Civil. Promover, nesse caso, significa tomar as providências que lhe cabe para a efetivação desse ato processual, de modo que não pode ser penalizado se, por motivo que não lhe for imputável, a citação ocorrer após o prazo indicado para o exercício da ação.

52. AS JUSTIFICATIVAS PARA A RECUSA À RENOVAÇÃO

Art. 52. O locador não estará obrigado a renovar o contrato se:

I - por determinação do Poder Público, tiver que realizar no imóvel obras que

---

sob pena de diminuir o prazo decadencial. que não admite alteração-Sentença anulada. Recurso provido, com determinação.

165 TJ/SP – 35ª Câm. de Dir. Privado – Apelação nº 0007819-65.2008.8.26.0306 – Re. Des. Manoel Justino Bezerra Filho, j. 8/8/2011. **Trecho do aresto:** Tratando-se de prazo decadencial, insuscetível de suspensão ou prorrogação nos termos do art. 207 do Código Civil, é de se observar que corre **contra o autor o fato do término do prazo cair no sábado, domingo ou feriado**, tal como ocorreu na hipótese ora examinada; aliás, neste ponto, vale observar que o dia 26.10.2008 caiu em um domingo e o prazo fatal ocorreu no dia útil imediatamente anterior, ou seja, no dia 24.10.2008, sexta-feira.

importarem na sua radical transformação; ou para fazer modificações de tal natureza que aumente o valor do negócio ou da propriedade;

II - o imóvel vier a ser utilizado por ele próprio ou para transferência de fundo de comércio existente há mais de um ano, sendo detentor da maioria do capital o locador, seu cônjuge, ascendente ou descendente.

§1º Na hipótese do inciso II, o imóvel não poderá ser destinado ao uso do mesmo ramo do locatário, salvo se a locação também envolvia o fundo de comércio, com as instalações e pertences.

§2º Nas locações de espaço em ***shopping centers***, o locador não poderá recusar a renovação do contrato com fundamento no inciso II deste artigo.

§3º O locatário terá direito a indenização para ressarcimento dos prejuízos e dos lucros cessantes que tiver que arcar com mudança, perda do lugar e desvalorização do fundo de comércio, se a renovação não ocorrer em razão de proposta de terceiro, em melhores condições, ou se o locador, no prazo de três meses da entrega do imóvel, não der o destino alegado ou não iniciar as obras determinadas pelo Poder Público ou que declarou pretender realizar.

Trata este artigo das situações em que o locador pode, justificadamente, opor-se à pretensão do locatário em renovar a locação. São elas:

52.1. OBRAS DETERMINADAS PELO PODER PÚBLICO, OU QUE AUMENTEM O VALOR DO IMÓVEL: as obras que justificam a oposição do locador à renovação do contrato são aquelas que, além de serem determinadas pelo Poder Público, modifiquem *radicalmente* o imóvel. Essa expressão utilizada pelo legislador afasta do alcance dessa regra, por exemplo, as modificações que *não* impliquem em alteração das características básicas do imóvel. Na grande maioria das vezes são obras que exigem a prévia desocupação do imóvel. Sustenta VENOSA[166] que essa alteração deverá ser de tal envergadura que não mais sirva para a utilização do locatário naquele ramo e fundo de comércio. Um exemplo dessa situação é a do imóvel construído fora dos gabaritos legais e que, por isso, deve ser demolido (como, por exemplo, um sobrado que deve eliminar o piso superior, ou um galpão que invade área de proteção ambiental etc.). Na segunda parte desse inciso o legislador reconhece ao locador o direito de opor-se à renovação da locação caso decida realizar investimentos financeiros que aumentem o valor do imóvel ou do negócio. Assim, por exemplo, se o locador pretende demolir a construção existente e edificar uma nova, maior ou mais adequada às atividades empresariais, que possa lhe trazer maiores rendimentos, ou, ainda, construir um ou mais andares superiores, não está obrigado a renovar o contrato em vigor. É a chamada "retomada para construção mais útil", objeto da antiga Súmula 374 do Supremo Tribunal Federal, cuja diretriz continua orientando os julgados do Superior Tribunal de Justiça[167]. Quanto às obras que aumentem o valor do negócio, a doutrina diverge em relação ao significado desse vocábulo no artigo. PACHECO[168], por exemplo, entende que isso se aplica ao empreendedor de *shopping center*, que pode ter interesse em retomar o imóvel para construí-lo ou para melhoria do empreendimento já existente, ou para incorporação edilícia; SANTOS[169], por outro lado, entende que isso se aplica quando a locação abrange o imó-

---

166 VENOSA, Silvio de Salvo. *Lei do Inquilinato Comentada.* São Paulo: ed. Atlas, 2012, 11ª edição, p. 231.

167 STJ - REsp 1925 / SP – Rel. Min. Eduardo Ribeiro – Ementa: LOCAÇÃO - RENOVATORIA - RETOMADA PARA CONSTRUÇÃO MAIS UTIL. Pode o locador opor-se a renovação, pretendendo retomar o imóvel para construção mais útil, **ainda que não determinada pela autoridade publica** - Sumula 374 do Supremo Tribunal Federal. Causa de pedir - Irrelevância de o acórdão fundar-se em dispositivo legal diverso do indicado pelo autor, desde que considerou os mesmos fatos. Direito de preferência do locatário - inexistência. Não tem o locatário direito de preferência para locar espaços na construção nova.

168 PACHECO, José da Silva. *Comentários à nova lei sobre as locações dos imóveis urbanos e seus procedimentoso*. São Paulo: ed. Revista dos Tribunais, 1993, 2ª edição, p. 203.

169 SANTOS, Guido dos. *Locação e Despejo.* São Paulo: ed. RT, 2012, p. 367.

vel e o próprio fundo de comércio, tal como ocorre com a locação de postos de gasolina, cinemas e hotéis.

52.2. RETOMADA PARA USO PRÓPRIO: fica também o locador isento da obrigação de renovar o contrato de locação se pretender usar pessoalmente o imóvel locado ou para ele transferir fundo de comércio de comércio existente há mais de um ano, desde que seja o locador, seu cônjuge, ascendente ou descendente, detentor da maioria do capital. Tratam-se, pois, de duas situações distintas: a primeira hipótese refere-se à situação em que o locador pretende utilizar pessoalmente o imóvel locado, seja para finalidade empresarial ou residencial; e a segunda reporta-se à situação em que o locador, seu cônjuge, ascendente ou descendente seja detentor da maioria do capital de uma empresa (inclusive individual) detentora de fundo de comércio há mais de um ano e que pretenda transferi-lo para o imóvel objeto da locação.

52.2.1. Há, porém, uma restrição às faculdades acima concedidas: após a retomada, não poderá o locador usar o imóvel para o mesmo ramo de negócio que ali era explorado pelo locatário, exceto se a locação também envolvia o fundo de comércio, com instalações e pertences. Essa norma visa evitar que o locador se beneficie do fundo de comércio criado pelo locatário, e está em sintonia com a proibição do enriquecimento sem causa de que tratam os artigos 884 a 886 do Código Civil e com o princípio da boa-fé objetiva, insculpido no artigo 422 desse mesmo diploma legislativo. Porém, se originalmente o imóvel foi alugado pelo locador juntamente com o fundo de comércio, instalações e pertences, não estará este último obrigado a evitar o mesmo ramo empresarial do locatário. Como "ramo de comércio" há de se entender o objetivo principal da empresa, e não exatamente os mesmos produtos ou serviços anteriormente oferecidos pelo locatário. Merece destaque o entendimento da 5ª Turma do Superior Tribunal de Justiça, sufragado também pela 35ª Câmara do Tribunal de Justiça do Estado de São Paulo, no sentido de que, se o imóvel foi locado com característica específica para determinado tipo de negócio, tal como posto de gasolina, teatro, cinema etc, pode o locador pedir a retomada para uso próprio e continuar a exercer a mesma atividade do locatário, pagando-lhe a indenização fixada nos autos[170].

52.2.2. A faculdade concedida ao locador no inciso II não valerá para o caso de locações de espaços em *shopping centers*. Esses centros de compras são, na definição da Associação Brasileira de Shopping Centers, *"os empreendimentos com Área Bruta Locável (ABL), normalmente, superior a 5 mil m², formados por diversas unidades comerciais, com administração única e centralizada, que pratica aluguel fixo e percentual. Na maioria das vezes, dispõe de lojas âncoras e vagas de estacionamento compatível com a legislação da região onde está instalado"*[171]. Vale salientar que esta não é uma definição legal, de modo que em tese podem ser considerados como *shopping centers* outros centros comerciais que não tenham as características ali mencionadas. A aplicação dessa regra a centros comerciais menores, ou que não atendam aos requisitos da definição adotada pela referida associação, dependerá de exegese integrativa dada pelo juiz a cada caso.

52.2.3. Caso o locador receba proposta melhor de terceiro também não está obrigado a renovar o contrato com o inquilino; porém, terá este

---

170 STJ – 5ª Turma – REsp 418.464-PR – Rel. Min. José Arnaldo – Julgado em 25.06.02 – Trecho do acórdão: "É cabível, nos termos do art. 52, § 1", da Lei 8.245/91, a retomada de imóvel para exploração da mesma atividade do inquilino se esse imóvel, por suas características físicas, só se possa destinar a um certo ramo de atividade e desse modo seja dado em locação. Sejam exemplos: postos de gasolina, teatros, cinema, hotéis e outros, em que se revela a impossibilidade de modificar a sua finalidade ou è muito onerosa essa alteração".
TJSP – 35ª Câmara de Direito Privado – Apelação com Revisão nº 942753- 0/8 – Rel. Des. Manoel Justino Bezerra Filho – Julgado em 03.08.2009 – Trecho do acórdão: "Embora o requerido manifeste o interesse em prosseguir no ramo de exploração de compra e venda de combustíveis (fls. 219 - item 6.10), é de se observar que o imóvel já continha os equipamentos necessários ao exercício de tal atividade (fls. 6/7 - cláusula primeira, § Io , itens 2 a 6), motivo pelo qual não pode ser negada ao autor a retomada para uso próprio" [..] "Na hipótese, os pressupostos para o locatário autor ter direito à indenização pela perda do fundo de comércio estão presentes, quais sejam; a caracterização da locação como empresarial, com o atendimento aos requisitos formal, temporal e material; b) ajuizamento da ação renovatória dentro do prazo; c) acolhimento da exceção de retomada".

171 Disponível em: <www.portaldoshopping.com.br/sobreosetor.asp?codAreaMae=10&codArea=60&codConteudo=1>.

último direito de indenização pelos prejuízos e pelos lucros cessantes que experimentar com a mudança, perda do lugar e desvalorização do fundo de comércio. A indenização abrange, portanto, não só as despesas com o transporte do estoque, maquinário e instalações para outro local, mas também os outros gastos relacionados com a mudança (readequações de mobiliário, serviços, horas extras de funcionários, correspondência aos clientes e fornecedores etc.), os prejuízos sofridos com a desvalorização do fundo de comércio e a perda do lugar e, ainda, o que o locatário deixou razoavelmente de ganhar. O mesmo ocorre caso, no prazo de três meses, o locador deixar de dar ao imóvel o destino alegado no pedido de retomada para uso próprio ou para obras, ou se não iniciar as obras exigidas pelo Poder Público ou que se propôs a realizar no imóvel. Esses prejuízos e lucros cessantes, contudo, não se presumem; devem ser provados no processo indenizatório.

53. LOCAÇÕES A ESTABELECIMENTOS DE ENSINO E DE SAÚDE

Art. 53. Nas locações de imóveis utilizados por hospitais, unidades sanitárias oficiais, asilos, estabelecimentos de saúde e de ensino autorizados e fiscalizados pelo Poder Público, bem como por entidades religiosas devidamente registradas, o contrato somente poderá ser rescindido:

I - nas hipóteses do art. 9º;

II - se o proprietário, promissário comprador ou promissário cessionário, em caráter irrevogável e imitido na posse, com título registrado, que haja quitado o preço da promessa ou que, não o tendo feito, seja autorizado pelo proprietário, pedir o imóvel para demolição, edificação, licenciada ou reforma que venha a resultar em aumento mínimo de cinquenta por cento da área útil.

Os estabelecimentos de saúde e de ensino a que este artigo se refere são aqueles cujas atividades estão sujeitas a autorização e fiscalização específicas do Poder Público, ou seja, que além das autorizações e fiscalizações genéricas, aplicáveis a qualquer estabelecimento comercial ou de prestação de serviços, ainda necessitam de outras para se instalarem e operarem. Desse modo, não estão abrangidos por esta regra, por exemplo, as farmácias e drogarias, ainda que de manipulação[172], as clínicas médicas, os laboratórios de análises clínicas, as clínicas de fonoaudiologia, e as chamadas "escolas de cursos livres", ou seja, aquelas cujo ramo de conhecimento ministrado não seja regulado por lei, cujo corpo docente seja especializado e corpo discente seja contínuo[173] [174]. Quanto às entidades religiosas, o artigo 44 do Código Civil proíbe o Poder Público de negar-lhes reconhecimento ou registro dos atos constitutivos necessários ao seu funcionamento, concedendo ampla liberdade para a sua cria-

---

172 TJ/SP – Apelação cível nº 0017775-29.2008.8.26.0590 – Relator Des. Cristiano Ferreira Leite. **Ementa:** Ação de despejo por denúncia vazia - Imóvel locado para fins não residenciais - Notificação dispensável quando a ação é intentada logo após o término do contrato - Art. 56 da Lei 8.245/91 e Súmula 14 do 2o TAC - Descabida a pretensão de retenção por benfeitorias uma vez que houve renúncia expressa do locatário a esse direito - **Farmácia de manipulação - Equiparação a estabelecimento de saúde. Descaracterização - Inaplicabilidade do art. 53 da Lei 8.245/91** - Recurso improvido.

173 TJ/SP – Apelação sem Revisão nº 9101807-81.1998.8.26.0000 - Relator Des. Campos Petroni - Ementa: LOCAÇÃO DE IMÓVEL NÃO RESIDENCIAL. DESPEJO. ESTABELECIMENTO DE ENSINO. ESCOLA INFANTIL DE RECREAÇÃO E MATERNAL. ADMISSIBILIDADE. INCAPLICABILIDADE DOS ARTS. 63 E 63, § T DA LEI N* 8.245/91. "A jurisprudência tem sufragado o entendimento de que, em se tratando de escola de recreação infantil, não Incide a regra do art. 63, § 2°, da Lei do Inquilinato, que deve ser destinada àquele estabelecimento de ensino tido de existência regular em que se ministre curso disciplinado pela legislação em vigor, por pessoal docente especializado e corpo discente continuo".

174 TJ/SP – Apelação Cível nº 0135117-71.2011.8.26.0100 – Relator Des. Rosa Maria de Andrade Neri. **Ementa:** Despejo. Escola de idiomas. Não incidência do disposto no art. 63, §2º da Lei 8245/91. Falta de comprovação de que é estabelecimento de ensino regular, de acordo com legislação específica e regulamentada pelo Poder Público. Recurso não provido.

ção, organização, estruturação e funcionamento. Portanto, basta estarem registradas para que se beneficiem das restrições deste artigo. Feitas essas observações, tem-se que os hospitais, asilos, unidades sanitárias oficiais, e outros estabelecimentos de saúde, bem como as instituições de ensino e as organizações religiosas só podem ter seus contratos de locação rescindidos nas hipóteses do artigo 9º (por mútuo acordo, prática de infração legal ou contratual, falta de pagamento do aluguel e acessórios locatícios, realização de reparações urgentes determinadas pelo Poder Público, que não possam ser normalmente executadas com a permanência do locatário no imóvel ou, podendo, ele se recuse a consenti-las). Apesar de ter o legislador utilizado neste artigo o verbo "rescindir" ao elencar as hipóteses em que o contrato pode ser extinto, há de se entender que se trata de casos de *denúncia pelo locador*. Existe muita confusão terminológica no tocante aos vocábulos jurídicos "rescisão", "resilição" e "resolução", mas em poucas palavras pode-se dizer que a "rescisão" se reporta sempre a um defeito ou a uma causa anterior ao contrato (vício oculto, evicção); "resilição" a um direito potestativo exercido por uma parte (denúncia), ou por todas (distrato), de colocarem fim a um contrato de execução continuada no tempo, e "resolução" ao inadimplemento culposo ou não de uma das partes. Quem sofre severas limitações no direito de extinguir o contrato neste caso é o locador, e não o locatário, de modo que o correto seria utilizar-se o verbo "denunciar", ou "resilir unilateralmente" já que se trata de uma potestade. De fato, o locatário não fica nem mesmo adstrito às hipóteses do art. 9º, naquilo que lhe poderia ser aplicado (mútuo acordo, descumprimento de cláusula contratual), para exercer o seu direito de denúncia, podendo fazê-lo a qualquer tempo, pagando a multa correspondente, se for o caso. Portanto, nesse tipo de locação não cabe ação para renovação compulsória, já que em princípio é perpétua para o locador, não importando o prazo estipulado no contrato.

54. OS *SHOPPING CENTERS*

Art. 54. Nas relações entre lojistas e empreendedores de *shopping center*, prevalecerão as condições livremente pactuadas nos contratos de locação respectivos e as disposições procedimentais previstas nesta lei.

1º O empreendedor não poderá cobrar do locatário em *shopping center:*

a) as despesas referidas nas alíneas *a*, *b* e *d* do parágrafo único do art. 22; e

b) as despesas com obras ou substituições de equipamentos, que impliquem modificar o projeto ou o memorial descritivo da data do habite - se e obras de paisagismo nas partes de uso comum.

2º As despesas cobradas do locatário devem ser previstas em orçamento, salvo casos de urgência ou força maior, devidamente demonstradas, podendo o locatário, a cada sessenta dias, por si ou entidade de classe exigir a comprovação das mesmas.

Neste ponto o legislador concedeu ampla liberdade para as partes fixarem o conteúdo de seus contratos de locação, exceto com relação às regras pertinentes ao processo judicial – que devem ser aquelas estabelecidas na lei – e à cobrança de determinadas verbas dos locatários. Porém, não se pode esquecer que a amplitude da liberdade contratual mencionada no "caput" não pode afrontar os princípios da probidade e da boa-fé contratual, já que estes devem imantar todos os contratos (art. 422 do Código Civil), nem tampouco derrogar as restrições que a própria lei de locações estabelece. Vejamos em primeiro lugar as verbas que o locador *não* pode cobrar do inquilino em locações de espaços em *shopping centers*:

54.1. Não pode o locador cobrar do locatário: a) obras de reformas ou acréscimos que interessem à estrutura integral do imóvel; b) pintura das fachadas, empenas, poços de aeração e iluminação, bem como das esquadrias externas; c) indenizações trabalhistas e previdenciárias pela dispensa de empregados, ocorridas em data anterior ao início da locação. Portanto, *a contrario sensu*, não está o locador proibido de cobrar do inquilino em "shopping centers" as demais verbas previstas no artigo 22.

54.2. Também não pode o locador cobrar do locatário as despesas com obras ou substituições de equipamentos, que impliquem em mudança no projeto ou no memorial descritivo original (ou seja, daqueles existentes na data do habite-se), bem como as despesas com obras de paisagismo nas partes de uso comum.

54.3. De todo modo, mesmo as despesas cobradas do locatário devem ter sido previstas em orçamento do *shopping center* (ao qual o inquilino deve ter acesso garantido), podendo o locatário exigir, a cada sessenta dias, por si ou por meio de associação de lojistas ou outra entidade de classe, a respectiva comprovação. Se não forem comprovadas, o locatário fica desobrigado ao pagamento e, se já o tiver feito, munido do direito de reaver o dinheiro. As exceções a essa regra são as cobranças de despesas em casos de urgência ou força maior, tais como reparos por ocasião de inundações ou outras forças da natureza, ou em consequência de graves distúrbios populares.

Na maioria das vezes, as fórmulas contratuais apresentadas àqueles que pretendem locar espaços em *shopping centers* são do tipo "padrão", ou seja, em que os direitos e obrigações das partes são preestabelecidos por uma delas, com pouca ou nenhuma margem para negociações. As cláusulas, pode-se dizer, são praticamente impostas pelo *shopping center* ao proponente-locatário, que na maioria das vezes só tem duas alternativas: aceitá-las em bloco ou não realizar o contrato. É comum existirem, por exemplo, disposições contratuais que estipulam como base de cálculo do aluguel, ou de uma parte dele, o faturamento do locatário, obrigando-o a franquear ao locador o acesso a estoques, livros e demais documentos contábeis. É comum também existirem várias outras verbas a cujo pagamento o locatário se obriga, tais como contribuições para fundos, verbas publicitárias, etc.

Não é desconhecida a ocorrência de discórdias entre administradoras de *shopping centers* e locatários de seus espaços no tocante à cobrança de determinadas verbas adicionais ao aluguel mensal, tais como o aluguel em dobro em dezembro (Natal), maio (Dia das Mães) ou junho (Dia dos Namorados), aluguel "desempenho", aluguel "complementar", ou à implantação de progressividade no valor dos aluguéis, além da sua atualização monetária. No momento da redação desta obra está em curso o Projeto de Lei Federal nº 4.447/2012, de autoria do deputado federal Marcelo Matos, visando limitar o direito do locador de espaços em *shopping centers* a cobrar de seus inquilinos apenas 12 aluguéis mensais, vedada qualquer progressividade ou percentual sobre faturamento[175]. Até o momento da edição desta obra, porém, não havia notícia sobre eventual votação desse projeto.

54-A. A LOCAÇÃO NO SISTEMA "BUILT TO SUIT"

Art. 54 A. Na locação não residencial de imóvel urbano na qual o locador procede à prévia aquisição, construção ou substancial reforma, por si mesmo ou por terceiros, do imóvel então especificado pelo pretendente à locação, a fim de que seja a este locado por prazo determinado, prevalecerão as condições livremente pactuadas no contrato respectivo e as disposições procedimentais previstas nesta Lei.

---

175 Projeto de Lei 4.447/2012:

Art. 1º O art. 17 da Lei nº Lei nº 8.245, de 18 de outubro de 1991, passa a vigorar acrescido do seguinte § 2º, renumerando-se o atual parágrafo único para § 1º:

§ 1º Poderá ser convencionada a renúncia ao direito de revisão do valor dos aluguéis durante o prazo de vigência do contrato de locação.

§ 2º Em caso de denúncia antecipada do vínculo locatício pelo locatário, compromete-se este a cumprir a multa convencionada, que não excederá, porém, a soma dos valores dos aluguéis a receber até o termo final da locação.

Essa modalidade de locação é relativamente recente no mercado nacional, e sua regulamentação acrescentada à Lei de Locações Urbanas por meio da Lei 12.744, de 2012. Trata-se de locação de imóvel previamente comprado, construído ou reformado pelo locador para a finalidade específica de servir às necessidades empresariais de determinado locatário, conforme seu pedido. A expressão inglesa *built to suit* significa "construído para adequar-se", e no caso essa adequação visa satisfazer os interesses do proponente-locatário, e não do locador. Normalmente toda a obra ou reforma a ser feita no imóvel deve atender a especificações dadas previamente pelo proponente-locatário e ser custeada pelo proponente-locador. Normalmente, também, esse tipo de contrato tem um prazo de duração maior do que o convencional, para garantir ao locador o retorno esperado de seu investimento, levando em conta também as maiores dificuldades de subsequentes locações, caso as adequações sejam muito específicas para as necessidades do locatário, e não para outros eventuais interessados. Nesse caso o legislador concede às partes ampla liberdade para elegerem as condições que regularão essa relação jurídica, respeitadas, porém, as re-

---

"Art. 17

§ 1º Nas locações residenciais serão observadas os critérios de reajustes previstos na legislação específica.

§ 2º Na locação de espaço comercial imobiliário em centros comerciais ("shopping centers"), somente será permitida a cobrança anual de 12 (doze) aluguéis mensais, vedada qualquer modalidade de cobrança progressiva ou de percentual sobre o faturamento do locatário".

Art. 2º Esta lei entra em vigor na data de sua publicação.

gras procedimentais previstas nesta lei. Vale ressalvar que assim como em relação às locações em *shopping centers*, também neste caso os contratos devem obedecer ao princípio da probidade e da boa-fé contratual, que inspira todo o direito contratual.

54.A.1. Inserida na liberdade contratual prevista neste artigo está a de renunciarem as partes ao direito de revisão dos valores do aluguel no curso do prazo contratual. De fato, é possível que as partes pretendam manter o valor contratado do aluguel, durante todo o prazo do contrato, mesmo no caso do valor locativo de mercado se alterar, a fim de manter o equilíbrio econômico-financeiro previsto no início da locação.

54.A.2. Justamente para preservar o equilíbrio contratual que serviu de base para o contrato é que este dispositivo prevê o pagamento, pelo locatário, da multa convencionada, mas a limita à soma dos aluguéis incidentes por todo o período que faltar para o término do prazo contratual.

54.A.3. Apesar de não ser tema deste artigo, é importante salientar que também existe no mercado imobiliário outro tipo anômalo de locação, qual seja aquela em que o locatário se compromete a construir no terreno do locador, ou reformar prédio já existente, arcando com a totalidade ou parte dos gastos, em troca de condições especiais de locação (descontos nos aluguéis, tempo maior de locação etc. Porém, neste caso a lei não registra nenhum tratamento ou regime especial: as partes devem tomar as cautelas necessárias para assegurar o efetivo cumprimento das obrigações contratuais.

55. IMÓVEL DESTINADO A USO DE TITULAR, SÓCIO, ADMINISTRADORES E EMPREGADOS DE PESSOA JURÍDICA.

Art. 55. Considera-se locação não residencial quando o locatário for pessoa jurídica e o imóvel, destinar-se ao uso de seus titulares, diretores, sócios, gerentes, executivos ou empregados.

Aplicam-se as regras relativas às locações *não residenciais* aos contratos em que o locatário for pessoa jurídica (definida nos artigos 41 e 44 do Código Civil), mas que o imóvel locado destinar-se à moradia – ainda que não permanente – de seus titulares, sócios, diretores, administradores, gerentes ou empregados. Não obstante ter o contrato o objetivo de prover moradia a um desses prepostos, a locação não terá a natureza residencial.

Nesses casos a relação locatícia se estabelece unicamente entre o locador e a pessoa jurídica locatária; porém, por ocasião de sua extinção (denúncia, distrato, resolução) e consequente retomada do imóvel pelo locador há de se perquirir qual a natureza do contrato existente entre a locatária e o ocupante; se de sublocação autorizada, ou de comodato autorizado, ou outra.

Por exemplo, se a locatária é empregadora do ocupante do imóvel e se com o consentimento do locador *sublocou-o* ao empregado, aplicam-se as regras relativas à sublocação (vide comentários aos artigos 14, 15, 16, 30, 59, 71), inclusive com possibilidade de purgação da mora pelo sublocatário em caso de despejo por falta de pagamento (art. 59, § 2º, da Lei de Locações).

Se a empresa locatária tiver cedido o imóvel ao empregado em *comodato*, com o consentimento do locador, tal como previsto no art. 13 da Lei do Inquilinato, não haverá direito à purgação da mora, mas eventualmente pode o comodatário ter direito a indenização por benfeitorias, conforme disposto no Código Civil.

Se houver uma ação de despejo do locador contra a empresa locatária, o sublocatário deverá ser intimado, conforme dispõe o art. 59, § 2º, da Lei de Locações. Quanto ao comodatário, entende a doutrina que, apesar de nada dispor a lei nesse sentido, este também deverá ser intimado, já que o resultado da ação o afetará diretamente[176].

---

[176] VENOSA, Silvio de Salvo. *Lei do Inquilinato Comentada.* São Paulo: ed. Atlas, 2012, p. 83: "*Se há consentimento regular, o sublocatário, o cessionário e o comodatário participam da relação jurídica de modo que pode o locador agir diretamente contra eles nas questões que lhes pertinem, derivadas da locação. Por essa razão é que devem ser intimados de qualquer ação (José da Silva Pacheco, 1980:41)*".

A questão surge se o contrato de locação se extinguir por consenso (distrato) e se mesmo assim o ocupante se recusar a deixar o imóvel. Nesse caso, a nosso ver, as características da retomada serão diversas, dependendo da natureza do contrato existente entre o locatário e o ocupante: se este for sublocatário legítimo (ou seja, autorizado pelo locador), a ação cabível para a retomada do imóvel pelo locador será a de despejo, conforme preconiza o artigo 59, inciso V, da Lei do Inquilinato; porém, se for comodatário, ainda que autorizado pelo locador, a ação cabível será a possessória.

Pode, ainda, o uso do imóvel fazer parte da *remuneração* do empregado (parcela *in natura*), o que também gera consequências trabalhistas próprias, mas que em nada afetam a relação entre o locador e a empresa ou instituição locatária.

56. O TÉRMINO DO PRAZO CONTRATUAL

Art. 56. Nos demais casos de locação não residencial, o contrato por prazo determinado cessa, de pleno direito, findo o prazo estipulado, independentemente de notificação ou aviso.

Parágrafo único. Findo o prazo estipulado, se o locatário permanecer no imóvel por mais de trinta dias sem oposição do locador, presumir-se-á prorrogada a locação nas condições ajustadas, mas sem prazo determinado.

Exceto nas situações em que a lei impõe a renovação compulsória da locação, os contratos de locação não residencial por prazo determinado terminam ao fim deste. Porém, se o locatário permanecer no imóvel por mais de trinta dias, sem que o locador ajuíze nesse período a competente ação de despejo, o contrato será considerado prorrogado por prazo indeterminado, e nessa situação o locador que pretender retomar o imóvel terá que notificar o locatário a desocupá-lo e conceder-lhe trinta dias para a sua devolução.

Como bem afirma SANTOS[177], "*trata-se de ação de despejo por término do contrato, e não de despejo por denúncia vazia, uma vez que esta depende de aviso denunciando o liame locatício prorrogado, e aquela do simples findar-se do ajuste*". Esse mesmo tratadista considera que o prazo de 30 dias indicado neste artigo é decadencial, ou seja, que não se suspende nem se interrompe[178]. Vale aqui comentar duas decisões do Tribunal de Justiça de São Paulo que tratam da natureza jurídica desse prazo de trinta dias, apesar de referirem-se ao trintídio posterior à notificação do locatário quando já vigente o contrato por prazo indeterminado: em uma delas a Corte entendeu tratar-se de prazo decadencial, e em outra o oposto[179] [180]. Em ambos os casos a discussão centrou-se na interpretação do artigo 59, parágrafo 1º,

---

[177] SANTOS, Gildo dos. *Locação e Despejo – Comentários à Lei 8.245/91*. São Paulo: ed. Revista dos Tribunais, 2011, p. 395.

[178] *Op. Cit.*, pg. 395.

[179] TJ/SP – Agravo de Instrumento nº0063742-48.2013.8.26.0000. Relator Des. Arantes Theodoro. Ementa: Ação de despejo. Liminar. Prazo do art. 59 § 1º inciso VIII da Lei 8.245/91 que não se conta da notificação feita ao locatário, mas do término do prazo nela concedido para a voluntária desocupação. *Prazo que tem natureza decadencial* e, por isso, não se suspende, interrompe nem se prorroga, ficando inalterado mesmo quando o termo inicial ou final recaia em data na qual não haja expediente forense. Recurso improvido (grifos nossos).

[180] TJ/SP – Embargos de Declaração nº 0051935-31.2013.8.26.0000. Relator Des. Adilson de Araújo. **Trecho da Ementa:** AGRAVO. LOCAÇÃO NÃO RESIDENCIAL. AÇÃO DE DESPEJO POR DENÚNCIA VAZIA. MEDIDA LIMINAR (DESPEJO ANTECIPADO). NOTIFICAÇÃO REALIZADA. AJUIZAMENTO DA AÇÃO NO PRIMEIRO DIA ÚTIL SEGUINTE AO RECESSO JUDICIÁRIO, DURANTE O QUAL VENCEU O PRAZO DE 30 DIAS. NATUREZA NÃO DECADENCIAL DO PRAZO PARA A OBTENÇÃO DA LIMINAR. INTELIGÊNCIA DO ART. 59, § 1º, VIII, DA LEI Nº 8.245/91, POR SUA REDAÇÃO ATUAL. PRECEDENTE DESTE TRIBUNAL. POR EFEITO INFRINGENTE AOS EMBARGOS DECLARATÓRIOS, AGRAVO IMPROVIDO. Considerando que o art. 59, 1º, VIII, da Lei nº 8.245/91, com a redação dada pela Lei nº 12.112/09, constitui requisito para a obtenção do despejo antecipado, *não se cogita de prazo decadencial* que fulmina o direito à retomada, mas de faculdade processual à tutela antecipada. Então, a falta de ajuizamento da ação durante o trintídio não implica a perda do direito à liminar, se terminar em data sem expediente forense, como no caso do recesso judiciário. Sendo assim, possível a concessão da antecipação do despejo, se proposta a demanda no primeiro dia útil seguinte, como, aliás, já reconhecido por esta Corte (grifos nossos).

inciso IX, da Lei de Locações, que trata da concessão de liminar em ação de despejo quando proposta no prazo de 30 dias contados *do termo* do contrato *ou do cumprimento da notificação do locatário* para desocupação do imóvel. Portanto, apesar dos julgados acima referidos terem analisado casos específicos de ações de despejo "por não convir" (ou seja, posteriores à notificação para retomada em contrato automaticamente prorrogado), há que se entender que o mesmo raciocínio vale para as ações de despejo "por encerramento do prazo contratual". Assim, é recomendável, na prática, atender à corrente que considera esse prazo decadencial, ajuizando a ação de despejo dentro dos 30 dias imediatamente subsequentes ao termo do contrato ou ao cumprimento da notificação do inquilino[181]. No tocante a esse último caso, a nosso ver o legislador não atentou para o fato de que o prazo para o locatário desocupar "amigavelmente" é o mesmo concedido para o locador ajuizar a ação de despejo, de modo que, em princípio, a ação de despejo deve ser ajuizada na última hora do 30º dia desse prazo, pois até então o locatário, em tese, teria o direito de desocupar o imóvel.

Lembra, porém, VENOSA[182] que, a despeito da "oposição" a que se refere o parágrafo único deste artigo dever ser consubstanciada pelo ajuizamento da ação de despejo, se, no prazo de trinta dias após o encerramento do prazo, o locador notifica o locatário, dando-lhe ciência de sua intenção de não dar continuidade à locação, *"também estará demonstrando sua oposição à locação"*. Observa ainda esse tratadista que *"a jurisprudência tem entendido como razoável a propositura nos trinta dias seguintes ao esgotamento de prazo da notificação"*.

---

181 TJ/SP – Agravo de Instrumento nº 0076880-82.2013.8.26.0000. Relator Des. Vanderci Alvares. **Ementa:** Agravo de instrumento. Locação de imóvel comercial. Despejo por denúncia vazia. Manejo serôdio da ação de despejo. 1. A liminar evacuatória somente tem cabimento se manejada a ação de despejo dentro do trintídio a contar do cumprimento da notificação. Artigo 59, § 1º, inciso VIII da Lei nº 8.245/91, alterada pela Lei nº 12.112/09. 2. Deixando a locadora escoar o prazo legal sem o ajuizamento da ação, e consequentemente, permanecendo os locatários no imóvel por mais de um mês após o cumprimento da notificação, é de rigor a cassação da liminar concedida em primeiro grau. 3. Deram provimento ao recurso, convalidada a tutela antecipada recursal.

182 VENOSA, Silvio de Salvo. *Lei do Inquilinato Comentada,* 11ª edição, São Paulo: ed. Atlas, 2012, p. 251.

Parece-me mais aconselhável que o locador, não tendo intenção de continuar a locação, promova a ação de despejo desde logo, ao final do último dia do trintídio seguinte ao término do prazo contratual. De fato, ainda que existam julgados admitindo que a "oposição" do locador seja manifestada por meio de notificação (desnecessária, repita-se), há de se concluir que se a notificação conceder trinta dias para a desocupação, mas for recebida pelo locatário *depois* da data de término do prazo contratual, é da data do recebimento da notificação que começaria a contar o prazo para desocupação.

57. A DENÚNCIA DO CONTRATO POR PRAZO INDETERMINADO

Art. 57. O contrato de locação por prazo indeterminado pode ser denunciado por escrito, pelo locador, concedidos ao locatário trinta dias para a desocupação.

O locador não precisa justificar o seu pedido de retomada quando se tratar de contrato de locação vigente por prazo indeterminado, seja porque assim foi contratado, seja porque foi automaticamente prorrogado em razão do disposto no artigo anterior. Nesses casos, basta ao locador proceder à notificação prévia do locatário, dando-lhe ciência de sua decisão de não prosseguir com a locação e concedendo-lhe o prazo de 30 dias para a desocupação amigável. Como se verá a seguir, a ação de despejo "por não convir" ou "por encerramento de prazo contratual", acima analisadas, comportam pedido de concessão liminar da medida, na forma e condições previstas no artigo 59. Aliás, o Tribunal de Justiça de São Paulo editou a Súmula 21, que diz: "Na ação de despejo por denúncia vazia, é inadmissível a discussão sobre a sinceridade do pedido". Não sendo necessária qualquer justificativa do locador, não há sentido em argüir-se falta de sinceridade ou produzir provas em audiência.

Não há uma forma predefinida em lei para a comunicação de que trata este artigo, mas há de ser documental e escrita e com prova de recebimento pelo locatário. Por isso, o mais comum é que seja feita por entrega pessoal, ou pelo correio, ou por meio de notificação extrajudicial, entregue via cartório de notas. Em qualquer dos casos, é necessário que exista prova suficiente de entrega desse comunicado ao locatário[183].

Se a ação de despejo não for ajuizada (conforme conceito de ajuizamento dado no art. 312 do Código de Processo Civil) em seguida ao término do prazo concedido na notificação, esta perderá eficácia, sendo necessária outra para viabilizar a ação de despejo.

58. NORMAS PROCEDIMENTAIS GERAIS

Art. 58. Ressalvados os casos previstos no parágrafo único do art. 1º, nas ações de despejo, consignação em pagamento de aluguel e acessório da locação, revisionais de aluguel e renovatórias de locação, observar-se- á o seguinte:

I - os processos tramitam durante as férias forenses e não se suspendem pela superveniência delas;

II - é competente para conhecer e julgar tais ações o foro do lugar da situação do imóvel, salvo se outro houver sido eleito no contrato;

III - o valor da causa corresponderá a doze meses de aluguel, ou, na hipótese do inciso II do art. 47, a três salários vigentes por ocasião do ajuizamento;

IV - desde que autorizado no contrato, a citação, intimação ou notificação far-se-á mediante correspondência com aviso de recebimento, ou, tratando - se de pessoa jurídica ou firma individual, também mediante telex ou *fac-símile*, ou, ainda, sendo necessário, pelas demais formas previstas no Código de Processo Civil;

---

[183] TJ/SP – Agravo de Instrumento nº 0472330-81.2010.8.26.0000. Relator Des. Julio Vidal. **Ementa:** NOTIFICAÇÃO. Locação de Imóveis. Ação de despejo. Denúncia vazia. Indeferimento da liminar para desocupação voluntária. Confirmação. O telegrama transmitindo notificação ao locatário para cientificá-lo do intento do locador em retomar o imóvel, reclama demonstração inequívoca de recebimento pelo destinatário da notificação, circunstância díspar do recibo de entrega sem aposição de assinatura, ausência que não se consolida pela só informação do correio excetuada de fé pública. Recurso desprovido.

V - os recursos interpostos contra as sentenças terão efeito somente devolutivo.

O artigo 1º, a que se reporta o "caput" do artigo ora em análise, trata dos casos em que a Lei 8.245/91 *não* se aplica, quais sejam: a) as locações de imóveis de propriedade da União, dos Estados e dos Municípios, de suas autarquias e fundações públicas; de vagas autônomas de garagem ou de espaços para estacionamento de veículos; de espaços destinados à publicidade; em *apart*-hotéis, hotéis-residência ou equiparados; b) o arrendamento mercantil, em qualquer de suas modalidades. Parece-me redundante e, portanto, desnecessária a ressalva feita no início do artigo 58.

De todo modo, reza esse artigo que nas ações de despejo, nas ações de consignação em pagamento de aluguéis e encargos locatícios, nas ações revisionais de aluguéis e nas ações renovatórias de locação são aplicadas as seguintes regras procedimentais:

58.1. TRAMITAÇÃO NAS FÉRIAS FORENSES: inicialmente é preciso salientar que a Emenda Constitucional nº 45 alterou o que constava no artigo 93, inciso XII, da Carta Política, passando esse dispositivo a ter o seguinte texto: "a atividade jurisdicional será ininterrupta, sendo vedado férias coletivas nos juízos e tribunais de segundo grau, funcionando, nos dias em que não houver expediente normal, juízes em plantão permanente". Assim, no tocante a essa questão o dispositivo em análise ficou esvaziado de sua função normativa. Porém, as férias forenses foram substituídas por períodos de "recesso", assim considerados aqueles em que os órgãos competentes dos Tribunais determinam a suspensão das atividades forenses. A questão que ainda gera discussões é a que se refere à natureza desse "recesso", ou seja, se a ele podem ou não ser aplicadas as regras concernentes às férias forenses, especialmente a do artigo 179 do Código de Processo Civil. Há julgados divergentes sobre o assunto, uns entendendo que os períodos de recesso se equiparam aos das férias forenses, e outros entendendo que os dias de recesso não são de férias forenses, mas feriados[184]. A jurisprudência atualmente dominante, no entanto, considera que os períodos de recesso se equiparam aos de férias forenses, de modo que suspendem o curso dos prazos processuais[185]. De fato, não seria razoável considerar o período de recesso como um feriado – e desse modo considerar em pleno curso os prazos que tivessem se iniciado antes dele – porque nesse período as partes não têm acesso normal aos autos. Considerando que esses períodos de recesso são normalmente superiores a quinze dias, seria contrário à garantia constitucional do direito de defesa e de recurso entender-se que um prazo para apelação que tivesse se iniciado no dia imediatamente anterior ao do início do recesso, por exemplo, tivesse seu encerramento no primeiro dia de reabertura do fórum.

58.2. FORO COMPETENTE: será o da situação do imóvel, salvo se outro houver sido eleito pelas partes no contrato. Trata-se de norma de competência jurisdicional relativa, de modo que se a ação não tiver sido proposta no foro da situação do imóvel ou no de eleição, mas a parte contrária não se insurgir em preliminar de contestação (art. 64 do Código de Processo Civil), considerar-se-á a prorrogada a competência do juiz que a recebeu (art.65 do mesmo Código). Vale salientar que a jurisprudência tem entendido que a despeito da existência de foro de eleição, poderá o autor ajuizar a ação no foro do domicílio do réu se for o mesmo da situação do imóvel.

58.3. VALOR DA CAUSA: será o equivalente a doze meses de aluguel,

---

184 STJ – 5ª T. – REsp 55.991-0-DF. Relator Min. Assis Toledo. Trecho do julgado: "Os dias estabelecidos em lei como de recesso não são de férias forenses, mas feriados". *In Código de Processo Civil e Legislação Processual em Vigor*, Theotônio Negrão e José Roberto F. Gouvea. São Paulo: ed. Saraiva, 41ª edição, 2009.

185 TJ/SP – Apelação nº 0003758-27.2004.8.26.0299. Relator Des. João Carlos Garcia. Trecho da ementa: [...] Durante o recesso forense os prazos processuais são suspensos. Embora não existam mais férias forenses, o prazo processual volta a correr a partir do dia útil subsequente. Inteligência do art. 184, §1º, do Código de Processo Civil.

ainda que se trate de ação de despejo seja cumulada com cobrança[186]. No caso de despejo decorrente de extinção de contrato de trabalho, se a ocupação do imóvel pelo locatário tiver relação com o seu emprego, a regra se altera, devendo o valor da causa corresponder a três salários desse empregado na data do ajuizamento da ação.

58.4. CITAÇÕES, INTIMAÇÕES E NOTIFICAÇÕES: desde que haja previsão contratual nesse sentido, tais atos judiciais e extrajudiciais poderão ser realizados por meio de correspondência com aviso de recebimento, ou, em se tratando de pessoa jurídica ou empresa individual, *também* por meio de *telex* ou *fac-simile*, ou ainda por intermédio das demais formas previstas no Código de Processo Civil. Existem, portanto, duas situações distintas tratadas nesta norma: na primeira parte do texto legal a hipótese é de ser o locatário pessoa natural (ou *física*), caso em que, havendo autorização no contrato, a sua citação, intimação ou notificação pode ser feita pelo correio, com aviso de recebimento. A segunda parte do artigo trata do caso em que o locatário é pessoa *jurídica*, situação em que essas comunicações podem ser feitas por meio de *telex* ou *fac-símile* (mais comumente conhecido como *fax*). Porém, no caso de ser o locatário pessoa natural, a entrega da correspondência há de ser feita *pessoalmente*, como já decidiu o E. STJ[187]. Importante

---

186 STJ – 6ª T. REsp 673231 / SP. Relator Min. Hamilton Carvalhido. Ementa: RECURSO ESPECIAL. DIREITO CIVIL. LOCAÇÃO. AÇÃO DE DESPEJO CUMULADA COM COBRANÇA DE ALUGUÉIS VENCIDOS. VALOR DA CAUSA. APLICABILIDADE. ARTIGO 58, INCISO III, DA LEI Nº 8.245/91. 1. Admitida a cumulação da ação de despejo por falta de pagamento com a de cobrança de alugueres, há de se declarar a incidência da norma especial, qual seja, a do artigo 58, inciso III, da Lei nº 8.245/91, por função de necessária interpretação extensiva, eis que o inadimplemento da obrigação contratual de pagamento do preço do aluguel do imóvel é comum a ambas as demandas, admitindo a ação de despejo, ela mesma, a emenda da mora, desconstitutiva, em ocorrendo, do objeto da ação de cobrança. 2. Recurso improvido.

187 STJ - REsp 164661 / SP – 4ª T. – Rel. Ministro Sálvio de Figueiredo Teixeira. Trecho da ementa: DIREITO PROCESSUAL CIVIL E CIVIL. CITAÇÃO. VIA POSTAL. PESSOA FÍSICA. PROCEDIMENTO. INTERPRETAÇÃO DO ART. 223, PARÁGRAFO ÚNICO,

inovação trouxe a Lei 13.105/2015, que reformou o Código de Processo Civil, ao dispor, em seu artigo 248, § 4º, que "*Nos condomínios edilícios ou nos loteamentos com controle de acesso, será válida a entrega do mandado a funcionário da portaria responsável pelo recebimento de correspondência, que, entretanto, poderá recusar o recebimento, se declarar, por escrito, sob as penas da lei, que o destinatário da correspondência está ausente.*" Por estar essa disposição inserida no artigo que trata da citação *postal*, houve certamente uma imprecisão terminológica do legislador ao referir-se a entrega do *mandado* ao funcionário da portaria, já que o mandado é o documento por meio do qual o juiz ordena que o *oficial de justiça* realize determinado ato processual (artigos 154 e 250 do Código de Processo Civil). Se as hipóteses acima mencionadas não ocorrem, o o remédio é buscar a citação por meio de oficial de justiça e, por isso, muitos advogados requerem desde logo, em suas petições iniciais, a citação por oficial de justiça, pois este pode citar o réu onde este se encontre (art. 251 do Código de Processo Civil). No tocante à situação em que o locatário é pessoa jurídica, a questão da entrega pessoal ao legítimo representante da empresa é polêmica. Já decidiu o Supremo Tribunal de Justiça que, em situações especiais, é cabível a aplicação da teoria da aparência, convalidando citação feita em pessoa diversa daquela indicada no contrato social ou estatutos da empresa[188].

CPC. ENTREGA PESSOAL AO CITANDO. NECESSIDADE. ÔNUS DO AUTOR DE PROVAR, NO CASO, A VALIDADE DA CITAÇÃO. PRECEDENTE DA TURMA. LEGISLAÇÃO ANTERIOR. IRRELEVÂNCIA. CONDOMÍNIO. CONVENÇÃO APROVADA E NÃO REGISTRADA. OBRIGATORIEDADE PARA AS PARTES SIGNATÁRIAS. LEGITIMIDADE DO CONDOMÍNIO. RECURSO ESPECIAL. PREQUESTIONAMENTO. AUSÊNCIA. RECURSO ACOLHIDO. I - Na citação de pessoa física por via postal, é indispensável a entrega diretamente ao citando, devendo o carteiro colher seu ciente. II - Se o aviso de recebimento da carta citatória for assinado por outra pessoa, que não o próprio citando, e não houver contestação, o autor tem o ônus de demonstrar que o réu, ainda que não tenha assinado o aviso, teve conhecimento da demanda que lhe foi ajuizada[...].

188 STJ – 4ª T. – REsp 14515 / SP - RECURSO ESPECIAL 1991/0018403-9. Ministro Athos Carneiro. Ementa: CITAÇÃO. PESSOA JURIDICA. TEORIA DA APARENCIA. Pode ser admitida, excepcionalmente, a aplicação da teoria da aparência na citação de

Porém, a regra geral é que essas comunicações oficiais sejam feitas na pessoa do representante legal da empresa. Paradoxalmente, esse mesmo artigo prevê a possibilidade de citação da pessoa jurídica por *telex* ou *fax*, desde que autorizado pelo contrato. Esse é mais um dispositivo que está a exigir uma atualização por parte do legislador, uma vez que a velocidade de inovações na área da telefonia e da informática já levou ao quase desuso os aparelhos de *telex* ou mesmo os de *fax*, hoje substituídos majoritariamente pelo *e-mail*. Porém, como essa forma de comunicação nos processos judiciais ainda não está regulamentada por lei, não se pode utilizá-la validamente.

58.5. O EFEITO RECURSAL: conforme dispõe o art. 1.009 do Código de Processo Civil, o recurso cabível contra a sentença é o de apelação. Segundo a regra do artigo 1.012 desse mesmo Código, esta recebida em seu efeito suspensivo, ressalvadas as exceções previstas em seu parágrafo primeiro. O efeito suspensivo impede que se iniciem os atos de cumprimento da sentença até a sua confirmação total ou parcial em segundo grau de jurisdição; o efeito devolutivo, por sua vez, passa para o Tribunal o conhecimento de toda a matéria impugnada pelo apelante (Código de Processo Civil, art. 1.013). Dessa forma, por serem as apelações em processos relacionados a locações urbanas recebidas no efeito meramente devolutivo, poderá o vencedor dar início à execução provisória do julgado, conforme autoriza o artigo 520 do Código de Processo Civil[189]. Tem-se, porém, que: a) o exequente deverá indenizar

---

pessoa jurídica. Citação efetivada por intermédio da mesma pessoa que recebera a notificação previa em ação de despejo por denuncia vazia, exarando ciente e utilizando o carimbo da firma re, tudo levando a crer tratar-se de seu gerente e ou administrador geral. Circunstâncias do caso concreto, valorizadas na instancia de origem. Recurso especial não conhecido.

[189] O Superior Tribunal de Justiça tem entendido que em casos excepcionais é possível ao Desembargador Relator atribuir efeito suspensivo à apelação interposta em ações de despejo, renovatórias e revisionais, conforme AgRg no AREsp 352893/PA, Rel. Ministro Antonio Carlos Ferreira, Quarta Turma, Julgado em 03/02/2015; AgRg na MC 017783/SP, Rel. Ministro Sidnei Beneti, Terceira Turma, Julgado em

o executado caso a sentença venha a ser reformada e este tenha sofrido danos em razão da execução provisória; b) a execução provisória ficará sem efeito caso sobrevenha acórdão que modifique ou anule a sentença exequenda, devendo as partes ser restituídas ao estado anterior e liquidados os eventuais prejuízos nos mesmos autos, por arbitramento; c) o levantamento de dinheiro depositado em razão da lide e a prática de atos que importem alienação de bens, ou que possam resultar grave dano ao executado dependem de prévia caução, arbitrada de plano pelo juiz e executada nos próprios autos. Os parâmetros de fixação dessa caução pelo juiz vêm delineados no artigo 64, podendo o magistrado fixá-los em valor não inferior a doze nem superior a dezoito meses de aluguel, atualizados. Ficam fora dessa última regra as execuções de despejo fundadas em acordo, infração legal ou contratual, ou para realização de obras urgentes determinadas pelo poder público.

59. AS AÇÕES DE DESPEJO

Art. 59. Com as modificações constantes deste capítulo, as ações de despejo terão o rito ordinário.

§ 1º Conceder-se-á liminar para desocupação em quinze dias, independentemente da audiência da parte contrária e desde que prestada a caução no valor equivalente a três meses de aluguel, nas ações que tiverem por fundamento exclusivo:

I - o descumprimento do mútuo acordo (art. 9º, inciso I), celebrado por escrito e assinado pelas partes e por duas testemunhas, no qual tenha sido ajustado o prazo mínimo de seis meses para desocupação, contado da assinatura do instrumento;

12/04/2011; REsp 588414/SP, Rel. Ministro Arnaldo Esteves Lima, Quinta Turma, Julgado em 12/09/2006; AgRg no REsp 661699/SP, Rel. Ministro Hélio Quaglia Barbosa, Julgado em 29/11/2005.

II - o disposto no inciso II do art. 47, havendo prova escrita da rescisão do contrato de trabalho ou sendo ela demonstrada em audiência prévia;

III - o término do prazo da locação para temporada, tendo sido proposta a ação de despejo em até trinta dias após o vencimento do contrato;

IV - a morte do locatário sem deixar sucessor legítimo na locação, de acordo com o referido no inciso I do art. 11, permanecendo no imóvel pessoas não autorizadas por lei;

V - a permanência do sublocatário no imóvel, extinta a locação, celebrada com o locatário.

VI – o disposto no inciso IV do art. 9º, havendo a necessidade de se produzir reparações urgentes no imóvel, determinadas pelo poder público, que não possam ser normalmente executadas com a permanência do locatário, ou, podendo, ele se recuse a consenti-las;

VII – o término do prazo notificatório previsto no parágrafo único do art. 40, sem apresentação de nova garantia apta a manter a segurança inaugural do contrato;

VIII – o término do prazo da locação não residencial, tendo sido proposta a ação em até 30 (trinta) dias do termo ou do cumprimento de notificação comunicando o intento de retomada;

IX – a falta de pagamento de aluguel e acessórios da locação no vencimento, estando o contrato desprovido de qualquer das garantias previstas no art. 37, por não ter sido contratada ou em caso de extinção ou pedido de exoneração dela, independentemente de motivo.

§ 2º Qualquer que seja o fundamento da ação dar-se-á ciência do pedido aos sublocatários, que poderão intervir no processo como assistentes.

§ 3º No caso do inciso IX do § 1º deste artigo, poderá o locatário evitar a rescisão da locação e elidir a liminar de desocupação se, dentro dos 15 (quinze) dias concedidos para a desocupação do imóvel e independentemente de cálculo, efetuar depósito judicial que contemple a totalidade dos valores devidos, na forma prevista no inciso II do art. 62.

As ações de despejo são as cabíveis para o locador reaver do locatário (ou do sublocatário legítimo[190]) o imóvel locado, seja qual for o fundamento do término da locação, conforme dispõe o artigo 5º desta lei de locações urbanas. Essas ações terão sempre o rito ordinário (artigos 319 e seguintes do Código de Processo Civil), com as modificações previstas nesta Lei.

Porém, o juiz deferirá ordem *liminar* de desocupação do imóvel *em 15 dias*, mesmo sem ouvir a parte contrária – e desde que prestada *caução* no valor equivalente a três meses de aluguel – nas ações que tenham por fundamento exclusivo uma das situações elencadas nos incisos deste artigo, a seguir analisadas individualmente. É preciso que o autor requeira essa liminar em sua inicial, pois o juiz não poderá concedê-la sem pedido nesse sentido (art. 141 do Código de Processo Civil). Quanto à caução exigida, em tese poderá ser de qualquer espécie, desde que mensurável economicamente e que tenha valor igual ou superior a três meses de aluguel. Assim, parece-nos que somente as cauções previamente avaliáveis em dinheiro são admissíveis, o que de pronto afasta a possibilidade de garantia pessoal (fiança, aval etc). Nesse caso, a caução a que o dispositivo legal se refere seriam as *reais* (hipoteca, penhor etc). O mais comum é que se proceda ao depósito em dinheiro, em conta corrente à disposição do Juízo, no valor de três aluguéis. Em casos de execução provisória de sentença de despejo por falta de pagamento tem-se admitido, na prática forense, que a caução seja representada pelo crédito que o locador detém contra o locatário. Porém, como neste caso se trata de liminar em ação que se inicia, não se poderia caucionar o Juízo com um suposto crédito.

Existem críticas a essa inovação legislativa (trazida com a Lei 11.112/09), sob o argumento de que injustiças poderiam ser cometidas com o açoda-

---

190 Em acórdão de 14/06/2011, a 5ª Turma do STJ, no AgRg em REsp 1115538/RJ, relatado pelo Min. Napoleão Nunes Maia Filho, foi decidido que embargos de terceiros têm sido admitidos "tão somente na hipótese em que for comprovada a existência de sublocação legítima e a inexistência de intimação do sublocatário, de modo a viabilizar-lhe o meio hábil de defesa da posse do imóvel".

mento em devolver o imóvel ao locador[191]. Não me parece assim. O legislador cuidou de fazer mediar o prazo de 15 dias entre a intimação do locatário para desocupar o imóvel e a compulsoriedade de sua saída, e com isso concedeu-lhe prazo suficiente para, se for o caso, interpor Agravo de Instrumento contra a decisão do magistrado e pedir a sua suspensão liminar. Além disso, caso a liminar venha a ser revogada terá o inquilino o direito de reinstalar-se no imóvel e de haver do locador as perdas e danos decorrentes da desocupação. O que não se pode admitir é que o locador venha a sofrer as consequências da lentidão dos serviços judiciários, principalmente levando em conta que as hipóteses de que trata este artigo correspondem a situações em que o direito de retomada é claro ou em que o locador fica em clara desvantagem frente ao locatário.

As hipóteses que autorizam a concessão da liminar de que trata este artigo são:

59.1. DESCUMPRIMENTO DE ACORDO: o artigo 9º, inciso I, da Lei de Locações autoriza o desfazimento da locação – seja residencial ou não – por mútuo acordo (note-se que a palavra "mútuo", neste contexto, é desnecessária, já que o conceito de "acordo" compreende a pluralidade e a reciprocidade). Para que o juiz possa conceder *liminarmente* a ordem de desocupação, esse acordo deverá ter sido celebrado por escrito, estar assinado pelas partes e por duas testemunhas, e ter sido ajustado o prazo mínimo de seis meses para desocupação do imóvel. Desatendidos esses pressupostos, em princípio a retomada só poderá ser concedida por sentença, e não liminarmente. Questão interessante é a de saber se, frente ao que dispõe os artigos 294 e seguintes do Código de Processo Civil, poderia o juiz antecipar os efeitos da tutela jurisdicional. De fato, uma vez que a Lei 8.245/91, como norma especial, restringe a concessão de liminar, a pergunta é se mesmo assim teria o juiz a possibilidade de conceder a antecipação de tutela após a contestação,

---

[191] SANTOS, Gildo dos. *Locação e Despejo – Comentários à Lei 8.245/91*. São Paulo: ed. Revista dos Tribunais, 2011, p. 427-428.

mas antes da sentença. Parece-me que sim, porque os pressupostos desse último dispositivo são diferentes daqueles indicados no artigo ora comentado. Se, por exemplo, ficar caracterizado o abuso do direito de defesa, parece-nos que a antecipação de tutela poderá ser concedida ainda que desatendidas as exigências deste parágrafo. Essa tese é sufragada, entre outros, por SANTOS[192]. De outro lado, se o acordo para desocupação for realizado no curso de uma ação, e homologado pelo juiz, nada impede que o prazo ali estabelecido por consenso seja inferior aos seis meses mencionados neste inciso. Nesse caso, o descumprimento autorizará a imediata expedição da ordem de despejo, se isso restou combinado no acordo em questão.

59.2. A LOCAÇÃO ENCERRADA POR TÉRMINO DO CONTRATO DE TRABALHO: se o locador tiver alugado o imóvel ao inquilino para moradia deste último, em razão de contrato de trabalho entre ambos, poderá retomá-lo liminarmente se houver prova *escrita* da rescisão desse liame laboral, ou se for ela demonstrada em *audiência prévia*. A despeito da opinião de ilustres juristas em sentido contrário[193], entendemos que a audiência prévia a que este artigo se refere não é a audiência de justificação mencionada no artigo 300 do Código de Processo Civil, já que este artigo se refere ao processo cautelar, enquanto que o primeiro trata de processo de conhecimento. Vale ressaltar que no caso da audiência de justificação a doutrina tem considerado necessária a prévia citação e intimação do réu para acompanhá-la, o que, a nosso ver, não se aplica à audiência prévia cogitada no parágrafo ora em exame. De fato, considerando que a realização da "audiência prévia" está inserida em um contexto normativo que trata de *liminar*, ou seja, de concessão de provimento jurisdicional "inaudita altera parte" (vide *caput* do artigo),

---

[192] SANTOS, Gildo dos. *Locação e Despejo – Comentários à Lei 8.245/91*. São Paulo: ed. Revista dos Tribunais, 2011, p. 432.

[193] *Op. Cit.*, p. 423.

não teria sentido condicionar sua outorga à prévia citação ou intimação do réu.

59.3. TÉRMINO DE LOCAÇÃO PARA TEMPORADA: esse tipo de locação vem disciplinado no artigo 48 da Lei de Locações, já comentado. Terminado o prazo do contrato (que não pode exceder 90 dias), se o locador propuser a ação de despejo dentro dos 30 dias subsequentes o juiz deferirá liminarmente a ordem de desocupação.

59.4. MORTE DO LOCATÁRIO, SEM SUCESSOR LEGÍTIMO: vale observar inicialmente que os "sucessores legítimos" a que este dispositivo se reporta são aqueles indicados no artigo 11, inciso I, desta Lei – que somente trata do falecimento do locatário que seja pessoa natural, e não jurídica. Feita essa ressalva, tem-se que se após o falecimento do locatário o imóvel estiver ocupado por terceiros – não sub-rogados na locação – pode o juiz, segundo este artigo, conceder liminar em ação de despejo. Causa estranheza a legitimação passiva desses terceiros para a ação de despejo, já que não fizeram parte da locação nem se sub-rogaram nos direitos do inquilino. Parece-nos que houve aí um equívoco técnico do legislador, já que a ação cabível nesse caso deve ser a possessória, e não o despejo, já que não existe relação locatícia subjacente entre o ocupante e o locador (que, aliás, não o é mais, em razão do falecimento do locatário sem deixar sucessores ou sub-rogados)[194]. Talvez o legislador tenha preferido municiar anomalamente o locador com a ação de despejo – com liminar condicionada a caução e quinze dias para cumprimento espontâneo pelo réu – justamente para possibilitar

---

[194] É concordante a opinião de DINIZ (*Lei de locações de imóveis urbanos comentada*. São Paulo: ed. Saraiva, 2006,p. 260), ao sustentar que "apesar de a lei permitir o despejo com concessão de liminar para desocupação em quinze dias, a ação cabível para reaver o bem seria a de reintegração de posse, por estarmos diante de um esbulho, visto inexistir relação *ex locato*, uma vez que o ocupante do imóvel não faz jus a esse benefício".

ao ocupante nesses quinze dias demonstrar ser sucessor legítimo do inquilino e, assim afastar o cumprimento da ordem[195].

59.5. PERMANÊNCIA DO SUBLOCATÁRIO: a antiga Lei do Inquilinato (Lei 6.649/79) dizia que se a locação fosse rescindida amigavelmente ou se durante a locação por prazo indeterminado viesse o locatário a falecer sem deixar sucessores autorizados, o sublocatário "legítimo" – isto é, aquele a quem o locatário sublocou o imóvel total ou parcialmente com o consentimento expresso do locador – poderia continuar a locação, desde que oferecesse uma das garantias admitidas na lei[196]. Pela nova sistemática, ao contrário, o encerramento da locação, qualquer que seja a sua causa, implica na automática resolução das sublocações, garantido o direito de indenização do sublocatário contra o sublocador (art. 15 da Lei 8.245/91). O vocábulo "legítimo" foi abandonado na redação desse último dispositivo, mas isso não significa que o sublocatário "desautorizado" tenha qualquer direito a indenização. Como já decidiu o STJ, a pessoa a quem o locatário sublocou *irregularmente* o imóvel não pode ser considerada sublocatário, mas sim um mero ocupante[197], de modo que, a nosso ver, a ação cabível para o locador reaver o imóvel seria a possessória, e não a de despejo.

---

195 TJ/SP – 33ª Câm. de D. Privado – Agravo de Instrumento nº 0242753-71.2012.8.26.0000 – Rel. Des. Eros Piceli, j. 9/4/2013. Ementa: Ação de despejo concessão de liminar para desocupação voluntária no prazo de 15 (quinze) dias - medida cassada ocupante do imóvel que provou ser filha da locatária falecida incidência, em princípio, do artigo 11, I, da Lei 8.245/91, ausência de prova quanto à irregularidade da sub-rogação necessidade de dilação probatória - agravo de instrumento provido.

196 SANTOS, Gildo dos. *Locação e Despejo – Comentários à Lei 8.245/91*. São Paulo: ed. Revista dos Tribunais, 2011, p. 425 (em comentário à revogada Lei 6.649/79): "Se o término da relação locatícia se desse por rescisão amigável, ou se o locatário morresse sem deixar pessoas que o sucedessem na locação, os sub-locatários, desde que legítimos, oferecendo uma das garantias previstas, poderiam continuar a locação (art. 40 da Lei 6.649/79)".

197 STJ – 4ª T. – Ag 12.220-AgRg – Relator Min. Salvio de Figueiredo: A ausência de consentimento do locador "deixa na clandestinidade a sublocação, que não gera efeitos jurídicos para o locador". *In* Código Civil e legislação civil em vigor, Theotônio Negrão,

59.6. REPAROS URGENTES: bastaria o legislador reportar-se neste parágrafo ao "disposto no artigo 9º, inciso IV", sendo redundante repetir o que naquele artigo está escrito. Como dito na análise daquele dispositivo, se o Poder Público determinar a realização de reformas urgentes no imóvel locado e se estas não puderem ser realizadas com a permanência do locatário, ou, podendo, este se recuse a com elas consentir, a locação poderá ser desfeita, devendo nesse caso o juiz conceder liminarmente a ordem de despejo requerida pelo locador.

59.7. O TÉRMINO DA GARANTIA LOCATÍCIA: o artigo 40 da Lei de Locações trata das situações em que o locador fica desprovido de garantias em face da ocorrência de alguma das hipóteses ali indicadas. Nesses casos, o seu parágrafo único faculta ao locador notificar o locatário para a constituição de nova garantia, em 30 dias, sob pena do desfazimento da locação. Passado esse prazo sem a apresentação de garantia capaz de garantir plenamente as obrigações do locatário, o juiz deverá, mediante pedido em ação de despejo proposta pelo locador, conceder liminarmente a ordem de desocupação do imóvel. A notificação de que trata este parágrafo poderá ser veiculada por qualquer modo, desde que por escrito e passível de comprovação de entrega ao próprio destinatário. A nova garantia a ser apresentada pelo locatário há de ser "apta", ou seja, suficiente a garantir as suas obrigações, mas, a nosso ver, não poderá o locador exigir uma garantia mais robusta do que aquela a ser substituída. Se, por exemplo, o contrato era garantido pela caução de um bem móvel de determinado valor, não poderia o locador exigir, em substituição, um bem mais valioso. Por outro lado, se o fiador exonerado era detentor de patrimônio expressivo, não pode o locador ser obrigado a aceitar outro com capacidade econômica menor. Em qualquer hipótese há de prevalecer a boa-fé de que trata o artigo 113 do Código Civil.

BONDIOLI, Luis Guilherme Aidar; GOUVÊA, José Roberto F. (col.), 28ª ed. São Paulo: Ed. Saraiva, 2011, em comentário ao artigo 13 da Lei 8.245/91.

59.8. O TÉRMINO DO PRAZO DA LOCAÇÃO NÃO RESIDENCIAL: como já visto, a locação de imóveis urbanos para fins não residenciais se encerra quando findo o prazo estipulado no contrato, ou, sendo esta por prazo indeterminado, quando o locador notifica o locatário de sua decisão de encerrar a locação e lhe concede o prazo de 30 dias para desocupação. Caso o locador deixe escoar o prazo de 30 dias contados do término do prazo contratual, ou da notificação do locatário, sem ajuizar a ação de despejo, considerar-se-á a locação prorrogada por prazo indeterminado. De outro lado, se o locador promover a ação de despejo dentro desse prazo de 30 dias, poderá requerer a ordem liminar de desocupação e, se o fizer, o juiz deverá deferi-la.

59.9. FALTA DE PAGAMENTO EM CONTRATO SEM GARANTIAS: Caso as obrigações do locatário não estejam asseguradas por uma das garantias indicadas no artigo 37, seja por não ter sido contratada, ou por ter sido extinta, e nessa situação o inquilino deixe de pagar aluguéis ou outros assessórios da locação, deverá o juiz conceder liminar para a desocupação do imóvel. É preciso, porém, provar robustamente, por meio de documentos, a inadimplência do locatário, sob pena de ver-se indeferido o pedido de liminar. Apesar de ter sido esta uma alteração legislativa com flagrante propósito de dar celeridade à retomada do imóvel no caso de inadimplência de aluguéis e acessórios cumulada com falta de garantias, não pode o juiz deixar de exigir um mínimo de segurança probatória para conceder a liminar. Vale lembrar também que o Instituto Brasileiro de Defesa dos Lojistas de Shoppings (IDELOS) ajuizou no Supremo Tribunal Federal uma Ação Direta de Inconstitucionalidade (ADI nº 4366), sustentando que o inciso IX do parágrafo 1º do art. 59 da Lei 8.245/1991, introduzido pela Lei 12.112/2009, contraria os artigos 1º e 170, *caput* (que tratam dos valores sociais do trabalho e da livre iniciativa) e artigo 5º, inciso LV, todos da Constituição Federal. A Ministra Ellen Gracie, no entanto, negou seguimento à referida ação direta de inconstitucionalidade "*em virtude da ausência de legitimidade ativa* ad causam *do requerente*".

59.10. INTERVENÇÃO DOS SUBLOCATÁRIOS: como já dito, os sublocatários a que o legislador se refere são os *legítimos*, isto é, aqueles a quem o imóvel foi total ou parcialmente sublocado pelo inquilino, com a prévia e expressa anuência do locador. Nessa hipótese, deverão estes ser cientificados do pedido de liminar formulado pelo autor e poderão intervir no processo como assistentes. Há de se entender que o prazo de 15 dias para a desocupação ordenada na liminar começará a correr após a intimação dos sublocatários, pois na prática de nada adiantaria facultar-lhes a intervenção como assistentes se no momento de sua intimação já se houvesse esgotado aquele prazo.

59.11. PURGAÇÃO DA MORA: na hipótese prevista no parágrafo 1º, inciso IX, o locatário poderá evitar a rescisão da locação e elidir a liminar de desocupação se, no prazo de 15 dias, depositar o valor integral dos aluguéis e acessórios locatícios vencidos até a data do depósito, acrescido dos encargos moratórios (multa, correção monetária a juros previstos no contrato), bem como o valor das custas despendidas pelo autor e os honorários fixados em contrato ou, se não tiverem estes sido previstos, correspondentes a 10% sobre o montante devido.

60. DESPEJO PARA REPAROS E MODIFICAÇÕES NO IMÓVEL – DOCUMENTAÇÃO EXIGIDA

Art. 60. Nas ações de despejo fundadas no inciso IV do art. 9º, inciso IV do art. 47 e inciso II do art. 53, a petição inicial deverá ser instruída com prova da propriedade do imóvel ou do compromisso registrado.

Tanto o artigo 9º, inciso IV, como os artigos 47, IV, e 53, II, da Lei de Locações tratam do desfazimento da locação e da retomada do imóvel em casos de modificações no imóvel locado. O artigo 9º, IV, cogita da necessidade de reparos urgentes no imóvel, que não possam ser executadas com a permanência do locatário no imóvel, ou, podendo, este se recuse a consenti-las. O artigo 47, IV, trata da retomada do imóvel para demolição e edificação licenciada ou para a realização de obras aprovadas pelo Poder Público que aumentem a área construída em pelo menos 20%, ou se o imóvel for destinado à exploração de hotel ou pensão, em 50%. O artigo 53, II, refere-se à hipótese de rescisão do contrato se o proprietário, ou promissário comprador, ou compromissário-cessionário, em caráter irrevogável e imitido na posse, com título registrado, que tenha pago o preço da promessa, ou que, se não o houver quitado, seja autorizado pelo proprietário, pedir o imóvel para demolição e edificação licenciada ou reforma que venha a aumentar a área útil em pelo menos 50%. Em todos esses casos a petição inicial da ação de despejo deverá ser acompanhada de prova de propriedade do imóvel ou do compromisso registrado – que deverá ser feita por meio da certidão atualizada da matrícula do imóvel ou da transcrição desses contratos no Registro de Imóveis – e ainda, de plantas, alvarás e outros documentos que comprovem a situação indicada em cada um desses dispositivos, conforme o caso.

61. LOCAÇÃO RESIDENCIAL E DESPEJO

Art. 61. Nas ações fundadas no § 2º do art. 46 e nos incisos III e IV do art. 47, se o locatário, no prazo da contestação, manifestar sua concordância com a desocupação do imóvel, o juiz acolherá o pedido fixando prazo de seis meses para a desocupação, contados da citação, impondo ao vencido a responsabilidade pelas custas e honorários advocatícios de vinte por cento sobre o valor dado à causa. Se a desocupação ocorrer dentro do prazo fixado, o réu ficará isento dessa responsabilidade; caso contrário, será expedido mandado de despejo.

Este é um benefício concedido ao inquilino que *concordar* com o pedido de retomada baseado nos dispositivos ali mencionados. Nessas situações – desde que o locador assim requeira – o juiz deferirá o prazo de seis meses a contar da citação para a desocupação do imóvel e condenará o réu a pagar as custas e honorários do advogado do locador fixados em 20% sobre o valor da causa, dispensando-o, porém, desse pagamento, se o imóvel vier a efetivamente ser por ele desocupado naquele prazo. Se descumprir a promessa de desocupação, será expedido o mandado de despejo. As hipóteses de incidência dessa regra, taxativamente enumeradas, são:

61.1. Se a locação residencial com prazo igual ou superior a trinta meses tiver sido prorrogada por prazo indeterminado por conta da inércia do locador em promover a ação de despejo em trinta dias contados do fim do prazo contratual, e depois disso o locador denunciar a locação, concedendo ao inquilino o prazo de trinta dias para desocupação.

61.2. Se na locação ajustada verbalmente, ou por escrito com prazo inferior a trinta meses, o locador pedir o imóvel para uso próprio, de seu cônjuge ou companheiro, ou para uso residencial de ascendente ou descendente que não disponha, assim como seu cônjuge ou companheiro, de imóvel residencial próprio.

61.3. Se na locação ajustada verbalmente, ou por escrito com prazo inferior a trinta meses, o locador pedir o imóvel para demolição e edificação licenciada ou para a realização de obras aprovadas pelo Poder Público que aumentem a área construída em pelo menos 20%, ou se o imóvel for destinado à exploração de hotel ou pensão, em 50%.

62. A AÇÃO DE DESPEJO POR FALTA DE PAGAMENTO

Art. 62. Nas ações de despejo fundadas na falta de pagamento de aluguel e acessórios da locação, de aluguel provisório, de diferenças de aluguéis, ou somente de quaisquer dos acessórios da locação, observar-se-á o seguinte:

I – o pedido de rescisão da locação poderá ser cumulado com o pedido de cobrança dos aluguéis e acessórios da locação; nesta hipótese, citar-se-á o locatário para responder ao pedido de rescisão e o locatário e os fiadores para responderem ao pedido de cobrança, devendo ser apresentado, com a inicial, cálculo discriminado do valor do débito;

II – o locatário e o fiador poderão evitar a rescisão da locação efetuando, no prazo de 15 (quinze) dias, contado da citação, o pagamento do débito atualizado, independentemente de cálculo e mediante depósito judicial, incluídos:

a) os aluguéis e acessórios da locação que vencerem até a sua efetivação;

b) as multas ou penalidades contratuais, quando exigíveis;

c) os juros de mora;

d) as custas e os honorários do advogado do locador, fixados em dez por cento sobre o montante devido, se do contrato não constar disposição diversa;

III – efetuada a purga da mora, se o locador alegar que a oferta não é integral, justificando a diferença, o locatário poderá complementar o depósito no prazo de 10 (dez) dias, contado da intimação, que poderá ser dirigida ao locatário ou diretamente ao patrono deste, por carta ou publicação no órgão oficial, a requerimento do locador;

IV – não sendo integralmente complementado o depósito, o pedido de rescisão prosseguirá pela diferença, podendo o locador levantar a quantia depositada;

V - os aluguéis que forem vencendo até a sentença deverão ser depositados à disposição do juízo, nos respectivos vencimentos, podendo o locador levantá-los desde que incontroversos;

VI - havendo cumulação dos pedidos de rescisão da locação e cobrança dos aluguéis, a execução desta pode ter início antes da desocupação do imóvel, caso ambos tenham sido acolhidos.

Parágrafo único. Não se admitirá a emenda da mora se o locatário já houver utilizado essa faculdade nos 24 (vinte e quatro) meses imediatamente anteriores à propositura da ação.

A Lei 12.112, de 9 de dezembro de 2009, trouxe importantes alterações para a Lei do Inquilinato, principalmente no que diz respeito à agilidade para a retomada do imóvel pelo locador em caso de inadimplência de aluguéis e acessórios locatícios, ou encerramento do prazo do contrato de locação. Estas alterações, no tocante às ações de despejo por falta de pagamento, serão analisadas no curso da análise deste artigo:

62.1. A primeira mudança refere-se às ações de despejo por falta de pagamento. Segundo a atual redação do artigo 62 da Lei 8.245, essas ações podem ter por objeto não apenas os aluguéis e acessórios da locação, mas também os aluguéis provisórios (fixados em ações renovatórias ou revisionais), as diferenças de aluguéis, ou somente os acessórios da locação (como, por exemplo, os tributos, contribuições condominiais, etc.). Na verdade, a jurisprudência já vinha reconhecendo a viabilidade da ação de despejo por falta de pagamento a essas outras verbas, mas agora a segurança jurídica do credor ficou mais sedimentada, já que tal possibilidade decorre de lei.

62.2. A segunda alteração limitou-se a positivar a interpretação já consolidada na jurisprudência, no sentido de que, havendo cumulação da ação de despejo de pagamento com ação de cobrança dos aluguéis e encargos inadimplidos, citar-se-á o locatário em relação a ambos os pedidos, e os eventuais fiadores apenas em relação ao pedido de cobrança. Antes disso havia juízes que entendiam que se o locador cumulasse a ação de despejo com a de cobrança não poderia direcioná-las também contra o fiador, já que este último não teria legitimidade para figurar no polo passivo da ação de despejo. Agora a questão ficou aclarada, acolhendo o legislador a solução que já vinha sendo adotada pela mais abalizada jurisprudência. Porém, tanto o locatário como o fiador poderão evitar a rescisão da locação efetuando, no prazo de 15 dias contados da citação, o depósito judicial do débito atualizado, incluídos os aluguéis e encargos que se venceram até então, acrescidos da multa convencionada, dos juros, das custas e dos honorários. Como neste caso não se trata de prazo para contestar (que se contaria a partir da última citação, nos termos do artigo 231, incisos I a IV do Código de Processo Civil), há de se interpretar que para a purgação da mora os prazos para cada um dos réus – locatário e fiador – são autônomos, ou seja, contam-se a partir da citação de cada um, independentemente. Também o sublocatário autorizado terá direito de purgar a mora, assim como o cônjuge ou companheiro do locatário e outras pessoas interessadas na extinção da dívida (art. 304 do Código Civil). É importante salientar que a purgação da mora é incompatível com a contestação, ou seja, o locatário deve optar entre uma dessas atitudes processuais[198].

62.3. Apesar da correção monetária não estar explicitamente mencionada no artigo 62, esta é exigível por se tratar de mera recomposição do poder aquisitivo da moeda. A aparente omissão do artigo em mencionar a incidência da correção monetária decorre da política econômica que o Governo vem tentando implementar desde o chamado "Plano Real", em que se pretende substituir a aplicação da correção monetária pós-fixada por "juros" pré-fixados, que abrangeriam as perdas inflacionárias da moeda e a remuneração do capital. Isso ocorre com obrigações financeiras vinculadas a índices de aumentos periódicos, que reúnem em um só multiplicador a correção monetária e os juros propria-

---

198 STJ – Resp 625832 – 5ª Turma – Rel. Min. Laurita Vaz, j. 15/10/2009. Trecho da ementa: Na ação de despejo por falta de pagamento, não é admissível cumular o oferecimento de contestação com pedido de purgação da mora.

mente ditos, como, por exemplo, a taxa SELIC[199]. Não é o caso, porém, das obrigações locatícias de que trata este artigo, cujo pagamento feito a destempo deve incluir a multa, a correção monetária e os juros, além das custas e dos honorários advocatícios. A correção monetária há de ser considerada uma parte integrante do principal da dívida, já que não corresponde a um aumento, e sim a mera recomposição do poder aquisitivo da moeda, corroído pela inflação. Como bem diz VENOSA[200], "*mesmo na ausência de previsão contratual, a correção monetária é um imperioso absoluto dentro de uma economia que, como a história demonstra, não consegue viver sem ela*".

62.4. Deverá, também, ser incluída na petição inicial a discriminação do débito (e seus acréscimos moratórios), sob pena de inépcia. O cálculo matemático da dívida há de ser feito levando em conta cada um dos aluguéis em atraso e aplicando-se sobre cada um destes, sucessivamente, os seguintes acréscimos: primeiramente acresce-se ao valor de cada aluguel em atraso o valor da multa contratual eventualmente prevista; em seguida aplica-se sobre esse subtotal a correção monetária levando em conta os meses-calendário transcorridos desde a data do vencimento (ex.: maio, junho, julho etc.), independentemente do dia do mês em que isso ocorreu; por fim, aplica-se sobre o total acrescido de multa e corrigido os juros de 1% ao mês – se outro não foi escolhido – a cada período de 30 dias contados a partir da data do vencimento, calculados *pro rata tempore* em relação a frações de mês. A multa contratual não está limitada aos 2% previstos no artigo 52, § 2º, do Código de Defesa do Consumidor porque esse dispositivo aplica-se exclusivamente ao fornecimento de produto ou serviço que envolva outorga de crédito ou concessão de financiamento ao consumidor – e a nada disso se refere o contrato de locação.

---

199 Sistema Especial de Liquidação e de Custódia do Banco Central do Brasil.

200 VENOSA, Silvio de Salvo. *Lei do Inquilinato Comentada*. São Paulo: ed. Atlas, 2012, p. 289.

62.5. Se o locatário purgar a mora, mas o locador demonstrar que a oferta não cobre o valor integral da dívida, poderá o locatário complementar o depósito no prazo de 10 dias a contar da intimação, que poderá ser dirigida ao locatário ou diretamente ao seu advogado constituído nos autos, por carta ou publicação no diário oficial, a requerimento do locador. Não sendo complementado o depósito, o pedido de rescisão da locação prosseguirá pela diferença, podendo o locador levantar a quantia depositada.

62.6. Houve mudança também em relação ao número de vezes que locatário pode valer-se do benefício da purgação da mora para evitar a rescisão da locação. Antes, essa faculdade não poderia ser exercida se o locatário já a houvesse praticado por duas vezes nos doze meses anteriores à propositura da ação; agora, não poderá valer-se dessa prerrogativa se já a houver utilizado, ainda que uma só vez, nos 24 meses anteriores à propositura da ação.

63. A EXECUÇÃO DO DESPEJO

Art. 63. Julgada procedente a ação de despejo, o juiz determinará a expedição de mandado de despejo, que conterá o prazo de 30 (trinta) dias para a desocupação voluntária, ressalvado o disposto nos parágrafos seguintes (Redação dada pela Lei nº 12.112, de 2009).

§ 1º O prazo será de quinze dias se:

a) entre a citação e a sentença de primeira instância houverem decorrido mais de quatro meses; ou

b) o despejo houver sido decretado com fundamento no art. 9º ou no § 2º do art. 46 (Redação dada pela Lei nº 12.112, de 2009).

§ 2° Tratando-se de estabelecimento de ensino autorizado e fiscalizado pelo Poder Público, respeitado o prazo mínimo de seis meses e o máximo de um ano, o juiz disporá de modo que a desocupação coincida com o período de férias escolares.

§ 3º Tratando-se de hospitais, repartições públicas, unidades sanitárias oficiais, asilos, estabelecimentos de saúde e de ensino autorizados e fiscalizados pelo Poder Público, bem como por entidades religiosas devidamente registradas, e o despejo for decretado com fundamento no inciso IV do art. 9º ou no inciso II do art. 53, o prazo será de um ano, exceto no caso em que entre a citação e a sentença de primeira instância houver decorrido mais de um ano, hipótese em que o prazo será de seis meses (Redação dada pela Lei nº 9.256, de 9.1.1996).

§ 4° A sentença que decretar o despejo fixará o valor da caução para o caso de ser executada provisoriamente.

Julgada procedente a ação de despejo, o juiz determinará (a pedido do locador) a expedição de mandado de despejo, que conterá ordem para desocupação *voluntária* em 30 dias. Antes da inovação trazida pela Lei 12.112/09, o juiz deveria primeiramente mandar intimar o locatário para desocupação voluntária em 30 dias, para só depois, no caso de permanência do inquilino no imóvel, mandar despejá-lo coercitivamente. Agora aparentemente foi suprimida a necessidade de expedição de dois mandados; o próprio oficial de justiça incumbido da execução do despejo, certificando-se que o locatário não desocupou o imóvel no prazo de 30 dias, poderá, munido do mesmo mandado, executá-lo coercitivamente. Porém, na prática essa situação não poderá ser solucionada sem nova interferência do juiz, já que, se houver resistência ao despejo forçado, o oficial de justiça deverá solicitar auxílio de força policial. Nada impede, porém, que o locador peça antecipadamente ao juiz que, na hipótese de permanência do inquilino além do prazo de 30 dias para a desocupação voluntária, seja o oficial de justiça desde logo autorizado a solicitar diretamente força policial para a imissão do locador na posse do imóvel, bem como auxiliares para a remoção dos móveis.

63.1. O prazo de 30 dias, acima mencionado, será reduzido para *15 dias* se:

63.1.1. Entre a citação e a sentença de primeira instância se houverem decorrido mais de quatro meses;

63.1.2. O despejo houver sido decretado com fundamento no artigo 9º: mútuo acordo, prática pelo locatário de infração legal ou contratual, falta de pagamento de aluguel e/ou encargos, reparações urgentes no imóvel, determinadas pelo Poder Público; ou no § 2º do artigo 46: término do prazo de 30 dias para o locatário desocupar o imóvel, na hipótese de locação residencial prorrogada por prazo indeterminado em razão da permanência do locatário no imóvel por mais de 30 dias após o término do contrato, sem oposição do locador.

63.2. Se o locatário for estabelecimento de ensino autorizado e fiscalizado pelo Poder Público, o juiz concederá prazo de seis meses a um ano para desocupação e, dentro desses parâmetros, disporá de modo que a desocupação coincida com o período de férias escolares. A justificativa para esse alongamento de prazo deve-se ao fato de que um despejo abrupto prejudicaria os alunos. Porém, parece-me que se o estabelecimento de ensino não desocupar voluntariamente o imóvel nesse período de recesso escolar, o despejo coercitivo pode se iniciar imediatamente após, ainda no período de férias, e avançar no período de aulas que se seguir. Não seria justo que o instituto de ensino deixasse passar "in albis" o período de férias escolares fixado pelo juiz para a desocupação, e ainda assim o locador tivesse que aguardar pelo próximo período de encerramento das aulas para retomar o imóvel. Nesse caso, parece-me, devem prevalecer outros princípios igualmente importantes: o da boa-fé objetiva e o da vedação ao enriquecimento sem causa.

63.3. Caso o objetivo da ação seja o despejo de hospital, repartição pública, unidade sanitária oficiai, asilo, estabelecimento de saúde ou de ensino (autorizados e fiscalizados pelo Poder Público) ou de entidade religiosa registrada, com fundamento na necessidade de reparos urgentes determinados pelo Poder Público (art. 9º, IV), ou de demolição, edificação licenciada ou reforma que aumente a área útil em pelo menos 50% (art. 53, II), o prazo para desocupação voluntária será de um ano, exceto se entre a citação e a sentença de primeira instância houver decorrido mais de um ano, caso em que o prazo será de seis meses.

63.4. Em qualquer das situações acima descritas, o juiz deverá fixar o valor da caução para o caso de execução provisória da sentença. As balizas para esse arbitramento estão fixadas no artigo seguinte.

64. A CAUÇÃO PARA EXECUÇÃO PROVISÓRIA DA SENTENÇA

Art. 64. Salvo nas hipóteses das ações fundadas no art. 9o, a execução provisória do despejo dependerá de caução não inferior a 6 (seis) meses nem superior a 12 (doze) meses do aluguel, atualizado até a data da prestação da caução (Redação dada pela Lei nº 12.112, de 2009).

§ 1° A caução poderá ser real ou fidejussória e será prestada nos autos da execução provisória.

§ 2° Ocorrendo a reforma da sentença ou da decisão que concedeu liminarmente o despejo, o valor da caução reverterá em favor do réu, como indenização mínima das perdas e danos, podendo este reclamar, em ação própria, a diferença pelo que a exceder.

Com exceção das ações de despejo fundadas no artigo 9º da Lei 8.245, a execução provisória da sentença – ou seja, daquela ainda não transitada em julgado – dependerá de caução não inferior a 6 meses nem superior a 12 meses de aluguel, atualizada até a data da prestação da caução. Portanto, não é exigível a prestação de caução para executar provisoriamente sentenças proferidas em ações de despejo que tenham por fundamento: a) acordo; b) infração legal ou contratual praticada pelo locatário; c) falta de pagamento de aluguel e/ou encargos; d) reparações urgentes no imóvel, determinadas pelo Poder Público.

Em todas as outras ações de despejo a execução na pendência de recurso contra a sentença será *provisória*, mediante *caução*, e se fará em autos apartados, conforme dispõe o artigo 520 do Código de Processo Civil.

Apenas em casos de sentenças teratológicas[201], ou em que há lesão a direito líquido e certo, os Tribunais têm admitido a interposição de mandado de segurança para imprimir efeito suspensivo ao recurso de apelação[202]. Existe também, em tese, a possibilidade de se atribuir excepcionalmente efeito suspensivo à apelação interposta, nos termos do artigo 995 do Código de Processo Civil[203].

A caução poderá ser real ou fidejussória. Em princípio é possível indi-

---

[201] A palavra vem de "teratologia", que é a parte da medicina que estuda ou cuida das monstruosidades, ou malformações orgânicas. No sentido jurídico diz-se das decisões absurdas, cuja ilegalidade é escancaradamente perceptível.

[202] TJ/SP – 26ª Câmara de D. Privado – Mandado de Segurança nº 0087779-76.2012.8.26.0000 – Relator Des. Felipe Ferreira, j. 25/7/2012. **Ementa:** MANDADO DE SEGURANÇA. LOCAÇÃO DE IMÓVEL. DESPEJO. Carece de ação mandamental o impetrante que, sem demonstrar direito líquido e certo, busca rever decisão judicial não teratológica, sobretudo se contra a mesma cabia recurso próprio (art. 5o, II, da Lei 1.533/51 e Súmula 267, do STF). Carência do Mandado de Segurança.

[203] TJ/SP – 25ª Câmara de D. Privado – Mandado de Segurança 0078843-96.2011.8.26.0000 – Relator Des. Hugo Crepaldi, j. 30/9/2011. **Ementa:** MANDADO DE SEGURANÇA IMPETRAÇÃO CONTRA ATO JUDICIAL. Sentença que determinou o despejo da impetrante Ato decisório combatível por meio de apelação, que poderia ser excepcionalmente dotada de efeito suspensivo, nos termos do art. 558 do CPC. Insurgência por meio da via mandamental que viola o disposto pelo art. 5º, II da Lei 12.016/2009 Súmula 267 do STF - Ausência de interesse de agir por parte do impetrante. Segurança denegada, com fulcro no disposto pelo art. 267, VI do Código de Processo Civil e art. 6º, §5º da Lei 12.016/09.

car o próprio imóvel objeto da locação como caução, como já decidiu o Tribunal de Justiça de São Paulo[204].

De todo modo, fica o locador responsável por indenizar as perdas e danos que o locatário vier a sofrer, caso a sentença venha a ser reformada após a sua execução provisória. A caução, a ser entregue ao inquilino, servirá como amortização dessa indenização.

65. DESOCUPAÇÃO COERCITIVA

Art. 65. Findo o prazo assinado para a desocupação, contado da data da notificação, será efetuado o despejo, se necessário com emprego de força, inclusive arrombamento.

1° Os móveis e utensílios serão entregues à guarda de depositário, se não os quiser retirar o despejado.

2° O despejo não poderá ser executado até o trigésimo dia seguinte ao do falecimento do cônjuge, ascendente, descendente ou irmão de qualquer das pessoas que habitem o imóvel.

Caso o réu não desocupe o imóvel no prazo concedido na notificação, não há necessidade de nova ordem judicial para que o oficial execute o despejo. Encerrado aquele prazo, pode o oficial de justiça, munido do mesmo mandado, tomar as providências necessárias para o despejo coercitivo, requisitando força policial, se necessário e antecipadamente requerido.

204 TJ/SP – 25ª Câmara de D. Privado. Agravo de Instrumento nº 0132007-39.2012.8.26.0000 – Relator Des. Marcondes D'Angelo, j. 27/8/2012. **Ementa:** AGRAVO DE INSTRUMENTO LOCAÇÃO DE IMÓVEIS DESPEJO. Liminar para desocupação de imóvel. Concessão. Possibilidade. Fundamentação em hipótese diversa da pretendida pela agravante. Irrelevância. Caução. Indicação do imóvel de propriedade do locador, objeto do contrato de locação. Admissibilidade. Decisão parcialmente reformada. Recurso parcialmente provido para esse fim.

65.1. OS MÓVEIS E UTENSÍLIOS DEIXADOS NO IMÓVEL: não é raro que, após o decurso do prazo para a desocupação espontânea pelo réu, o oficial de justiça, ao retornar ao imóvel para imitir o locador em sua posse, encontre objetos no interior do imóvel. Diz este dispositivo que se o locatário não os quiser retirar deverá o oficial de justiça entregá-los a um depositário. Porém, considerando que pelo menos no Estado de São Paulo não existe mais a figura do depositário público judicial – que seria gratuito – a questão que se põe é se o locador ficaria impossibilitado de imitir-se na posse do imóvel sem antes contratar (e pagar) um depositário particular para guardar os bens encontrados, ou ele mesmo assumir o encargo e a responsabilidade de depositário. Alguns doutrinadores entendem que nesse caso o locador deve, sim, suportar as despesas com a remoção e guarda dos bens deixados pelo locatário, e posteriormente incluir o valor desses gastos no cálculo geral da dívida do locatário[205]. Outros sustentam que na prática é o próprio locador que removerá os bens e que se constituirá depositário, fazendo jus por isso a uma remuneração fixada pelo magistrado[206]. Parece-me que essa não é a melhor interpretação desse dispositivo. Existem várias situações possíveis e cada qual deverá, a nosso ver, ter uma consequência jurídica distinta: a) se o réu *já tiver desocupado* o imóvel por ocasião do final do prazo concedido pelo juiz, mas em seu interior o oficial de justiça encontrar coisas, deverá considerá-las *abandonadas* pelo locatário e, desde logo, imitir o locador na posse do imóvel – que se tornará proprietário desses bens, por força do disposto no artigo 1.275, inciso III, do Código Civil; b) se o réu *ainda estiver ocupando* o imóvel quando do retorno do oficial de justiça, deverá este providenciar o seu despejo coercitivo, chamando força policial, se necessário, e nessa situação, caso o réu não queira

---

205 SANTOS, Gildo dos. *Locação e Despejo – Comentários à Lei 8.245/91.* São Paulo: ed. Revista dos Tribunais, 2011.

206 DINIZ, Maria Helena. *Lei de locações de imóveis urbanos comentada.* São Paulo: ed. Saraiva, 2006, p. 282.

retirar os objetos existentes no interior do imóvel, deverá o oficial levá-los a um depositário, porém, *desde que o próprio réu adiante as despesas correspondentes*; c) se, estando o réu no imóvel, recusar-se a retirar as coisas existentes em seu interior, mas também não quiser adiantar as despesas de transporte e depósito, deverá o oficial de justiça chamar a força policial, que nessa situação simplesmente retirará as coisas que houver no interior do imóvel e as colocará na calçada, para que em seguida o serviço público de limpeza os leve ao local próprio de descarte. O que não se pode impor ao locador – a teor do princípio da boa-fé contratual – é que tenha de suportar também os gastos e ônus de transporte e depósito desses bens, simplesmente porque o locatário não os quis retirar. Vale ressaltar que esta é a interpretação que parece mais afinada com o princípio da boa-fé contratual e mais adequada do ponto de vista do a eficiência que se espera do Poder Judiciário. Porém, é recomendável que ao requerer a execução do despejo o autor da ação peça ao juiz que autorize expressamente o oficial de justiça a tomar as providências acima mencionadas.

65.2. O RESPEITO AO LUTO: também não pode o oficial de justiça executar o despejo até o trigésimo dia seguinte ao do falecimento do cônjuge, ascendente, descendente ou irmão de qualquer das pessoas que habitem o imóvel. Porém, essa situação há de ser previamente demonstrada nos autos ou, quando menos, ao oficial de justiça, para que o ato não se realize. Após a realização do despejo não pode o réu pedir a sua anulação anunciando um falecimento pretérito de alguma das pessoas mencionadas nesse artigo. Aplica-se ao caso o brocardo latino que diz "*quod non est in actis non est in mundo*" (o que não está nos autos não está no mundo)[207].

---

[207] Brocardo utilizado na motivação do acórdão nº 974.505-5, da 19ª Câmara de D. Privado do Tribunal de Justiça do Estado de São Paulo.

66. O ABANDONO DO IMÓVEL LOCADO

Art. 66. Quando o imóvel for abandonado após ajuizada a ação, o locador poderá imitir-se na posse do imóvel.

Sustentam alguns doutrinadores que a premissa para que o locador possa requerer ao Juiz a sua imissão na posse do imóvel é que o locatário o tenha abandonado *após* o ajuizamento da ação, já que se essa desocupação tiver ocorrido *antes* disso faltaria legítimo interesse ao seu autor[208]. Ocorre que muitas vezes o locador não sabe ou não tem como saber se o imóvel foi de fato abandonado pelo locatário, e nesse caso, mesmo supondo ter ocorrido o abandono, pode ajuizar a ação de despejo e posteriormente requerer a constatação do abandono e subsequente imissão na posse. Encontrando o Oficial de Justiça elementos que lhe permitam concluir ter o locatário abandonado o imóvel (relato dos vizinhos, sujeira externa, correspondências abandonadas na porta etc.), deve imitir o locador na posse do imóvel, valendo-se de arrombamento, se necessário. Aliás, caso se trate de imóveis com portas trancadas, parece-me que no próprio conceito de imissão judicial de posse está implicitamente inserido o arrombamento, de modo que em princípio, concedida a ordem judicial de imissão de posse, a de arrombamento seria mera decorrência. Porém, há Oficiais de Justiça que, por cautela, exigem que a autorização para arrombamento conste expressamente no mandado de constatação e imissão de posse, de modo que é de todo conveniente ao autor requerê-la. No momento da imissão do locador na posse do imóvel, a locação se encerra. Questão interessante é se, na hipótese de abandono do imóvel pelo locatário e inadimplemento de aluguéis, teria o fiador algum instrumento jurídico para forçar o locador a ajuizar a ação de despejo e requerer a sua imissão na posse

[208] DINIZ, Maria Helena. *Lei de locações de imóveis urbanos comentada.* São Paulo: ed. Saraiva, 2006., p. 283.

do imóvel. De fato, poderia em tese afigurar-se vantajoso para o locador não ajuizar ação de despejo (que encerraria a locação), mas tão somente a ação executiva contra o locatário e/ou o fiador para a cobrança dos aluguéis inadimplidos. Nessa situação, parece-me que o fiador, invocando o princípio da boa-fé contratual, poderia noticiar formalmente ao locador o abandono do imóvel locado e intimá-lo a tomar as medidas judiciais para a sua imissão na posse, e, se mesmo assim o locador se mantivesse inerte, intentar ação cominatória para instá-lo a promover a competente ação de despejo por falta de pagamento e requerer sua imissão na posse do imóvel, sob pena de multa diária.

67. A AÇÃO DE CONSIGNAÇÃO EM PAGAMENTO

Art. 67. Na ação que objetivar o pagamento dos aluguéis e acessórios da locação mediante consignação, será observado o seguinte:

I - a petição inicial, além dos requisitos exigidos pelo art. 282 do Código de Processo Civil, deverá especificar os aluguéis e acessórios da locação com indicação dos respectivos valores;

II - determinada a citação do réu, o autor será intimado a, no prazo de vinte e quatro horas, efetuar o depósito judicial da importância indicada na petição inicial, sob pena de ser extinto o processo;

III - o pedido envolverá a quitação das obrigações que vencerem durante a tramitação do feito e até ser prolatada a sentença de primeira instância, devendo o autor promover os depósitos nos respectivos vencimentos;

IV - não sendo oferecida a contestação, ou se o locador receber os valores depositados, o juiz acolherá o pedido, declarando quitadas as obrigações, condenando o réu ao pagamento das custas e honorários de vinte por cento do valor dos depósitos;

V - a contestação do locador, além da defesa de direito que possa caber, ficará adstrita, quanto à matéria de fato, a:

a) não ter havido recusa ou mora em receber a quantia devida;

b) ter sido justa a recusa;

c) não ter sido efetuado o depósito no prazo ou no lugar do pagamento;

d} não ter sido o depósito integral;

VI - além de contestar, o réu poderá, em reconvenção, pedir o despejo e a cobrança dos valores objeto da consignatória ou da diferença do depósito inicial, na hipótese de ter sido alegado não ser o mesmo integral;

VII - o autor poderá complementar o depósito inicial, no prazo de cinco dias contados da ciência do oferecimento da resposta, com acréscimo de dez por cento sobre o valor da diferença. Se tal ocorrer, o juiz declarará quitadas as obrigações, elidindo a rescisão da locação, mas imporá ao autor-reconvindo a responsabilidade pelas custas e honorários advocatícios de vinte por cento sobre o valor dos depósitos;

VIII - havendo, na reconvenção, cumulação dos pedidos de rescisão da locação e cobrança dos valores objeto da consignatória, a execução desta somente poderá ter início após obtida a desocupação do imóvel, caso ambos tenham sido acolhidos.

Parágrafo único. O réu poderá levantar a qualquer momento as importâncias depositadas sobre as quais não penda controvérsia.

As hipóteses de cabimento da consignação em pagamento estão previstas no Código Civil e também em legislação extravagante, mas as mais comuns no caso de locações imobiliárias urbanas são aquelas previstas no artigo 335 do Código Civil, a saber: a) a recusa injusta do locador em receber aluguéis; b) sua inércia em ir receber ou mandar receber o aluguel na forma prevista no contrato ou na lei; c) tornar-se o locador incapaz de receber, ou for declarado ausente, ou, tratando-se de dívida *portable*, passar a residir em local incerto e não sabido, ou de acesso perigoso ou difícil; d) ocorrer dúvida sobre quem seria o legítimo credor dos aluguéis;

d) pender litígio sobre o objeto do pagamento. Nessas situações pode o locatário ajuizar ação de consignação em pagamento – que, mediante o depósito, objetiva uma sentença que declare a obrigação satisfeita.

No polo ativo dessa ação deverá constar o obrigado ou coobrigado, ou mesmo o terceiro não interessado – desde que o faça em nome e por conta do devedor (artigos 304 a 306 do Código Civil).

O polo passivo deve ser ocupado pelo locador ou, no caso de dúvida sobre quem deva ser o legítimo credor, ou de litígio sobre o objeto da obrigação, por todos eles. O Superior Tribunal de Justiça vem decidindo que a administradora da locação não tem legitimidade para responder a ação de consignação em pagamento, haja vista ser mera mandatária do locador[209]. Em sentido contrário é a opinião de VENOSA[210], para quem *"tendo (a administradora) poderes para receber o pagamento dos alugueres, pode ser demandada"*. Essa tese, no entanto, já foi recusada pelo STJ em mais de uma oportunidade: REsp 227011/ES; REsp 253155/RS, tendo sido acolhida somente na hipótese de estar ausente o locador-mandante, sem endereço conhecido (REsp 37068/MS, 5ª Turma, Relator Ministro Assis Toledo, j. 01/12/1993).

É possível também a utilização da ação consignatória para devolver o imóvel ao locador, por meio do depósito das chaves, como já decidiu a 6ª Turma do Superior Tribunal de Justiça no REsp 463337/MG, relatado pelo Ministro Paulo Gallotti, em julgamento de 20/2/2003.

As disposições da Lei do Inquilinato não afastam a prerrogativa que o artigo 539, parágrafo primeiro, do Código de Processo Civil confere ao locatário ou ao terceiro, de, tratando-se de aluguel fixado em dinheiro, depositar a quantia devida em estabelecimento bancário no lugar do pagamento, em conta com correção monetária, cientificando o locador mediante carta com aviso de recebimento e assinando-lhe o prazo de dez dias

---

209 STJ – 5ª Turma – REsp 305974 / MG – Relator Ministro JORGE SCARTEZZINI, j. 16/6/2002. No mesmo sentido: REsp nºs 253.155/RS e 227.011/ES.

210 VENOSA, Silvio de Salvo. *Lei do Inquilinato Comentada*, 11 ª edição, São Paulo: ed. Atlas, 2012, p. 316.

para manifestação da recusa, por escrito, ao estabelecimento bancário. Se não houver manifestação do locador no referido decêndio, considerar-se-á o locatário liberado da obrigação, ficando o dinheiro à disposição do locador. Caso haja justificativa da recusa, manifestada na forma e prazo legais, deverá o depositante, no prazo de trinta dias, promover a ação de consignação em pagamento, instruindo a inicial com a prova do depósito e da recusa. Se a ação não for promovida nesse prazo, o depósito ficará sem efeito, podendo levantá-lo o depositante.

67.1. A PETIÇÃO INICIAL: sem prejuízo dos requisitos previstos no artigo 319 do Código de Processo Civil, deverá o devedor especificar em sua petição inicial os aluguéis e/ou acessórios da locação que pretende depositar, com a indicação dos respectivos valores. Uma vez que o pressuposto da ação consignatória é a mora *accipiendi* ou outra situação impeditiva do pagamento, pela qual o devedor não possa ser responsabilizado, o tempo necessário às providências para a propositura da ação (contratação de advogado, redação da petição inicial etc.) não configura, em princípio, mora do devedor. Não há que se falar, portanto, na indicação de acréscimos moratórios ao cálculo dos valores que o devedor pretende depositar.

67.2. O PRAZO PARA DEPÓSITO JUDICIAL: após ter sido determinada a citação do réu, far-se-á a intimação do autor para que, dentro de 24 horas, realize o depósito judicial da importância indicada na petição inicial, sob pena de extinção do processo. Como se verá no item seguinte, caso no interregno entre a data do ajuizamento da ação e a desse depósito tornem-se exigíveis outros aluguéis e/ou acessórios, deverá o locatário depositá-los também, na mesma oportunidade. Porém, para que não haja dúvidas quanto ao depósito do valor indicado na petição inicial, é conveniente realizá-lo por meio de uma guia bancária específica, e o dos aluguéis e/ou encargos vencidos posteriormente em guia distinta. De todo modo, ainda que esse depósito seja feito por meio de uma única guia, é de todo conveniente esclarecer ao juízo, em demonstrativo detalhado, quais são os valores relativos a aluguéis e encargos indicados na petição inicial e quais aqueles que se venceram entre a data da propositura da ação e a do depósito. A intimação do autor para que providencie o depósito deverá ser pessoal, consoante já decidido pelo Superior Tribunal de Justiça[211].

67.3. OS DEPÓSITOS EM CONTINUAÇÃO: Durante o processo, e até a sentença de primeiro grau[212], deve o autor continuar a depositar nos autos da ação o valor dos aluguéis e/ou encargos que forem se vencendo. Como adverte a doutrina[213], e corrobora a jurisprudência[214], a data de prolação da sentença é o limite temporal para os depósitos na ação em curso, pois do contrário não haveria como o juiz de primeiro grau conferir sua exatidão. Assim, se houver recurso contra a sentença por parte do réu, e se persistir a causa que justificou a consignação, não restará outro caminho ao locatário senão intentar nova ação, buscando o depósito dos aluguéis posteriores[215]. Porém, parece-me que para evitar decisões díspares sobre a mesma questão, o juiz a quem couber decidir o segundo processo deverá autorizar os depósitos requeridos pelo autor e determinar a citação do réu, mas suspender o julgamento da questão com base no artigo 313, inciso V, letra "a", do Código de Processo Civil, sem prejuízo dos depósitos em continuação, até que transite em julgado a decisão anterior, que servirá de baliza para o seu julgamento. A jurisprudência tem entendido que os depósitos em continuação devem ser feitos tempestivamente, sob pena de extinção do

---

211 STJ – 5ª Turma. REsp nº 293.683-SP; Relator Ministro Gilson Dipp, Acórdão de 3/5/2001.

212 TJ/SP – Embargos de Declaração nº 1152828010- 34ª Câmara de D. Privado. Relator Des. Nestor Duarte. Acórdão de 17/8/2009.

213 SANTOS, Gildo dos. *Locação e Despejo – Comentários à Lei 8.245/91*. São Paulo: ed. Revista dos Tribunais, 2011, p. 515.

214 2º TACiv/SP – 1ª Câmara. Apelação sem revisão nº 9143063-96.2001.8.26.0000. Relator Des. Vieira de Moraes, j. 9/4/2002.

215 Conforme decidido no mesmo aresto acima indicado (Apelação nº 9143063-96.2001.8.26.0000).

processo[216], não se admitindo, portanto, a mora intercorrente. Porém, parece-me que se o depósito em continuação porventura intempestivo tiver sido feito pelo inquilino com os acréscimos moratórios previstos no contrato, não se deve extinguir o processo[217]. De fato, uma vez que ao autor é permitida a complementação do depósito inicial porventura considerado insuficiente pelo réu, desde que acrescida de multa de 10%, por necessária analogia haveria de se admitir a possibilidade de depósito em atraso, desde que espontaneamente acrescido pelo autor dos encargos moratórios. Além disso, não haveria qualquer prejuízo para o autor da ação.

67.4. A FALTA DE RESISTÊNCIA PELO RÉU: Se o réu não contestar, ou se o locador receber os valores depositados, o juiz deverá julgar a ação procedente, declarando extintas as obrigações do locatário até aquela data e condenando o réu ao pagamento das custas e de honorários advocatícios, fixados em 20% do valor dos depósitos. Evidentemente, se o fundamento da ação consignatória referir-se à incerteza quanto ao legítimo credor da obrigação (Código Civil, artigo 335, IV), deverá o juiz proceder de acordo com o disposto no artigo 898 do Código de Processo Civil, isto é: se não comparecer nenhum pretendente aos aluguéis, o depósito será convertido em arrecadação de bens de ausente; se comparecer apenas um dos citados, o juiz decidirá de plano; e se comparecer mais de um, o juiz declarará extinta a obrigação do autor e o processo continuará a correr unicamente entre os credores, adotando, então, o rito ordinário.

---

216 TJ/SP – 35ª Câmara do 8º Grupo (ext. 2º TACiv) – Apelação com Revisão nº 9143063-96.2001.8.26.0000, Relator Des. Mendes Gomes, j. 26/3/2007.

217 No mesmo sentido é a opinião de Silvio de Salvo VENOSA, para quem "depósitos serôdios devem ser examinados em cada caso, não implicando automaticamente em insucesso da ação consignatória". Alerta esse tratadista também que "sob a égide do Código de Processo Civil vem-se decidindo que os depósitos sucessivos, feitos a destempo, não inibem a procedência da ação consignatória (RT 546/147, 560/142, 563/149)", *op. cit.*, p. 321.

67.5. A MATÉRIA DE DEFESA: exceção feita às questões de direito porventura arguíveis, a defesa de mérito do réu só poderá abordar as seguintes matérias:

67.5.1. A inexistência de mora ou de recusa em receber a quantia devida: o locador pode rechaçar a afirmação de que teria incidido em mora ou se recusado a receber a quantia devida, situação em que o ônus da prova dessa demora ou negativa (fatos constitutivos do direito à consignação) caberá ao locatário[218].

67.5.2. A justa recusa: o locador também poderá alegar que a recusa foi justa, ou seja, reconhecer que houve a negativa de recebimento, mas que esta se deu por motivo justo, como ocorre, por exemplo, quando o locatário pretende pagar importância inferior (ou mesmo superior) à que o locador considera devida. Muitas vezes isso se dá em razão da interpretação divergente de cláusula de correção monetária dos aluguéis.

67.5.3. Depósito extemporâneo ou em local diferente do contratado: como dito acima, ao locatário é concedido o prazo de 24 horas, após sua intimação, para promover o depósito do valor indicado em sua petição inicial. Esse depósito deve ser feito em conta bancária à disposição do Juízo. Caso o locatário desatenda uma dessas diretrizes poderá o locador impugnar sua pretensão. Porém, como se verá a seguir, ainda que o locador conteste o pedido do locatário sob o argumento de insuficiência do valor do depósito, poderá este último complementar o depósito e obter a procedência da ação, mas nesse caso suportará o pagamento das custas e de honorários de advogado do locador.

---

[218] TJ/SP – 26ª Câmara de Direito Privado – Apelação nº0101888-56.2007.8.26.0005, Relator Des. Carlos Alberto Garbi, j. 9/2/2010. Trecho do voto acolhido por unanimidade: "José Guy de Carvalho Pinto esclarece que 'o devedor há que provar a oferta e formal repulsa, para que, com assento em mora então descerrada, possa intentar o pagamento por via consignatória (...). O ônus da prova da renitência, em princípio, compete ao consignante, mas o fato bem pode ser presumido por uma série de indícios, como a contestação da quantia oferecida' (Locação e Ações Locatícias, ed. Saraiva, 1997, p. 663)".

67.6. O PEDIDO DE DESPEJO EM RECONVENÇÃO: se o argumento de defesa do locador for a insuficiência do depósito feito pelo locatário, poderá também oferecer reconvenção, cumulando o pedido de despejo por falta de pagamento com o de cobrança da diferença devida e seus acréscimos. Nesse caso, na mesma sentença o juiz julgará a ação consignatória e a correspondente reconvenção, e a eventual improcedência da primeira implicará na procedência da segunda. Parece-me acertado o entendimento de que o objeto da reconvenção não fica restrito à falta de pagamento, mas poderá também versar sobre outro fundamento.[219]

67.7. A COMPLEMENTAÇÃO DO DEPÓSITO: no prazo de cinco dias após ter tomado ciência da defesa baseada em insuficiência do depósito inicial, poderá o locatário complementá-lo, com 10% de acréscimo sobre essa diferença, evitando, assim, a rescisão da locação. Nesse caso, o juiz declarará quitadas as obrigações, mas condenará o autor ao pagamento das custas processuais e de honorários advocatícios fixados em 20% sobre o valor dos depósitos. É possível que entre a data do depósito inicial e a intimação do locatário para manifestar-se sobre a defesa do locador tenham se vencido outros aluguéis e/ou encargos, e nessa situação a complementação há de referir-se também aos depósitos em continuação de que trata o inciso III.

67.8. CUMULAÇÃO DE PEDIDOS NA RECONVENÇÃO: caso o locador, considerando insuficiente o depósito inicial feito pelo locatário, conteste a ação consignatória e, além disso, ofereça reconvenção com o pedido de despejo e de cobrança dos valores objeto da consignação, só poderá executar o crédito objeto da condenação depois que obtiver a desocupação do imóvel, caso ambos os pedidos reconvencionais tenham sido acolhidos.

67.8.1. Os valores incontroversos: caso haja valores depositados sobre os quais não penda controvérsia entre as partes, poderá o réu,

---

[219] VENOSA, Silvio de Salvo. *Lei do Inquilinato Comentada*, 11 ª edição, São Paulo: ed. Atlas, 2012, p. 318.

a qualquer tempo, levantá-los. Existe posição doutrinária e jurisprudencial no sentido de que isso *não* se aplica à hipótese de depósito considerado insuficiente pelo locador. É a opinião, por exemplo, de DINIZ[220], que considera que *"tal levantamento não se estende às importâncias pendentes de controvérsia, como tal a que corresponde ao aluguel contestado sob pecha de insuficiência (EJSTJ, 8:96)"*. Parece-me, no entanto, que a solução mais justa é a de assegurar ao locador o levantamento das quantias depositadas, ainda que as considere insuficientes, pois *pelo menos* tais valores são considerados incontroversos. Desse modo, se a quantia depositada pelo locatário é considerada insuficiente pelo locador, e o primeiro não a complementa por considerá-la exata, deve ser permitido ao locador levantá-la, sem prejuízo de sua irresignação, já que ao menos em relação *a essa fração da obrigação* ambas as partes não divergem. A propósito desse tema, a 34ª Câmara de D. Privado do Tribunal de Justiça de São Paulo considerou um *error in judicando* o entendimento de sentença que, ao julgar improcedente ação de consignação em pagamento e procedente a ação de despejo por falta de pagamento conexa, determinou que as quantias depositadas fossem levantadas pelo locatário[221]. Nesse aresto, a Câmara entendeu que *"o* error in judicando, *cometido quando do julgamento dos primeiros embargos de declaração, resulta evidente diante dos termos dos arts. 62, IV, e 67, parágrafo único, da Lei 8241/91"*.

68. A AÇÃO REVISIONAL DE ALUGUEL

Art. 68. Na ação revisional de aluguel, que terá o rito sumário, observar-se-á o seguinte: (Redação dada pela Lei nº 12.112, de 2009)

I - além dos requisitos exigidos pelos arts. 276 e 282 do Código de

[220] VENOSA, Silvio de Salvo. *Lei do Inquilinato Comentada*, 11 ª edição, São Paulo: ed. Atlas, 2012, p. 297.

[221] TJ/SP – Agravo de Instrumento nº 0161378-82.2011.8.26.0000 – Relator Des. Nestor Duarte, j. 26/9/2011.

Processo Civil, a petição inicial deverá indicar o valor do aluguel cuja fixação é pretendida;

II – ao designar a audiência de conciliação, o juiz, se houver pedido e com base nos elementos fornecidos tanto pelo locador como pelo locatário, ou nos que indicar, fixará aluguel provisório, que será devido desde a citação, nos seguintes moldes: (Redação dada pela Lei nº 12.112, de 2009)

a) em ação proposta pelo locador, o aluguel provisório não poderá ser excedente a 80% (oitenta por cento) do pedido; (Incluída pela Lei nº 12.112, de 2009).

b) em ação proposta pelo locatário, o aluguel provisório não poderá ser inferior a 80% (oitenta por cento) do aluguel vigente; (Incluída pela Lei nº 12.112, de 2009).

III - sem prejuízo da contestação e até a audiência, o réu poderá pedir seja revisto o aluguel provisório, fornecendo os elementos para tanto;

IV – na audiência de conciliação, apresentada a contestação, que deverá conter contraproposta se houver discordância quanto ao valor pretendido, o juiz tentará a conciliação e, não sendo esta possível, determinará a realização de perícia, se necessária, designando, desde logo, audiência de instrução e julgamento; (Redação dada pela Lei nº 12.112, de 2009).

V – o pedido de revisão previsto no inciso III deste artigo interrompe o prazo para interposição de recurso contra a decisão que fixar o aluguel provisório. (Incluído pela Lei nº 12.112, de 2009).

1° Não caberá ação revisional na pendência de prazo para desocupação do imóvel (arts. 46, parágrafo 2° e 57), ou quando tenha sido este estipulado amigável ou judicialmente.

2° No curso da ação de revisão, o aluguel provisório será reajustado na periodicidade pactuada ou na fixada em lei.

Conforme disposto no artigo 19 desta Lei, o locador ou o locatário poderão, após três anos de vigência do contrato ou do último acordo, pedir ao juiz que adeque o valor do aluguel ao preço de mercado. A essa ação dá a lei o nome de ação revisional de aluguel, que deverá obedecer ao rito sumário. O contrato de locação objeto desta ação pode ser verbal ou escrito, realizado pelas partes diretamente ou por seus antecessores. Portanto, o interregno de três anos – que deve ser ininterrupto – se conta a partir do início do contrato ou do último acordo, ainda que estes tenham sido realizados, por exemplo, pelo proprietário anterior do imóvel, ou pelos antecessores, nas hipóteses tratadas no artigo 51 desta Lei.

Para a ação revisional ajuizada pelo locador, devem ser citados o locatário e respectivos fiadores, sob pena de não se poder exigir desses últimos as diferenças entre o aluguel vigente e aquele que vier a ser fixado. É o que já decidiu o Superior Tribunal de Justiça, em acórdão relatado pela Ministra Laurita Vaz.[222]

A Lei 12.112/2009 trouxe mudanças significativas em relação ao momento de fixação do aluguel provisório e aos elementos que servirão de base para a sua fixação. Antes, o aluguel provisório – devido a partir da citação – só era fixado pelo juiz na audiência de *instrução e julgamento*, mediante pedido e elementos fornecidos pelo locador ou por este indicados, e limitado a 80% do pedido. Com a nova redação do artigo, esse aluguel provisório, se pedido, será fixado pelo juiz na audiência de *tentativa de conciliação* (art. 334 do Código de Processo Civil) e tomará por base os elementos fornecidos tanto pelo locador como pelo locatário, ou os que indicar. Se a ação tiver sido proposta pelo locador, o aluguel provisório não poderá exceder 80% do pedido; se houver sido proposta pelo locatário, não poderá ser inferior a 80% do aluguel vigente. Na audiência de tentativa de conciliação, apresentada a contestação – que deverá conter contraproposta no caso de discordância quanto ao valor pretendido pela parte contrária – o juiz tentará o acordo e, não tendo êxito, determinará

---

[222] STJ – 5 ª Turma – REsp 687476 / SP – Relatora Ministra Laurita Vaz, j. 15/3/2007. Trecho da ementa: "O art. 69, § 2.º, da Lei n.º 8.245/91, prescreve que a execução das diferenças apuradas na ação revisional de aluguel deve ser feita nos próprios autos da revisão. O fiador, ora Recorrente, não compôs o pólo passivo da ação revisional de aluguel, que originou o título executivo judicial. Desse modo, não pode ser demandado pelos valores dela resultantes, sendo manifesta a sua ilegitimidade passiva para a execução do título judicial proveniente daquela ação. Precedentes.

a realização de perícia, se necessária, designando desde logo a audiência de instrução e julgamento. O pedido de revisão previsto no inciso III do artigo 68 passa a interromper o prazo de recurso contra a decisão que fixar o aluguel provisório. Verifiquemos a seguir, com mais detalhes, as etapas dessa ação os atos que as compõem:

68.1. O ALUGUEL PRETENDIDO: a parte que ingressar com a ação revisional (locador ou locatário) deverá, além de atender os requisitos previstos no artigo 319 do Código de Processo Civil, indicar na petição inicial o valor do aluguel que pretende passe a vigorar. Como se trata de ação que tramitará sob o rito sumário, na petição inicial deverão constar o rol de testemunhas (se for o caso), o pedido de perícia, a indicação do assistente técnico do autor e os quesitos a serem respondidos pelos *experts*. Poderá ainda o autor, se quiser, requerer na petição inicial a fixação de *aluguel provisório*, a vigorar a partir da citação do réu, e indicar desde lodo os elementos que possam demonstrar ao juiz ser esse o real valor locativo de mercado do imóvel, conforme mencionado no item anterior. Apesar de ser imprescindível ao autor indicar na inicial o valor pretendido para o novo aluguel, o Tribunal de Justiça de São Paulo, por meio de sua 36ª Câmara de D. Privado, já decidiu ser possível ao juiz fixar o definitivo em valor superior, justificando essa posição sob o argumento de que este deve ser fixado por arbitramento[223].

68.2. O ALUGUEL PROVISÓRIO: desde que o autor da ação o tenha requerido na peça inicial e tenha fornecido elemento de convicção idôneo – que em princípio deve consistir em um laudo de avaliação

---

[223] TJ/SP – 36ª Câmara de Direito Privado – Apelação nº 0209642-63.2007.8.26.0100 – Relator Des. Arantes Theodoro, j. 12/12/2013. **Ementa:** Locação. Ação revisional de aluguel. Fixação do novo locativo em valor superior ao indicado na petição inicial. Possibilidade. Aluguel que nos termos do art. 68 da Lei 8.245/91 há de ser fixado mediante arbitramento, não estando o julgador, assim, vinculado à estimativa apresentada na petição inicial. Inocorrência de motivo a justificar desprezo ao laudo pericial. Recuso provido.

feito por técnico capacitado – o juiz, ao designar a audiência de tentativa de conciliação de que trata o artigo 334 do Código de Processo Civil, fixará o aluguel provisório que será devido a partir da citação do réu. Trata-se, pois, de uma decisão "*inaudita altera parte*", já que a designação da audiência de tentativa de conciliação é concomitante à ordem para citação do réu. Muito se discute se esse laudo deve necessariamente ser feito por engenheiro ou se pode ser subscrito por corretor de imóveis. O Superior Tribunal de Justiça já decidiu em pelo menos duas oportunidades que "a avaliação de um imóvel não se restringe às áreas de conhecimento de engenheiro, arquiteto ou agrônomo, podendo, também, ser aferida por outros profissionais"[224]. O Tribunal de Justiça de São Paulo também já se manifestou nesse mesmo sentido[225]. De fato, a avaliação de um bem é mais uma questão de mercado do que de ciências exatas, razão pela qual não seria razoável considerá-la reservada a engenheiros, arquitetos ou agrônomos. Tome-se como exemplo o fato de que a despeito de ter dimensões, localização e construção consideradas adequadas, pode um imóvel ser desvalorizado pelo mercado em face de situações exógenas ou inesperadas. Evidentemente a pessoa incumbida de tal mister deverá ter conhecimento e experiência específicos na área, o que pode ser granjeado por indivíduos independentemente de grau superior de escolaridade. De toda forma, a aptidão técnica para esse trabalho deverá ser demonstrada. O valor desse aluguel provisório será fixado de acordo com os seguintes parâmetros:

68.2.1. Se a ação tiver sido proposta *pelo locador*, o aluguel provisório não poderá exceder 80% do valor por este indicado na petição inicial. De acordo com esse artigo, portanto, se o aluguel vigente não for inferior

---

[224] STJ - REsp 21.303/BA, 3ª T., Ministro Dias Trindade, DJ de 29.06.1992; REsp nº 779.196 - RS (2005/0146535-8), 1ª T. Ministro Teori Albino Zavascki.

[225] TJ/SP - Agravo de Instrumento nº 0083875-82.2011.8.26.000 0, 36ª Câm. Dir. Priv.; Relator Des. Romeu Ricúpero, ac. 21/7/2011; TJ/SP - Agravo de instrumento n.º 0104089-94.2011.8.26.000 0, 27ª Câm. Dir. Priv., Relator Des. Gilberto Leme, j. 13/9/2011.

a 80% do aluguel pretendido pelo locador, não lhe será proveitoso requerer a fixação de aluguel provisório, já que o juiz só poderia fixá-lo em no máximo 80% do aluguel indicado na petição inicial. É o caso, por exemplo, do locador que vem recebendo R$ 10.000,00 mensais como aluguel e que pretende majorá-lo para R$ 12.000,00 por intermédio da ação revisional. Nesse caso, uma vez que o juiz só pode fixar o aluguel provisório em até 80% do pedido, isso resultaria em R$ 9.600,00 mensais. Parece-me que nessa situação o juiz deverá manter o valor vigente, pois do contrário ocorreria um contrassenso jurídico: para buscar um aumento, o autor teria primeiro de sofrer uma redução no valor de sua receita.

68.2.2. Se a ação tiver sido proposta *pelo locatário*, o aluguel provisório não poderá ser inferior a 80% do aluguel em vigor. Assim, se o valor do aluguel buscado pelo locatário corresponder a mais do que 80% do valor vigente, também não lhe será proveitoso pedir a fixação de aluguel provisório.

68.3. O PEDIDO DE REVISÃO DO ALUGUEL PROVISÓRIO: sem prejuízo de sua defesa, é facultado ao réu, até a data da audiência designada pelo juiz, impugnar o valor do aluguel provisório fixado pelo juiz. Nessa hipótese deverá fornecer elementos tendentes a convencê-lo de seus argumentos de oposição – que, tal como ocorre com o pedido de fixação do aluguel provisório, deverá em princípio ser feito com base em um laudo produzido por técnico capacitado.

68.4. A AUDIÊNCIA DE TENTATIVA DE CONCILIAÇÃO: O *caput* deste dispositivo determina que a ação revisional terá "rito sumário", para em seu inciso IV estabelecer que na audiência de conciliação, apresentada com a contestação a contraproposta ao aluguel pedido, o juiz deverá designar perícia, caso as partes não logrem chegar a um acordo, e designar audiência de instrução. Porém, esse rito não está mais contemplado no novo Código de Processo Civil (Lei 13.105/2015), que em seu artigo 1.063 diz que *"até a edição de lei específica, os juizados especiais cíveis previstos na lei nº 9.099, de 26 de setembro de 1995,* *continuam competentes para o processamento e julgamento das causas previstas no art. 275, inciso II, da lei nº 5.869, de 11 de janeiro de 1973"*. Esse último dispositivo, por sua vez, foi modificado pela Lei 12.022/2009, para determinar a aplicação desse tipo de rito *"nos demais casos previstos em lei"*. Assim, a leitura conjugada desses artigos pode induzir à conclusão de que as ações revisionais devem ser promovidas perante os juizados especiais cíveis, de acordo com o rito da Lei 9.099/1995. Porém, não me parece que a ação revisional se adapte ao rito dessa última lei, já que seu artigo 33 diz que "todas as provas serão produzidas na audiência de instrução e julgamento". Assim, parece-me que a ação revisional deverá obedecer ao procedimento comum previsto no artigo 318 e seguintes do novo Código de Processo Civil. Na contestação, além de toda a matéria preliminar (condições da ação, pressupostos processuais etc.) deverá o réu impugnar a revisão pretendida pelo autor e indicar o valor que considera ser "de mercado". Caso os esforços para a conciliação resultem infrutíferos, o juiz determinará a realização de perícia – se necessário – e desde logo marcará a audiência de instrução.

68.5. O PRAZO DE RECURSO CONTRA A DECISÃO QUE FIXA O ALUGUEL PROVISÓRIO: ao ser citado e intimado para comparecer à audiência de tentativa de conciliação, o réu terá o prazo de 15 dias para interpor Agravo contra a decisão que eventualmente tiver fixado aluguel provisório (art. 1.015 e seguintes do Código de Processo Civil). Porém, a impugnação de que trata o inciso III deste artigo suspende o prazo para recurso contra essa decisão – que, portanto, recomeçará a correr, pelo remanescente dos dias, assim que as partes forem intimadas da decisão que apreciá-la. Dessa forma, se a impugnação tiver sido apresentada em juízo no quarto dia após a intimação do réu, e se o juiz mantiver a decisão que fixou o aluguel provisório, sobrarão outros seis dias para agravar. Vale salientar que nesse caso o prazo para Agravo tem início a partir da intimação pessoal do réu, e não da juntada do mandado de citação e intimação aos autos.

68.6. A AÇÃO REVISIONAL E OS ARTIGOS 46, § 2º, E 57 DESTA LEI: a locação residencial contratada por escrito e com prazo superior a trinta meses considera-se encerrada quando findo o prazo estipulado, independentemente de notificação ou aviso ao locatário. Porém, se o locatário continuar ocupando o imóvel, sem oposição do locador, por mais de trinta dias após o término do prazo contratual, a locação será considerada automaticamente prorrogada por prazo indeterminado, e nessa situação o locador que quiser denunciar o contrato deverá notificar o locatário de sua intenção e conceder-lhe o prazo de trinta dias para desocupação espontânea. O mesmo ocorre com a locação não residencial, ressalvadas as exceções previstas no artigo 53 da lei. Em ambos esses casos, não caberá ação revisional no curso do prazo para desocupação do imóvel. Essa ação também não será cabível na hipótese de ter sido o prazo para desocupação acertado pelas partes em acordo judicial ou extrajudicial.

68.7. OS REAJUSTES DO ALUGUEL PROVISÓRIO: durante o curso da ação revisional – ou seja, até o trânsito em julgado da respectiva sentença – o aluguel provisório será reajustado com a mesma periodicidade e segundo os mesmos índices previstos no contrato, ou ainda, se nada houver sido pactuado nesse sentido, de acordo com a periodicidade e índices previstos em lei. Ao contrário do que ocorre com o aluguel definitivo – em que o juiz, atendendo ao pedido de uma das partes, pode fixar periodicidade ou eleger índice diverso do pactuado no contrato – no caso de fixação de aluguel provisório o juiz não poderá alterar aquilo que foi pactuado no contrato ou, na falta de previsão contratual, o que está estabelecido em lei.

69. A INCIDÊNCIA DO ALUGUEL PROVISÓRIO

Art. 69. O aluguel fixado na sentença retroage à citação, e as diferenças devidas durante a ação de revisão, descontados os alugueres provisórios satisfeitos, serão pagas corrigidas, exigíveis a partir do trânsito em julgado da decisão que fixar o novo aluguel.

1° Se pedido pelo locador, ou sublocador, a sentença poderá estabelecer periodicidade de reajustamento do aluguel diversa daquela prevista no contrato revisando, bem como adotar outro indexador para reajustamento do aluguel.
2° A execução das diferenças será feita nos autos da ação de revisão.

Fixado em sentença o valor do novo aluguel, passa este a incidir retroativamente a partir da citação. As diferenças correspondentes ao valor do novo aluguel e aquele que foi pago após a citação passam a ser exigíveis a partir do trânsito em julgado da sentença, monetariamente atualizadas. Apesar da omissão do legislador em qualificar a referida correção monetária, há de se concluir deva esta ser feita de acordo com os índices de atualização previstos no contrato, se houver, ou, se não houver previsão contratual, com aqueles estabelecidos em lei. Há divergências no Tribunal de Justiça de São Paulo a respeito do termo inicial da fluência de juros sobre essas diferenças, já que existe acórdão que determinou fossem esses contados a partir da citação, e outro que entendeu serem estes devidos a partir da intimação da parte contrária para cumprimento espontâneo da sentença[226]. Parece-me que a melhor solução é a que considera devidos os juros a contar da intimação para pagamento das diferenças, e não da citação, já que o artigo em questão determina que no cálculo das diferenças incida apenas a correção monetá-

---

226 TJ/SP – 31ª Câmara de D. Privado – Agravo de Instrumento nº0229667-33.2012.8.26.0000 - Relator Des. Francisco Casconi, j. 22/1/2013. Trecho do aresto: "Contudo, em que pese as considerações da inconformada, sobre as diferenças entre alugueis provisórios e definitivos, devem incidir juros a partir da citação". Em sentido oposto: TJSP – 29ª Câmara de Direito Privado – Apelação nº 1122510-04.2014.8.26.0100 – Relator Des. Carlos Henrique Miguel Trevisan – Julgado em 25/04/2018. Trecho do acórdão: "os juros de mora incidem a partir da intimação da ré para cumprimento espontâneo do julgado e não da citação na fase de conhecimento como constou da sentença"

ria. Entendo que a regra geral do artigo 389 do Código Civil, que impõe ao devedor da obrigação inadimplida a responsabilidade por perdas e danos, "mais juros e atualização monetária" não se aplica ao caso, já que a Lei de Locações é especial. Seguindo essa linha de raciocínio, os juros ficariam restritos à hipótese de mora no cumprimento da decisão que manda pagá-las.

Se a ação tiver sido proposta pelo locador, e houver sido arbitrado aluguel provisório, as diferenças serão devidas pelo locatário, na hipótese de ser o novo aluguel superior ao provisório, e pelo locador na hipótese contrária; se a ação tiver sido proposta pelo locatário, e houver sido arbitrado aluguel provisório, as diferenças serão devidas por este, na hipótese de ser o novo aluguel superior ao provisório, e pelo locador na situação inversa.

69.1. A revisão pretendida pelo locador, ou sublocador, poderá também referir-se à periodicidade dos reajustes e/ou os índices de atualização monetária. Esse pedido deverá estar justificado, com a demonstração de que o sistema vigente coloca em risco o equilíbrio de interesses que inicialmente inspirou o contrato. A Lei nº 10.192/2001 faculta às partes a eleição de índice de atualização monetária em seus contratos, bem como o de sua periodicidade – respeitada a anualidade[227], mas se o índice ou a periodicidade de correção monetária dos aluguéis vier a revelar-se excessivamente onerosa para o locador, poderá este pleitear a revisão desse sistema. É imperioso notar que o dispositivo em análise concede essa faculdade apenas ao locador ou sublocador, mas por força

[227] Lei 10.192/2001 – Art. 2º É admitida estipulação de correção monetária ou de reajuste por índices de preços gerais, setoriais ou que reflitam a variação dos custos de produção ou dos insumos utilizados nos contratos de prazo de duração igual ou superior a um ano.
§ 1º É nula de pleno direito qualquer estipulação de reajuste ou correção monetária de periodicidade inferior a um ano.
§ 2º Em caso de revisão contratual, o termo inicial do período de correção monetária ou reajuste, ou de nova revisão, será a data em que a anterior revisão tiver ocorrido.
§ 3º Ressalvado o disposto no § 7º do art. 28 da Lei nº 9.069, de 29 de junho de 1995, e no parágrafo seguinte, são nulos de pleno direito quaisquer expedientes que, na apuração do índice de reajuste, produzam efeitos financeiros equivalentes aos de reajuste de periodicidade inferior à anual[...].

do princípio da isonomia previsto no artigo 5º, *caput*, da Constituição da República, parece-me ser inconstitucional a exclusão do locatário dessa prerrogativa legal.

69.2. A execução das diferenças a que se refere o "caput" deste artigo deverá ser feita nos autos da ação revisional de aluguel. Para tanto, deverá o credor apresentar memória de cálculo, discriminando-as e atualizando-as a partir das respectivas datas de exigibilidade.

70. O ACORDO EM AÇÃO REVISIONAL

> **Art. 70.** Na ação de revisão do aluguel, o juiz poderá homologar acordo de desocupação, que será executado mediante expedição de mandado de despejo.

Podem eventualmente as partes prever, em acordo apresentado nos autos da Ação Revisional de Aluguel, a desocupação do imóvel pelo locatário. Nesse caso, apesar de não ser o objeto inicial da ação, poderá o juiz homologá-lo e, no caso de descumprimento, determinar a expedição de mandado de despejo. É importante notar que neste caso o legislador não concedeu prazo para desocupação (tal como ocorre no caso da liminar prevista no artigo 59, inciso I), de modo que, não ocorrendo a desocupação do imóvel no prazo ou na data avençada, poderá o locador pedir a expedição do mandado de despejo para cumprimento imediato.

71. A AÇÃO RENOVATÓRIA

> **Art. 71.** Além dos demais requisitos exigidos no art. 282 do Código de Processo Civil, a petição inicial da ação renovatória deverá ser instruída com:

I - prova do preenchimento dos requisitos dos incisos I, II e III do art. 51;

II - prova do exato cumprimento do contrato em curso;

III - prova da quitação dos impostos e taxas que incidiram sobre o imóvel e cujo pagamento lhe incumbia;

IV - indicação clara e precisa das condições oferecidas para a renovação da locação;

V – indicação do fiador quando houver no contrato a renovar e, quando não for o mesmo, com indicação do nome ou denominação completa, número de sua inscrição no Ministério da Fazenda, endereço e, tratando-se de pessoa natural, a nacionalidade, o estado civil, a profissão e o número da carteira de identidade, comprovando, desde logo, mesmo que não haja alteração do fiador, a atual idoneidade financeira; (Redação dada pela Lei nº 12.112, de 2009).

VI - prova de que o fiador do contrato ou o que o substituir na renovação aceita os encargos da fiança, autorizado por seu cônjuge, se casado for;

VII - prova, quando for o caso, de ser cessionário ou sucessor, em virtude de título oponível ao proprietário.

Parágrafo único. Proposta a ação pelo sublocatário do imóvel ou de parte dele, serão citados o sublocador e o locador, como litisconsortes, salvo se, em virtude de locação originária ou renovada, o sublocador dispuser de prazo que admita renovar a sublocação; na primeira hipótese, procedente a ação, o proprietário ficará diretamente obrigado à renovação.

Os requisitos para a renovação compulsória dos contratos de locação, pretendida por meio das ações renovatórias, também sofreram alterações substanciais pela Lei 12.112/2009. Agora, além de indicar o nome e qualificação completa da pessoa que se dispõe a afiançar as obrigações do locatário, este deverá também comprovar a idoneidade financeira do proponente, mesmo que o fiador seja o mesmo que já consta no contrato a renovar. A jurisprudência havia anteriormente sedimentado o entendimento de que, se o fiador apresentado pelo autor da ação renovatória fosse o mesmo que já figurava no contrato a renovar, não haveria necessidade de comprovar a sua idoneidade financeira. Esse entendimento redundou em situações de flagrante prejuízo para os locadores, já que algumas vezes a situação financeira do fiador havia piorado e não era mais apta a garantir as obrigações locatícias. Assim, em alguns casos, mesmo havendo diferenças de aluguéis em favor do locador, decorrentes de diferenças entre os aluguéis provisórios e os definitivos, este não conseguia receber o seu crédito porque o fiador não mais tinha patrimônio suficiente para adimpli-las.

Entende VENOSA[228] que o direito de ajuizar essa ação toca também ao locador, mas não para impor ao locatário a renovação do contrato, mas sim *"para que ele declare desde logo que se oporá à renovação, ou para que se fixe desde logo o novo aluguel, se ambas as partes estiverem de acordo com a renovação (Franco & Gondo, 1987, p. 45)"*.

Os requisitos da petição inicial da Ação Renovatória de Locação, além daqueles previstos no artigo 319 do Código de Processo Civil, são:

71.1. OS REQUISITOS DO ARTIGO 51, INCISOS I, II E III: deve o autor da ação comprovar desde logo que: a) o contrato a renovar tenha sido celebrado por escrito e com prazo determinado; b) o prazo mínimo do contrato a renovar ou a soma dos prazos ininterruptos dos contratos escritos seja de cinco anos; c) o locatário esteja explorando seu comércio, no mesmo ramo, pelo prazo mínimo e ininterrupto de três anos. Esses requisitos já foram examinados por ocasião dos comentários ao artigo 51, de modo que não serão aqui repetidos.

71.2. O EXATO CUMPRIMENTO DO CONTRATO EM CURSO: o locatário deverá igualmente provar que cumpriu todas as obrigações estabelecidas no contrato vigente – o que não se limita à prova de pagamento dos aluguéis. Assim, se o contrato atribuiu tais encargos ao locatário, deverá este comprovar o das eventuais contribuições condominiais, dos prêmios de seguro etc. Infrações leves, no entanto, que não tra-

---

[228] VENOSA, Silvio de Salvo. *Lei do Inquilinato Comentada*, 11 ª edição, São Paulo: ed. Atlas, 2012, p. 341.

zem prejuízos para o locador, não impedem a procedência do pedido de renovação[229]. O conceito de gravidade da infração não é objetivo; é analisada a cada caso. A impontualidade ocasional no pagamento dos aluguéis, com purgação da mora, por exemplo, não tem sido considerada falta grave, a inviabilizar a renovação[230]. O mesmo não se pode dizer da impontualidade contumaz – que revela grave descumprimento contratual. Vale ressaltar, no entanto, a existência de posição jurisprudencial mais rígida, no sentido de considerar impeditivo da renovação o descumprimento de *qualquer* obrigação contratual e não apenas daquela que se subjetivamente pode se considerar grave[231]. Parece-me que um critério objetivo para se caracterizar a impontualidade no pagamento de aluguéis como infração grave ou leve é seguir o mesmo critério adotado pelo legislador no artigo 62 desta Lei de Locações, que restringe a prerrogativa do inquilino à emenda da mora a apenas uma vez a cada 24 meses. Assim, se a impontualidade do locatário não ocorreu mais do que uma vez a cada 24 meses, e desde que tenha havido a completa purgação da mora, com o pagamento da multa, correção monetária, juros e eventuais honorários (seja a purgação feita judicialmente ou extrajudicialmente), não se deve inviabilizar a ação renovatória; do contrário, a impontualidade

---

229 TJ/SP – 24ª Câmara de D. Privado – Apelação nº 0177756-46.2007.8.26.0100 – Relator Des. Norival Oliva, j. 14/9/2010.

230 É oportuno lembrar a opinião de DINIZ (DINIZ, Maria Helena. *Lei de locações de imóveis urbanos comentada.* São Paulo: ed. Saraiva, 2006.,p. 310), que recomenda ao locador que tolerar alguma impontualidade insira uma ressalva no recibo esclarecendo que o faz para evitar perda de rendimento, o que não lhe impediria o direito de resistir à renovação por esse motivo.

231 TJ/SP – 30ª Câmara de D. Privado – Apelação com revisão nº 1150697003 – Relator Des. Orlando Pistoresi, j. 16/7/2008. **Ementa:** Ação renovatória - Exato cumprimento do contrato em curso - Inexistência - Carência de ação Reconhecimento - Recurso improvido. A comprovação do integral cumprimento do contrato constitui *conditio sine qua non* para a propositura da ação renovatória de contrato de locação. O descumprimento, pelo inquilino, de qualquer das cláusulas contratuais, especialmente a que prevê data para pagamento do aluguel, implica na carência do direito de postular renovação compulsória do ajuste locatício.

há de ser considerada infração grave, pois o atraso no pagamento dos aluguéis, ainda que com acréscimos moratórios, é sempre um transtorno para o locador, justificando a sua recusa à renovação.

71.3. O PAGAMENTO DOS TRIBUTOS: se o contrato atribuiu ao locatário a obrigação de pagar os impostos e taxas incidentes sobre o imóvel (IPTU, taxa de limpeza etc.), também deverá o locatário demonstrar documentalmente tê-lo feito.

71.4. A INDICAÇÃO DAS CONDIÇÕES OFERECIDAS: deverá o locatário indicar com precisão na petição inicial o valor do aluguel que se propõe a pagar a partir do início do novo período contratual, bem como as demais condições da locação. Sustenta VENOSA[232] ser conveniente que o próprio locatário firme o documento de proposta do novo aluguel, se não conferiu poderes expressos para tanto na procuração.

71.5. INDICAÇÃO DO FIADOR: se a modalidade de garantia eleita no contrato vigente tiver sido a *fiança*, deverá o locatário indicar o nome e qualificação completa da pessoa física ou jurídica que se dispõe a prestar a nova fiança e desde logo comprovar a sua idoneidade financeira. Essa comprovação é geralmente feita por meio da apresentação dos seguintes documentos relativos ao proponente-fiador: a) certidão negativa de distribuições de ações cíveis e executivos fiscais do foro de seu domicílio; b) certidão negativa de protestos dos cartórios da circunscrição de seu domicílio; c) certidão negativa de débitos expedida conjuntamente pela Receita Federal do Brasil e pela Procuradoria Geral da Fazenda Nacional; d) certidão atualizada de matrícula ou transcrição de imóvel(is) de sua propriedade, com negativa de ônus e alienações, cujo(s) valor(es) seja(m) suficiente(s) para garantir o pagamento das obrigações do locatário. Parece-me que um bom critério para aferir se o patrimônio imo-

---

232 DINIZ, Maria Helena. *Lei de locações de imóveis urbanos comentada*. São Paulo: ed. Saraiva, 2006, p. 344.

biliário apresentado pelo fiador garante sua capacidade financeira é o de comparar o valor do bem com a somatória de todas as obrigações que deverão ser assumidas pelo locatário em relação ao novo período da locação. Se o valor do patrimônio imobiliário superar a somatória dos valores das obrigações, a idoneidade financeira do proponente-fiador estará demonstrada. Apesar de não constar expressamente neste artigo, parece-me que se no contrato em vigor as partes tiverem escolhido *outra* modalidade de garantia (caução, seguro-fiança, cessão fiduciária de quotas em fundo de investimento), o locatário também deverá provar sua condição de replicá-la no novo contrato, já que não seria plausível impor ao locador a renovação do contrato sem qualquer garantia.

71.6. O CONSENTIMENTO DO PROPONENTE-FIADOR: Deverá ainda o locatário provar que o proponente-fiador aceita o encargo e que conta com a anuência de seu cônjuge, se casado for. A questão da vulnerabilidade patrimonial do cônjuge anuente tem gerado divergências na jurisprudência. Há entendimento de que "*prestando a mulher a outorga uxória, responderá o casal, com todo o seu patrimônio, pela obrigação*" (TJSP, 34ª Câm., Ap. 1018429-67.2015.8.26.0003), como também de que "*esposa do fiador que apenas anui com a outorga uxória necessária para a validade da fiança prestada pelo marido, sem assumir a qualidade de fiadora, não tem legitimidade para figurar no polo passivo de execução promovida contra o fiador*" (TJSP – 16ª Câm. – AI 0190001-25.2012.8.26.0000), A nosso ver, a melhor interpretação é a de que a mera outorga uxória não gera corresponsabilidade na fiança. Por esse motivo, é recomendável ao locador que, se for esta a modalidade de garantia eleita, exija a participação efetiva de ambos os cônjuges.

71.7. PROVA DE EVENTUAL SUCESSÃO OU CESSÃO: caso o demandante não seja o locatário que originalmente constou no contrato, deverá comprovar ser o seu sucessor ou cessionário, com título oponível ao locador. As hipóteses de sucessão ou cessão legítima já foram atrás analisadas, razão pela qual se deixa de fazê-lo novamente aqui.

Diz ainda o parágrafo único deste artigo que se a ação tiver sido proposta por sublocatário do imóvel ou de parte dele (vide acima comentários à sublocação autorizada), deverão ser citados o sublocador (locatário original) e o locador, salvo se na hipótese de locação originária ou de locação já renovada o sublocador dispuser de prazo contratual que comporte a renovação da sublocação; no primeiro caso (locação originária), se a ação for julgada procedente o locador ficará diretamente obrigado à renovação.

72. A DEFESA DO LOCADOR

Art. 72. A contestação do locador, além da defesa de direito que possa caber, ficará adstrita, quanto à matéria de fato, ao seguinte:

I - não preencher o autor os requisitos estabelecidos nesta lei;

II - não atender, a proposta do locatário, o valor locativo real do imóvel na época da renovação, excluída a valorização trazida por aquele ao ponto ou lugar;

III - ter proposta de terceiro para a locação, em condições melhores;

IV - não estar obrigado a renovar a locação (incisos I e II do art. 52).

1° No caso do inciso II, o locador deverá apresentar, em contraproposta, as condições de locação que repute compatíveis com o valor locativo real e atual do imóvel.

2° No caso do inciso III, o locador deverá juntar prova documental da proposta do terceiro, subscrita por este e por duas testemunhas, com clara indicação do ramo a ser explorado, que não poderá ser o mesmo do locatário. Nessa hipótese, o locatário poderá, em réplica, aceitar tais condições para obter a renovação pretendida.

3° No caso do inciso I do art. 52, a contestação deverá trazer prova da determinação do Poder Público ou relatório pormenorizado das obras a serem realizadas e da estimativa de valorização que sofrerá o imóvel, assinado por engenheiro devidamente habilitado.

4° Na contestação, o locador, ou sublocador, poderá pedir, ainda, a fixação de aluguel provisório, para vigorar a partir do primeiro mês do prazo do contrato a ser renovado, não excedente a oitenta por cento do pedido, desde que apresentados elementos hábeis para aferição do justo valor do aluguel.

5° Se pedido pelo locador, ou sublocador, a sentença poderá estabelecer periodicidade de reajustamento do aluguel diversa daquela prevista no contrato renovando, bem como adotar outro indexador para reajustamento do aluguel.

Em sua contestação o locador deverá alegar toda a matéria de defesa que considerar cabível, conforme princípio processual da concentração ou da oportunidade. Deverá, portanto, antes de discutir o mérito da ação, argüir – se for o caso – as matérias elencadas nos incisos I a XII do artigo 337 do Código de Processo Civil. Quanto à matéria de fato, sua contestação ficará limitada aos seguintes pontos:

72.1. FALTA DOS REQUISITOS LEGAIS: que são todos aqueles relacionados no artigo precedente.

72.2. INADEQUAÇÃO DA PROPOSTA À REALIDADE DE MERCADO: poderá o locador impugnar a proposta do locatário, argumentando que esta não é condizente com o valor locativo real do imóvel – excluída a valorização trazida pelo locatário ao ponto ou lugar. Como se vê, pretendeu o legislador afastar da base de cálculo do aluguel "de mercado" a valorização trazida pelo próprio locatário ao ponto ou ao lugar. As hipóteses em que essa regra poderia ser aplicada são, a nosso ver, bastante remotas. Para que se pudessem concretizar seria necessário demonstrar exatamente em qual proporção o locatário – por si só e sem a colaboração de qualquer outro fator – teria contribuído para a valorização do valor locativo do imóvel. Em um cenário econômico de crescimento geral ou setorial, seria muito difícil, senão impossível, separar o "quantum" de valorização aplicável indistintamente a qualquer locação nas proximidades, daquele decorrente única e exclusivamente da atividade do locatário no imóvel locado. Assim, apenas nas hipóteses em que se puder demonstrar objetiva e inequivocamente em que medida foi o inquilino responsável pela valorização do imóvel, essa regra se aplica. De todo modo, ao impugnar o valor locativo atribuído pelo locatário, o locador deverá indicar aquele que considera real.

72.3. PROPOSTA MELHOR DE TERCEIRO: a resistência do locador ao pedido do locatário pode estribar-se, também, em proposta mais favorável de terceiro. Essa proposta pode referir-se não só a um valor maior de aluguel, mas também a outras condições contratuais, tais como o pagamento pelo proponente de tributos e outros encargos que recaiam sobre o imóvel, que, somados ao aluguel, resultem em um maior benefício financeiro ao locador (se essas obrigações não tiverem ficado a cargo do locatário no contrato objeto do pedido de renovação). Deverá o locador, também, comprovar a melhor oferta de terceiro mediante a juntada de proposta escrita, subscrita por este último e por duas testemunhas, com a indicação do ramo empresarial a ser explorado – que não poderá ser o mesmo do locatário. Como já dito em comentário ao artigo 52 desta Lei, a expressão "ramo comercial", ou "ramo empresarial" deve ser analisada com cautela, de modo a não lhe dar interpretação por demais extensiva ou restritiva. Se o ramo do locatário for, por exemplo, de comércio de eletrodomésticos, não se poderá considerar "do mesmo ramo" a exploração de oficina de consertos de aparelhos elétricos em geral; se o ramo do locatário for de comércio de cosméticos, não se poderá considerar congênere a exploração de comércio de medicamentos, ainda que no estabelecimento sejam eventualmente vendidos produtos de beleza. Mesmo havendo melhor proposta de terceiro tem o locatário direito de preferência, em iguais condições, devendo aceitá-las na réplica. Contudo, a meu ver tal questão há de ser analisada sob outros aspectos. A proposta do terceiro pode ser mais interessante ao locador não em relação ao valor do aluguel, mas sim justamente pelo ramo diverso que aquele se propõe a explorar. Tome-se como hipótese a situação em que o locador seja proprietário de outros imóveis nas proximidades e que o terceiro interessado no imóvel objeto da ação renovatória pretenda explorar um ramo que incremente o fluxo de pessoas em toda a redondeza, aumentando o valor de seus outros imóveis. Nesse caso, mesmo que o autor da ação igualasse a oferta do terceiro, em relação ao valor do aluguel e acessórios da locação, teria o locador o direito de insistir na recusa, pois as "melhores condições" a que se refere o inciso III deste artigo não são apenas as financeiras. De todo modo, o terceiro ofertante deve integrar a lide, na condição de terceiro interessado. Julgando improcedente a ação renovatória com base neste inciso, deverá o juiz arbitrar na própria sentença o valor da indenização devida ao locatário – que deverá abranger os prejuízos e lucros cessantes decorrentes da mudança e da perda do fundo de comércio.

72.4. DESOBRIGAÇÃO DE RENOVAR: o artigo 52, em seus incisos I e II, elenca as hipóteses em que o locador não está obrigado a renovar o contrato, a saber: I – se, por determinação do Poder Público, tiver que realizar no imóvel obras que importarem na sua radical transformação; ou para fazer modificações de tal natureza que aumente o valor do negócio ou da propriedade; II – se o imóvel vier a ser utilizado por ele próprio ou para transferência de fundo de comércio existente há mais de um ano, sendo detentor da maioria do capital o locador, seu cônjuge, ascendente ou descendente. Tendo esse dispositivo sido objeto de análise atrás, nos respectivos comentários, tais hipóteses não serão reexaminadas aqui. Há de se salientar, no entanto, que se a defesa do locador estiver baseada na ausência de obrigação de renovar, escudada no artigo 52, inciso I, deverá este juntar com a defesa prova da determinação do Poder Público no sentido de realizar obras que importarem na radical transformação do imóvel, ou de relatório das obras a serem realizadas para a valorização do imóvel, e do respectivo acréscimo, elaborado por engenheiro habilitado.

72.5. O ALUGUEL PROVISÓRIO: o locador ou sublocador poderá pedir, em sua peça de defesa, a fixação de um aluguel provisório a vigorar a partir do primeiro mês do contrato a ser renovado. Assim como ocorre nas ações revisionais, o valor a ser arbitrado pelo juiz não excederá 80% daquele indicado em laudo subscrito por profissional habilitado, devidamente fundamentado. Como já dito no comentário ao artigo que trata das ações revisionais, considero não ser imprescindível que esse laudo seja subscrito por engenheiro, bastando que o profissional seja comprovadamente especializado em avaliações imobiliárias. Contudo, essa questão não está pacificada nos Tribunais, havendo julgado que entende ser a avaliação uma função privativa de engenheiro, arquiteto e engenheiro agrônomo[233]. Vale observar que esse mesmo acórdão reconhece a divergência jurisprudencial a respeito desse assunto, mas entende que a Lei 6.530/78, que regulamenta a profissão de corretor de imóveis, ao atribuir a esse profissional a prerrogativa de "opinar" quanto à comercialização imobiliária, não lhe permite realizar perícias de avaliações.

72.6. A ALTERAÇÃO DA PERIODICIDADE E SUBSTITUIÇÃO DE ÍNDICE DE CORREÇÃO MONETÁRIA: assim como ocorre com as ações revisionais de aluguel, também na ação renovatória pode o locador pedir ao juiz que modifique a periodicidade dos reajustes e/ou substitua o índice de correção monetária dos aluguéis. Os comentários feitos ao dispositivo que trata de idêntica questão nas ações revisionais também se aplicam a este caso, razão pela qual não serão aqui repetidos.

73. AS DIFERENÇAS DE ALUGUÉIS

Art. 73. Renovada a locação, as diferenças dos aluguéis vencidos serão executadas nos próprios autos da ação e pagas de uma só vez.

---

[233] TJSP – 21ª Câmara de Direito Privado – Agravo de Instrumento 205362-18.2018.8.26.0000 – Relator Des. Silveira Paulilo – Julgado em 21/05/2018.

Transitada em julgado a sentença que renovar a locação, o novo aluguel será considerado devido a partir do primeiro mês após o término do contrato renovado, e as diferenças dos aluguéis vencidos até então serão executadas nos próprios autos, devendo ser pagas de uma só vez. Apesar de não constar expressamente neste dispositivo, tais diferenças – assim como ocorre com as diferenças devidas no caso das ações revisionais – deverão ser corrigidas monetariamente. Não seria admissível impor ao locador o recebimento dessas diferenças sem correção monetária, uma vez que esta se destina simplesmente a recompor o poder aquisitivo da moeda. Uma vez que o valor do aluguel fixado na sentença retroage à data de início do novo período do contrato renovado, seria incongruente negar-lhe a atualização monetária, pois isso seria uma negação à própria regra. Quanto aos juros, cabem aqui as mesmas observações já feitas em relação às diferenças encontradas na ação revisional entre o aluguel provisório e o definitivo.

74. A IMPROCEDÊNCIA DA AÇÃO RENOVATÓRIA

Art. 74. Não sendo renovada a locação, o juiz determinará a expedição de mandado de despejo, que conterá o prazo de 30 (trinta) dias para a desocupação voluntária, se houver pedido na contestação (Redação dada pela Lei nº 12.112, de 2009).

Caso o pedido de renovação da locação seja julgado improcedente, deverá o juiz determinar na própria sentença (ou o Tribunal, no acórdão) a expedição de mandado de despejo, concedendo ao locatário, caso este o tenha solicitado na contestação, o prazo de 30 dias para desocupação voluntária. Se isso não tiver sido determinado na sentença ou no acórdão, poderá o locador apresentar Embargos de Declaração, objetivando suprir a omissão, ou requerê-lo em petição autônoma.

75. A INDENIZAÇÃO DEVIDA AO LOCATÁRIO EM FACE DE PROPOSTA MELHOR DE TERCEIRO

Art. 75. Na hipótese do inciso III do art. 72, a sentença fixará desde logo a indenização devida ao locatário em consequência da não prorrogação da locação, solidariamente devida pelo locador e o proponente.

Se a locação não for renovada em razão de proposta melhor de terceiro, a sentença, ao reconhecer tal fato impeditivo da pretensão do locatário, fixará também a indenização que lhe será devida solidariamente pelo locador e pelo proponente. Essa indenização deverá levar em conta os prejuízos e lucros cessantes decorrentes da mudança e da perda do fundo de comércio, conforme preconiza o artigo 52, § 3º desta lei.

76. A INCIDÊNCIA DESTA LEI

Art. 76. Não se aplicam as disposições desta lei aos processos em curso. As ações que já estivessem em curso no momento da entrada em vigor da Lei 8.245/91 continuam a ser reguladas pela lei anterior (Lei 6.649/79 ou anteriores, se for o caso).

77. AS LOCAÇÕES RESIDENCIAIS JÁ VIGENTES AO TEMPO DESTA LEI

Art. 77. Todas as locações residenciais que tenham sido celebradas anteriormente à vigência desta lei serão automaticamente prorrogadas por tempo indeterminado, ao término do prazo ajustado no contrato.

Esse dispositivo, a nosso ver, contraria o princípio da intangibilidade do ato jurídico perfeito erigido no artigo 5º, inciso XXXVI, da Constituição da República. Se ao tempo da lei nova existia um contrato de locação perfeito e válido, não poderia ser este atingido pelas novas regras. Assim, a conversão automática de contratos de locação por prazo determinado em contratos de locação por prazo indeterminado fere a garantia individual acima descrita, e, desse modo, é inexigível. Não se trata, neste caso, de regra de direito adjetivo, mas sim substantivo, de modo que a sua aplicação aos contratos em curso fere, a meu ver, a garantia constitucional acima referida.

78. A PRORROGAÇÃO AUTOMÁTICA DAS LOCAÇÕES RESIDENCIAIS E O PRAZO PARA DESOCUPAÇÃO

Art. 78. As locações residenciais que tenham sido celebradas anteriormente à vigência desta lei e que já vigorem ou venham a vigorar por prazo indeterminado, poderão ser denunciadas pelo locador, concedido o prazo de doze meses para a desocupação.

Parágrafo único. Na hipótese de ter havido revisão judicial ou amigável do aluguel, atingindo o preço do mercado, a denúncia somente poderá ser exercitada após vinte e quatro meses da data da revisão, se esta ocorreu nos doze meses anteriores à data da vigência desta lei.

Pelos motivos expostos no comentário ao artigo anterior, esta disposição legal também me parece contrária à garantia constitucional da intangibilidade do ato jurídico perfeito e do direito adquirido.

79. AS OMISSÕES DA LEI

Art. 79. No que for omissa esta lei aplicam-se as normas do Código Civil e do Código de Processo Civil.

Em caso de omissão desta Lei, aplicam-se subsidiariamente as normas do Código Civil e do Código de Processo Civil.

80. O DESPEJO E O JUIZADO ESPECIAL CÍVEL

Art. 80. Para os fins do inciso I do art. 98 da Constituição Federal, as ações de despejo poderão ser consideradas como causas cíveis de menor complexidade.

A União, os Estados, o Distrito Federal e os Territórios devem, segundo aquela norma constitucional, criar juizados especiais para o julgamento de causas cíveis de menor complexidade ou de infrações penais de menor potencial ofensivo. Em várias unidades da federação já existem instalados os Juizados Especiais (Cíveis e/ou Criminais), e os processos que neles tramitam obedecem ao rito previsto na Lei 9.099, de 26 de setembro de 1995. Segundo o artigo 3º dessa Lei, são consideradas causas cíveis de menor complexidade: a) cujo valor não exceda 40 vezes o salário mínimo; b) as enumeradas no art. 275, inciso II, do Código de Processo Civil de 1973; c) a ação de despejo para uso próprio; d) as ações possessórias sobre bens imóveis de valor não excedente a 40 vezes o salário mínimo. Para o que interessa ao presente estudo, existem duas leituras possíveis do referido dispositivo: a) pode-se, em uma interpretação lógica, considerar de competência dos Juizados Especiais Cíveis as ações de despejo para uso próprio, qualquer que seja o seu valor, bem como todas as ações locatícias cujos valores não excedam 40 vezes o salário mínimo, desde que possam ser resolvidas apenas com a produção de prova documental e oral e que se enquadrem no rito do juizado especial (o que afasta a incidência de ações revisionais, renovatórias e despejos por falta de pagamento); b) outra interpretação seria a de que dentre as ações previstas na Lei do Inquilinato apenas e tão somente as ações de despejo para uso próprio podem ser propostas nos juizados especiais. A questão tem gerado polêmicas nas Cortes, mas ao menos no Tribunal de Justiça de São Paulo parece prevalecer essa última interpretação, como se vê no aresto proferido por sua Câmara Especial em 5/11/2012 no Conflito de Competência nº 0124891-79.2012.8.26.0000, de lavra do Des. Roberto Solimeni, que considerou que "o art. 3º, III da Lei 9.099/95 só admite processamento perante os Juizados Especiais *das ações de despejo para uso próprio*". No mesmo sentido, confira-se o acórdão da 4ª Turma Cível do Colégio Recursal de São Paulo no Agravo de Instrumento n 694, relatado pela juíza Denise Andréa Martins Ratamero e julgado em 10/6/2008, que considerou ser inadmissível no juizado especial a ação de despejo por denuncia vazia. Ressalte-se, porém, a novidade trazida com o Código Civil de 2015, que em seu artigo 1.063 estabelece que *"até a edição de lei específica, os juizados especiais cíveis previstos na Lei nº 9.099, de 26 de setembro de 1995, continuam competentes para o processamento e julgamento das causas previstas no art. 275, inciso II, da Lei nº 5.869, de 11 de janeiro de 1973"*. Como dito em comentário ao artigo 64, não me parece que a ação revisional se adapte ao rito dessa última lei, já que seu artigo 33 diz que "todas as provas serão produzidas na audiência de instrução e julgamento". Assim, parece-me que a ação revisional deverá obedecer ao procedimento comum previsto no artigo 318 e seguintes do novo Código de Processo Civil.

81. O REGISTRO DO CONTRATO DE LOCAÇÃO

Art. 81. O inciso II do art. 167 e o art. 169 da Lei nº 6.015, de 31 de dezembro de 1973, passam a vigorar com as seguintes alterações:

"Art. 167. ....

II - ....

16) do contrato de locação, para os fins de exercício de direito de preferência."

No Registro de Imóveis passaram também a ser feitas as averbações do contrato de locação, para efeito do exercício do direito de preferência do locatário à aquisição do imóvel a ele locado.

82. A PENHORABILIDADE DO IMÓVEL RESIDENCIAL DO FIADOR

Art. 82. O art. 3º da Lei nº 8.009, de 29 de março de 1990, passa a vigorar acrescido do seguinte inciso VII:

"Art. 3º ....

....

VII - por obrigação decorrente de fiança concedida em contrato de locação".

Não é em toda e qualquer circunstância que a Lei 8.009/90 reveste de impenhorabilidade o imóvel residencial do devedor. É vedado ao executado arguir a impenhorabilidade desses bens, por exemplo, em execução que tenha por objeto obrigações decorrentes de fiança concedida em contrato de locação. É o que diz, expressamente, o artigo 3º da referida lei. Por isso, não poderia o fiador suscitar a impenhorabilidade do imóvel em ação de cobrança ou execução de aluguéis e encargos contra ele promovida, já que no caso de obrigação decorrente de fiança locatícia essa regra genérica não se aplica. Não poderia o fiador pretender estender o alcance da regra geral para situação que o legislador excepcionou, já que isso afrontaria o princípio da legalidade insculpido no artigo 5º, inciso II, da Constituição da República. O Supremo Tribunal Federal já reconheceu em mais de uma oportunidade a constitucionalidade do artigo de lei acima mencionado, entendendo não ser este incompatível com o direito à moradia, consagrado no artigo 6º da Constituição da República[234] [235].

No entanto, em decisão proferida em 12 de junho de 2018 – que ainda não havia sido publicada quando do envio deste livro à impressão – a 1ª Turma do Supremo Tribunal Federal deu provimento ao Recurso Extraordi-

---

234 STF - RE 407688, Relator Min. CEZAR PELUSO, Tribunal Pleno, julgado em 08/02/2006, DJ 06-10-2006 PP-00033 EMENT VOL-02250-05 PP-00880 RTJ VOL-00200-01 PP-00166 RJSP v. 55, n. 360, 2007, p. 129-147: EMENTA: FIADOR. Locação. Ação de despejo. Sentença de procedência. Execução. Responsabilidade solidária pelos débitos do afiançado. Penhora de seu imóvel residencial. Bem de família. Admissibilidade. Inexistência de afronta ao direito de moradia, previsto no art. 6º da CF. Constitucionalidade do art.3º, inc. VII, da Lei nº 8.009/90, com a redação da Lei nº 8.245/91. Recurso extraordinário desprovido. Votos vencidos. A penhorabilidade do bem de família do fiador do contrato de locação, objeto do art. 3º, inc. VII, da Lei nº 8.009, de 23 de março de 1990, com a redação da Lei nº 8.245, de 15 de outubro de 1991, não ofende o art. 6º da Constituição da República.

235 STF - AI 584436 AgR, Relator Min. CEZAR PELUSO, Segunda Turma, julgado em 03/02/2009, DJe-048 DIVULG 12-03-2009 PUBLIC 13-03-2009 EMENT VOL-02352-10 PP-01943 RTJ VOL-00208-03 PP-01291 RT v. 98, n. 884, 2009, p. 148-150: EMENTAS: 1. RECURSO. Agravo de instrumento. Inadmissibilidade. Certidão de intimação do acórdão impugnado. Existência. Comprovação. Demonstrada a existência de peça obrigatória ao agravo de instrumento, deve ser apreciado o recurso. 2. FIADOR. Locação. Ação de despejo. Sentença de procedência. Execução. Responsabilidade solidária pelos débitos do afiançado. Penhora de seu imóvel residencial. Bem de família. Admissibilidade. Inexistência de afronta ao direito de moradia, previsto no art. 6º da CF. Constitucionalidade do art. 3º, VII, da Lei nº 8.009/90, com a redação da Lei nº 8.245/91. Agravo regimental improvido. A penhorabilidade do bem de família do fiador do contrato de locação, objeto do art. 3º, inc. VII, da Lei nº 8.009, de 23 de março de 1990, com a redação da Lei nº 8.245, de 15 de outubro de 1991, não ofende o art. 6º da Constituição da República.

nário nº 605.709 e entendeu que o imóvel residencial de fiador em contrato de locação *não pode* ser penhorado. Trata-se de decisão isolada, que inclusive contraria o acórdão do próprio STJ que, reconhecendo a Repercussão Geral do Tema, decidiu ser "*constitucional a penhora de bem de família pertencente a fiador de contrato de locação, em virtude da compatibilidade da exceção prevista no art. 3°, VII, da Lei 8.009/1990 com o direito à moradia consagrado no art. 6° da Constituição Federal, com redação da EC 26/2000*". (RE 612360 RG/SP - Repercussão Geral no Recurso Extraordinário, Relatora Min. Ellen Gracie, Julgamento: 13/08/2010, Tribunal Pleno). Cabe agora aguardar a publicação do acórdão para analisar os fundamentos da decisão.

De outro lado, o Superior Tribunal de Justiça vem decidindo que se a garagem do apartamento residencial do devedor tiver matrícula própria, estará excluída do conceito de bem de família[236].

83. A PARTICIPAÇÃO DO LOCATÁRIO EM ASSEMBLÉIAS CONDOMINIAIS

Art. 83. Ao art. 24 da Lei n° 4.591, de 16 de dezembro de 1964 fica acrescido o seguinte § 4°:

"Art. 24. ....

4° Nas decisões da assembléia que envolvam despesas ordinárias do condomínio, o locatário poderá votar, caso o condômino locador a ela não compareça."

Esse artigo confere legitimidade ao locatário para *votar* em decisões assembleares que envolvam despesas *ordinárias* de condomínio (art. 23, § 1º), caso o condômino locador a ela não compareça. Vale salientar que esse artigo não limita essa legitimação ao locatário que, por força do contrato,

236 Súmula n. 449/STJ: A vaga de garagem que possui matrícula própria no registro de imóveis não constitui bem de família para efeito de penhora.

tenha que pagar as contribuições condominiais ordinárias, de modo que, ainda que a obrigação de pagamento seja do locador, poderá o locatário nela votar caso este último não esteja presente na referida assembléia. Essa legitimação não se aplica, portanto, às decisões que envolvam despesas *extraordinárias.*

84. CONVALIDAÇÃO DE REGISTROS

Art. 84. Reputam-se válidos os registros dos contratos de locação de imóveis, realizados até a data da vigência desta lei.

Parece-me que se trata de regra desnecessária, já que por força de garantia constitucional, insculpida no artigo 5º da Constituição Federal, os atos jurídicos perfeitos e os direitos adquiridos não podem ser atingidos pela lei nova.

85. A LIBERDADE DE ELEGER PERIODICIDADE E ÍNDICES DE REAJUSTES

Art. 85. Nas locações residenciais, é livre a convenção do aluguel quanto a preço, periodicidade e indexador de reajustamento, vedada a vinculação à variação do salário mínimo, variação cambial e moeda estrangeira:

I - dos imóveis novos, com habite-se concedido a partir da entrada em vigor desta lei;

II - dos demais imóveis não enquadrados no inciso anterior, em relação aos contratos celebrados, após cinco anos de entrada em vigor desta lei.

Esse artigo foi implicitamente derrogado pela Lei 10.192/2001, mencionada anteriormente nesta obra. Atualmente a correção monetária das obrigações pecuniárias, inclusive em contratos de locação, deve ser feita por "índices de preços gerais, setoriais ou que reflitam a variação dos custos de produção ou dos insumos utilizados nos contratos de prazo de duração igual ou superior a um ano" e sua periodicidade não pode ser inferior a um ano (vedada a vinculação ao ouro ou a moeda estrangeira).

86. A "MORADIA"

Art. 86. O art. 8° da Lei n° 4.380, de 21 de agosto de 1964 passa a vigorar com a seguinte redação:
"Art. 8° O sistema financeiro da habitação, destinado a facilitar e promover a construção e a aquisição da casa própria ou moradia, especialmente pelas classes de menor renda da população, será integrado".

Dizia a redação anterior do *caput* do referido artigo 8º: *"O sistema financeiro da habitação, destinado a facilitar e promover a construção e a aquisição* da casa própria, *especialmente pelas classes de menor renda da população, será integrado: [...]."* Foi incluída a palavra "moradia" em seguida à expressão "casa própria", evidenciado que o sistema financeiro da habitação deverá facilitar a construção e aquisição não só dos imóveis destinados à habitação do próprio mutuário, mas também servir de estímulo à construção de imóveis para moradia de terceiros, ou seja, ainda que não do solicitante do empréstimo.

87. (VETADO)

88. (VETADO)

89. VIGÊNCIA DA LEI NO TEMPO

Art. 89. Esta lei entrará em vigor sessenta dias após a sua publicação.

90. REVOGAÇÕES

Art. 90. Revogam-se as disposições em contrário, especialmente:

I - o Decreto n° 24.150, de 20 de abril de 1934;

II - a Lei n° 6.239, de 19 de setembro de 1975;

III - a Lei n° 6.649, de 16 de maio de 1979;

IV - a Lei n° 6.698, de 15 de outubro de 1979;

V - a Lei n° 7.355, de 31 de agosto de 1985;

VI - a Lei n° 7.538, de 24 de setembro de 1986;

VII - a Lei n° 7.612, de 9 de julho de 1987; e

VIII - a Lei n° 8.157, de 3 de janeiro de 1991.

REFERÊNCIAS BIBLIOGRÁFICAS

BARBI, Humberto Agrícola. *Das locações residenciais e comerciais – Doutrina, prática e Jurisprudência.* Belo Horizonte: ed. Del Rey, 2001.

BARROS, Francisco Carlos Rocha de. *Comentários à lei do inquilinato.* São Paulo: ed. Saraiva, 1997.

DINIZ, Maria Helena. *Lei de locações de imóveis urbanos comentada.* São Paulo: ed. Saraiva, 2006.

GOMES, Orlando. *Contratos.* Rio de Janeiro: ed. Forense, 1975.

MELLO, Celso Antônio Bandeira de. *Elementos de Direito Administrativo*, 2ª ed, São Paulo: ed. RT, 1991.

LEVADA, Claudio Antonio Soares. Os efeitos da posse em relação aos frutos e a responsabilidade pela perda ou deterioração da coisa no código civil de 2002. Trabalho de conclusão de curso (monografia). Pontifícia Universidade Católica (PUC-SP). São Paulo, 2003. Disponível em: < http://www.professoramorim.com.br/dados/anexos/262.doc>.

LOTUFO, Renan; NANNI, Giovanni Ettore (coord.). *Obrigações.* São Paulo: ed. Atlas, 2011.

MIRANDA, Custódio da Piedade Ubaldino Miranda. *Locação de Imóveis Urbanos.* São Paulo: ed. Atlas, 1996.

PACHECO, José da Silva. *Comentários à nova lei sobre as locações dos imóveis urbanos e seus procedimentos*, 2ª Edição, São Paulo: ed. Revista dos Tribunais, 1993.

SANTOS, Gildo dos. *Locação e Despejo – Comentários à Lei 8.245/91.* São Paulo: ed. Revista dos Tribunais, 2011.

VENOSA, Silvio de Salvo. *Lei do Inquilinato Comentada*, 11 ª edição, São Paulo: ed. Atlas, 2012.

ESTA OBRA FOI COMPOSTA PELA SPRESS EM MINION E IMPRESSA SOBRE PAPEL POLÉN SOFT 80G/M^2 NO MIOLO E CARTÃO SUPREMO 250G/M^2 NA CAPA
PELA POWERGRAPHICS PARA A LINOTIPO DIGITAL EDITORA E LIVRARIA LTDA,
EM MARÇO DE 2019.